大展好書　好書大展
品嘗好書　冠群可期

大展好書　好書大展
品嘗好書　冠群可期

道家養生與生命科學④

太極拳祖師張三豐內丹養生

蘇華仁　蘇華禮　楊建國　吳祥相　編著

大展出版社有限公司

中國道家內丹養生之道祖師中華民族神聖祖先　黃帝　聖像

張三豐師祖華山陳摶老祖

張三豐祖師聖像

此係元末明初武當山道士張三豐自畫像，原像保存在明朝李文忠公家藏文物第十種材料內，後被人發現，保留至今。

張三豐祖師像

張三豐祖師墨寶

張三丰祖師迴文詩

橋邊院對柳塘灣夜月明時半
户關遙駕鶴來歸洞晚靜彈琴
生件雲閒燒丹覓火無空竈采
藥尋倦有好山瓢掛樹高人隱
人賞座絕水響潺潺

張三豐養生迴文詩

苏华仁道长

丹道回春

丙戌秋

唐明邦

太極拳祖師張三豐內丹養生

當代易道研究名家唐明邦墨寶
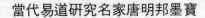

謹將本叢書敬獻給

中國道家養生之道集大成者
中華民族神聖祖先黃帝，老子

獻給渴望康壽事業成功，天人合一者。

中華聖祖黃帝、老子養生之道禮贊：

> 浩浩茫茫銀河悠，
> 浮動蔚藍地球，
> 造化生人世間稠；
> 生老病亡去，
> 轉眼百春秋。
>
> 黃帝、老子創養生，
> 度人超凡康壽，
> 道法自然合宇宙；
> 復歸於嬰兒，
> 含笑逍遙遊。

——蘇華仁於
《中國道家養生全書與現代生命科學叢書》總主編
道易養生院2008年春於廣東羅浮山沖虛觀東坡亭

142歲的吳雲靑增補爲延安市政協委員

陝西省延安市青化砭村142歲的老人吳雲青，增補為延安市五屆政協委員。

吳雲青出生於清朝道光18（戊戌）年臘月（即1839年）。原為青化寺長老，現為人民公社社員。他雖然經歷了142個春秋，但仍精神矍鑠，步履穩健。

張純本攝（新華社稿）

1980年9月10日《人民日報》第四版

世界著名生物學家牛滿江博士1982年專程來中國北京向邊智中道長學練中國道家養生時合影

唐明邦序

　　現代科學發展日新月異。無論宏觀世界或微觀世界研究都有長足進展。唯人體生命科學研究，相對滯後。人類養生之道和生命科學研究成為當今熱門課題，實非偶然。《中國道家養生與現代生命科學系列》叢書，正好為人們提供一套中國先賢留下的寶貴養生經典文獻與養生之道，閱後令人高興頗感實用。其中主要包括：

　　①中國道家養生學說；

　　②中國道家養生精華內丹養生之道；

　　③中國道家內丹養生之道與現代生命科學結合對當代人類身心健康的啟示。

　　我今真誠向讀者推介本叢書，同時簡要試論其內容如下：

一、關於中國道家養生學說

　　早在2500多年前，中國道家已提出深刻的養生學說，建立了完整思想體系，成為中華傳統文化中的瑰寶。中華聖祖道家始祖黃帝、道家祖師老子，首先闡揚天人統一宇宙觀。《黃帝陰符經》精闢指出：「宇宙在乎手，萬化生乎身。」《老子道德經》第二十五章曰：「人法地，地法天，天法道，道法自然。」強調人同自然和諧統一。《老子道德經》第四十二章，同時闡發「萬物負陰而抱陽，沖氣以為和」的生命哲學，肯定人體保持陰陽和諧和維護生命的基本要求。

莊子《齊物論》強調「天地與我並生，萬物與我為一，」人體小宇宙與天地大宇宙是息息相通的統一體。這也同《黃帝內經‧素問‧上古天真論》堅持的「法於陰陽，和於術數」哲學思想與養生原理完全一致。

道家養生學說既指導又吸取中國傳統中醫學中的臟腑、經絡、氣血理論，認為人體生理機能的正常發揮，全靠陰陽與五行（五臟的代表符號）的相生相剋機制，調和陰陽、血氣，促使氣血流暢，任、督二脈暢通。後來道教繼承這一思想傳統，實現醫道結合，高道多成名醫，名醫亦多高道。宗教與科學聯盟，成為中國道家與道教文化的重大特徵。

中國道家養生學說、博大精深包容宇宙，但其養生之道卻至簡至易。其養生三原則如下：

① 道家養生思想與養生之道首先重心性修養，《老子道德經》第十九章強調「少私寡欲，見素抱樸」淡泊名利，貴柔居下，不慕榮華，超脫塵世紛擾。

② 道家養生、養性同時重視性格與生活習慣的修養，其核心機制尤貴守和。心平氣和，血氣平和，心性和諧。

③ 在修練完成心性和諧，道家則進一步提出性、命雙修，即心性與肌體雙修，最終達到天人合一，心理與肌體都復歸於嬰兒，長生久視。

道家養生三原則是道家養生最根本、最偉大之處，實乃人類養生至寶。具有深遠科學價值與應用價值，這是歷史經驗與結論。

二、關於中國道家養生精華內丹養生之道

中華民族神聖祖先、中國道家祖師黃帝，中國道家大宗師老子創立的道家養生學說和道家內丹養生之道，為後來的

中國道教繼承並發展，並以之為指導原則，繼承、創立了多種養生方術，如服食、導引、胎息、存神、坐忘、房中術等；再經過歷代丹家長期實踐修練，不斷總結提升，形成完整的內丹學體系，成為中國道教養生學說與實踐的中心內容。故載於中國《道藏》的《黃帝陰符經》、《老子道德經》《太上老君內丹經》，是有史以來中國道家內丹養生之道最早的經典，因此，中國宋代道家內丹養生之道名家、中國道教南宗祖師張伯端在《悟真篇》曰：

> 陰符寶字逾三百，
> 道德靈文止五千，
> 今古上仙無限數，
> 盡從此處達真詮。

道家內丹養生之道的操作規程，多由師徒口傳心授，不立文字，立為文字者多用金烏、玉兔、赤龍、白虎、嬰兒、姹女、黃婆、黃芽等隱喻，若無得道名師點傳，外人實難領悟。

修練內丹，最上乘的修法是九轉還丹，其目的是讓人類由內練生命本源精、氣、神，達到「還精補腦」，再進一步達到天人合一；達到《老子道德經》第五十九章中講的：「是謂深根固蒂、長生久視之道。」其具體修練法如下：首先要安爐立鼎。外丹的鼎，指藥物熔化器，爐，指生火加熱器。內丹養生之道謂鼎爐均在身內。一般指上丹田為鼎，下丹田為爐。前者在印堂後三寸處，後者在臍下三寸處。還有中丹田在膻中穴，煉丹過程即「藥物」在三丹田之間循環。

煉丹的藥物，亦在人身內。指人體的精、氣、神，丹家

謂之三寶。乃人體內生命的三大要素。精為基礎，在下丹田；氣為動力，在中丹田；神為主宰，在上丹田，實指人的心神與意念力。煉丹過程就是用自己的心神意念主導人體精水與內氣在三丹田線上回還，以心神的功力調協呼吸，吐故納新，調理、優化人體生理機能。

煉丹過程中「火候」極為重要。心神主導精、氣、神三寶在三田中循環往復，必須嚴格掌控其節奏快慢，深淺層次，是為「火候」。練丹成功與否，關鍵在於火候的調控，若無得道、同時修練成功的內丹學名師點傳，實難知其訣竅。

內丹修練，分三個階段，火候不同，成就各異，三個階段，當循序漸進，前階段為後階段打基礎，不可超越。

小成階段，練精化氣。以心神主導精與氣合一，即三化為二。此時內氣循行路線為河車，旨在打通任、督二脈，促使百脈暢通，有健體袪病功效。河車，喻人體內精氣神運行時，恍恍惚惚的軌跡。中成階段，練氣化神。達到神氣合一，即二化為一。是為中河車，功可延壽。大成階段，練神還虛，也稱練神合道，天人合一，即自身精氣神歸於太虛，太虛以零為代表，即一化為零。太虛與《周易》太極相似，指天地未分之先，元氣混而為一的狀態。此謂大河車或紫河車，乃達到長生久視的最高成就。

總的來看，練丹過程同宇宙衍化過程正好相反。宇宙衍化是《老子道德經》第四章所講的那樣：道生一，一生二，二生三，三生萬物。由簡而繁，稱為「順則生人。」丹法演化是由三而二，由二而一，由一而零，由精氣神的生命體、返歸太虛，稱為「逆則成仙。」《老子道德經》第十六章曰：「歸根曰靜，靜曰復命。」實現此一法則，端賴火候掌

控得法。

丹家指出：內氣在丹田中運轉，火候的調控，須透過「內觀」或「內照」。內觀指的是人的意念集中冥想體內某一臟腑或某個神靈，做到排除一切思慮，保持絕對寧靜。意念猶如心猿意馬，極易逃逸；內觀要求拴住心猿意馬，使心神完全入靜，其功用是自主調控生理系統。入靜在養生中的重要性，為儒佛道所共識。儒家經典《禮記‧大學》載孔子主張「定而後能靜，靜而後能安，安而後能慮。」其足以開發智慧。佛教主禪定，亦以靜慮為宗旨。《老子道德經》第十六章強調「致虛極，守靜篤」，為修道根本。

凝神靜慮以修道，必須首先排除外界的九大阻難，如衣食逼迫，尊長勸阻，恩愛牽纏，名利牽掛等。丹道要求「免此九難，方可奉道。」內觀過程，更大的障礙是「十魔」，即種種美妙幻象引誘，或兇惡幻象恫嚇，均能破壞修練者的意志，使其以為修練成功而中止修練。

美妙幻象有：金玉滿堂（富魔），封侯拜相（貴魔），笙歌嘹亮（樂魔），金娥玉女（情魔），三清玉皇（聖賢魔）等；兇惡幻象有：路逢凶黨（患難魔），兒女疾病（恩愛魔），弓箭齊張（刀兵魔）等，丹家要求見此十魔幻象應「心不退而志不移」，「神不迷而觀不散」。必須「免此十魔，方可成道」。

其詳情請參閱《鍾呂傳道集‧論魔難第十七》。

道家內丹養生之道、也稱作內丹學或內丹術，是在道家養生理論指導下制定的一套修練程式。理論離開方術，容易流於空談；方術失去理論指導，將失去方向與依歸。中國道家道教的內丹養生學，理論與實踐結合，故能保持其永久魅力，造福人類，享譽古今中外。

故世界著名科學家李約瑟在《中國科技史》一書中，高度評價中國道家內丹養生之道，他寫道：中國的內丹，成為世界早期生物化學史上的一個里程碑。

三、關於道家內丹學與現代生命科學結合對人類康壽的啓示

自然科學的發展，到20世紀下半頁，興起系統科學與復雜科學，宏觀研究與微觀研究同時深化，迎來了「科學革命」。大力開展天地生人的綜合研究，建立了天地生人網路觀，從而將整個自然科學特別是人體生命科學研究推向發展新階段。人們開始發現，人體生命科學研究的目標任務，同中國道家與道教內丹學的目標任務，十分相近，其主要內容有四：

① 優化生命。由優生、優育到生命的優化，使免疫力提高，排除疾病困擾；保持血氣平和，生理機能旺盛，耳聰目明，精神奮發。

② 促進生命延續。做到健康長壽，童顏鶴髮，返老還童，黛發重生，長生久視。

③ 開發智慧。增強認知力、記憶力；超強的隨機應變力、獨創力；直覺頓悟，捕捉可遇而不可求的奇思妙悟；打開思想新境界，發現新的科學規律或物質結構。

④ 開發人體潛能，具備超常的能量，抗強力打擊，不畏嚴寒、酷暑，耐饑渴、能深眠與久眠；具有透視功能、預測神通；誘發常人所不具備的特異功能。

人體潛能的開發，關鍵在人的大腦，人腦的功能，目前只用到百分之幾；許多人體功能的奧秘尚待破解。超越人的生命界線，早已成為道家道教內丹術奮鬥的目標。這實際上

已為人體生命科學提出新任務和新課題。

　　四川教育出版社1989年出版的《錢學森等論人體科學》一書載：舉世聞名的中國科學家錢學森早有科學預見：「中醫理論，氣功科學，人體特異功能，是打開生命科學新發展之門的一把鑰匙。」錢學森同時指出：「結合科學的觀點，練功、練內丹。」道家內丹學將為生命科學提供新的課題，新的研究方法，引起生命科學的新突破；現代生命科學將以其現代化的科學手段，幫助道家內丹術進行測試、實驗、總結，使之上升到理論高度，構建更完備的理論思想體系，制定更加切實可行、利於普及的修練程式。兩者結合，相互促進，相得益彰。必將對現代人類身心健康長壽、事業成功做出巨大　貢獻。

　　《中國道家養生與現代生命科學系列叢書》的出版，正好為二者架上橋樑。道家養生著作甚多，講服食、導引、胎息、存神、守一、坐忘、房中術均有專著。內丹學著作，由理論與方術結合緊密，成為道家道教養生文化的核心，其由行家編著的尚不多見。現經世界著名丹道老壽星吳雲青入室弟子，內丹名師、全書總主編蘇華仁道長，約集海內外部分丹道行家擇其精要，精心校點，詳加注釋、評析，或加今譯，分輯分期出版，洋洋大觀，先賢古仙宏論盡收眼底，內丹養生學與生命科學研究經典文獻，熔於一爐。生命科學激發內丹學煥發新的活力；內丹學為生命科學研究提供新的參照系，打開新思路，開拓新領域，兩大學科攜手並進，定能為研究中華傳統文化打開新局面，綻繁花，結碩果，造福全人類。

　　總主編蘇華仁道長徵序於愚，卻之不恭，聊陳淺見以就正於方家。同時附上近作「道家道教內丹學與中國傳統文

化」一文，本文為2008年四月在華中師大舉行的「全真道與老莊學國際學術研討會論文。」

唐明邦簡介：

唐明邦：男，號雲鶴。重慶忠縣人。1925年生。武漢大學哲學學院教授，博士生導師，中國當代著名易學家。畢業於北京大學哲學系，歷任中國哲學史學會理事，中國周易研究會會長，國際易學聯合會顧問，東方國際易學研究院學術委員，中國周易學會顧問，湖北省道教學術研究會會長等職。

主講中國哲學史，中國辯證法史，中國哲學文獻，易學源流舉要，道教文化研究等課程。

著作有《邵雍評傳》附《陳摶評傳》、《當代易學與時代精神》、《易學與長江文化》、《論道崇真集》、《李時珍評傳》、《本草綱目導讀》。主編《周易評注》、《周易縱橫錄》、《中國古代哲學名著選讀》、《中國近代啓蒙思潮》；合編《中國哲學史》、《易學基礎教程》、《易學與管理》。多次應邀參加國際易學、道學、儒學、佛學、學術會議。應邀赴香港、臺灣講學。發表學術論文多篇。

董應周序

中華道家內丹養生　人類和諧發展福星

史載由中華聖祖黃帝、老子創立的中華傳統絕學、道家內丹養生大道，自古迄今，修練者眾多。得真傳修練成功者，當代海內外有數。

世界著名道家內丹養生壽星吳雲青弟子、蘇華仁道長數十載寒暑，轉益多師，洗心修練，易筋髓化神氣，還精入虛，丹道洞明，遂通老子養生學真諦，庶幾徹悟人生妙境。但不願意自有、欲天下共用之。故而與諸同道共編《中國道家養生與現代生命科學系列叢書》，將丹道精華、公諸於世，使天下士人，能聞見此寶，持而養身，養人養家，利民利國利天下，誠謂不朽之盛事業。

何緣歟？蓋為21世紀人類文明，雖已可分裂原子，利用核能，控制基因，進行宇宙探索，然而，對自身卻知之甚少，人們能登上月球，卻不肯穿過街道去拜訪新鄰居；我們征服了高遠太空，卻征服不了近身內心，我們對生命真相的理解，至今還停留在蛋白質，基因、神經元等純物質層面。而在精神層面，知之更少：僅及於潛意識，稍深者，亦不過榮格的「集體潛意識，」當今世界、物質主義大行其道，人類精神幾近泯滅，有識之士，大聲疾呼，人類文明若不調整自己物質至上的發展方向，將會走向自我毀滅。

二次大戰後，1984年11月，美國參謀長聯席會議主席布魯德利說：「我們有無數科學家卻沒有什麼宗教家。我們掌

握了原子的秘密，卻摒棄了耶穌的訓喻。人類一邊在精神的黑暗中盲目地蹣跚而行，一邊卻在玩弄著生命和死亡的秘密。這個世界有光輝而無智慧，有強權而無良知。我們的世界是核子的巨人，道德侏儒的世界。我們精通戰爭遠甚於和平，熟諳殺戮遠甚於生存。」

現在，我們又看到了全球氣候變暖，發展中國家空氣，水、土壤生物圈的大規模污染和破壞，各種致命疾病的傳播等等。美國前副總統高爾四處奔波，呼籲拯救地球。英國著名物理學家霍金，於去年兩次提出人類應該向外太空移民以防止自身毀滅。

他在2006年6月的一次記者招待會上預言：「為了人類的生存和延續，我們應該分散到宇宙空間居住，這是非常重要的。地球上的生命被次大災難滅絕的危險性越來越大，比如突然的溫度上升的災難、核戰爭，基因變異的病毒，或者其他我們還沒有想到的災難。」

以上諸位道出了目前人類病因，也開出了藥方。能行否？可操作嗎？且不說眼下走不掉，即使能移民外太空，若不改變人類本性中貪婪的一面，還不是照樣污染破壞宇宙。

地球真的無法拯救了？難道這個世界真的是「有光輝而無智慧，有強權無良知？」是「核子的巨人，道德的侏儒」嗎？是也，非也，有是，有不是。問題存在但有就地解決辦法，不需要逃離地球，移民外太空目前只是異想天開！

這打開智慧之門，拯救人類良知的金鑰匙在哪裏？就在中華傳統道家內丹大道中，中華內丹大道，功能可導引人類重新認識自己，發現人類自身良知良能，改變自身觀念，使人類昇華再造，進而改觀地球村，使之成為真正的桃花源伊甸園。中華內丹大道智慧，能教人人從知我化我開始，進而

知人知物知天地，化人化物化天地；其智能之高能量之大，古往今來蓋莫過焉！

史載距今八千多年前，中華聖祖伏羲「仰觀天文，俯察地理，遠取諸物，近取諸身。」畫成伏羲先天八卦，首開人類天人合一世界觀和天人合一、性、命雙修大道。故中國唐代道家內丹名家呂洞賓祖師，禮贊伏羲詩曰：「伏羲創道到如今，窮理盡性致於命。」

距今約五千年前，《莊子·在宥》記載：中華聖祖黃帝之師廣成子，開示中華道家內丹養生大道秘訣曰：「勿勞汝形，勿搖汝精，乃可以長生。」

中華聖祖黃帝《陰符經》，開示宇宙天人合一生命要訣曰：「宇宙在乎手，萬化生乎身。」「知之修練，謂之聖人。」「聖人知自然之道不可違，因而制之。」

「東方聖經」老子《道德經》開示生命之道要訣曰：「道法自然」「修之於身。」「歸根曰靜，靜曰復命。」「聖人之道，為而不爭。」

整個人類若能忠行中華聖祖伏羲、廣成子、黃帝、老子取得人生成功的極其寶貴的經驗，修練中國道家內丹養生之道，身心自然會強健，身心自然會安靜下來，清淨起來，內觀返照。五蘊洞開，自會頓悟出原來人類的內心世界是如此廣闊無限，清淨無垢，透徹寬容，澄明神朗。這時候，自然的就都能收斂起外部的物欲競爭，停止巧取豪奪。人人和諧相處，家家和諧相處，區域和諧相處，天下和諧相處；自然的，地球村也就和諧和安清了，適合人居了。

天地人和諧安清，還用得著移民外太空嗎？人類如要去太空，那只是去遊玩、去逍遙遊罷了！

華仁道長內丹全冊已就，開券有益，人人自我修練，庶

幾自救救人。莫失良機。是為序。

董應周簡介：

董應周：男，1942年生於中國河南省禹州市，當代著名中華傳統文化研究專家與行家。1965年加入中國共產黨，1966年畢業於鄭州大學中文系。著名作家、詩人。本人任中國中州古籍出版社原總編輯兼社長期間，曾主持整理、出版了大量的中華傳統文化典籍。此舉在海內外各界影響深遠。目前任中國河南省易經學會會長，擔任香港中國港臺圖書社總編。

蘇華仁序

　　《中國道家養生與現代生命科學系列》叢書，由中國、美國、馬來西亞、澳洲和香港、臺灣，對中國道家養生學與現代生命科學結合研究和實修的部分專家與行家精心編著。其中，海內外著名、當代《周易》研究與道家學術研究泰斗、武漢大學教授唐明邦擔任重要編著者之一，並為該叢書作序、題字，同時擔任該叢書道家學術與周易學術顧問；中國社會科學院博士生導師、海內外著名的中國道家養生學術與內丹學專家、老子道學文化研究會會長胡孚琛教授，擔任該叢書道家養生學術與內丹學顧問；當代中國傳統養生文化研究專家、中國‧中州古籍出版社原總編輯兼社長董應周，擔任該叢書技術編輯與出版藝術顧問，同時為該叢書作序。

　　《中國道家養生全書與現代生命科學系列》叢書編委，緣於本人為世界著名內丹養生壽星吳雲青弟子、中國廣東羅浮山軒轅庵紫雲洞道長、中山大學兼職教授，故推舉我擔任該叢書總主編；山西科學技術出版社副總編趙志春擔任該叢書總策劃。

　　為了確保《中國道家養生全書與現代生命科學叢書》的高品質、高水準，該叢書特別在世界範圍內諸如中國、美國、馬來西亞、澳洲和香港、臺灣，聘請有關專家與行家擔任該叢書編著者和編委。

　　經過該叢書編委和有關工作人員、歷時近兩年的緊張工作，現在即由山西科學技術出版社出版，將與廣大有緣讀者

見面了。其主要內容有三：

一、中國道家養生學與現代生命科學簡介

中國道家養生學，是一門凝聚著中國傳統養生科學與人天科學和生命科學精華的綜合學科。被古今中外大哲學家、大科學家和各界養生人士公認為：世界傳統養生文化寶庫中的精華和瑰寶。根據記載中華五千年文明史的中國《二十四史》和有關史書記載：中國道家養生學，主要由中華民族神聖祖先、中國道家始祖黃帝，中國道家祖師老子，依據「道法自然」規律，又「因而制之」自然規律的中國道家哲學思想和道家養生之道綜合確立。

古今中外無數事實啟迪人類：修學中國道家養生學，可促進全人類身心健康長壽、事業成功、天人合一。故其在中華大地和世界各地已享譽大約有五千多年歷史。

中國道家養生學歷史悠久、博大精深，其核心是中國道家內丹養生之道，其理論基礎主要為中國傳統的生命科學理論：其主旨是讓人們的生活方式「道法自然」規律生活，進而因而制之自然規律，達到「樂天知命，掌握人類自身生命密碼，同時掌握宇宙天地人大自然萬物生命變化的規律」，最終讓全人類達到健康長壽、平生事業獲得成功。

用黃帝《陰符經》中的話講：「宇宙在乎手，萬化生乎身。」中國道家養生學及其核心中國道家內丹養生之道主要經典有：《黃帝陰符經》、《黃帝內經》、《黃帝外經》、《黃帝歸藏易》、老子《道德經》、《太上老君內丹經》、《老子常清靜經》等。

中國道家養生學核心中國道家內丹養生之道的科學機制為「天人合一」、由修練中國道家內丹養生之道達到「返樸

歸真」，其主要經典有：老子親傳弟子：尹喜真人《尹真人東華正脈皇極闔辟證道仙經》，鬼谷子《黃帝陰符經注》，魏伯陽《周易參同契》，葛洪《抱朴子》，孫思邈《養生銘》、《四言內丹詩》《千金要方》，漢鍾離、呂洞賓《鍾、呂傳道集》《呂祖百字碑》，張伯端《悟真篇》，張三豐太極拳和張三豐《丹經秘訣》等道家養生著作。中國道家養生學核心是中國道家內丹養生之道，修練方法要訣為「內練生命本源精、氣、神，返還精、氣、神於人體之內」。從而確保修學者能常保自身生命本源精、氣、神圓滿。經現代生命科學家用現代高科技儀器實驗表明：中國道家養生學核心的中國道家內丹養生之道所講的「精」、即現代生命科學中所講的去氧核糖核酸，「氣」、即臆肽，「一神」、即丘腦。此三者是人類生命賴以生存的本源，同時是人類健康長壽，開智回春、天人合一的根本保障和法寶。

　　中國道家養生學的核心是中國道家內丹養生學養生之道，其功理完全合乎宇宙天地人大自然萬物變化規律，故立論極其科學而高妙。其養生之道具體的操作方法卻步步緊扣生命密碼，故簡便易學、易練、易記。其效果真實而神奇、既立竿見影，又顯著鞏固。因此，古今中外無數修學中國道家養生學者的實踐表明：學習中國道家養生學的核心中國道家內丹養生學養生之道，可確保學習者在短時間內學得一套上乘養生方法，從而掌握生命密碼基本規律，為身心健康長壽、事業成功鋪平道路，並能確定一個正確而科學的人生目標而樂天知命地為之奮鬥、精進。

　　因此，靜觀記載中華五千年文明史的中國《二十四史》一目了然：大凡在中國歷史上大有作為的各界泰斗人物，大多首選了中國道家養生學的核心中國道家內丹養生之道，作

為平生養生與改善命運規律的法寶。並因平生修學中國道家內丹養生之道,而獲得身心康壽、開啟大智,建成造福人類的萬世事業,成為各界泰斗。

諸如:中華民族神聖祖先、中華文明始祖黃帝,「東方聖經」《道德經》的作者、中國道家祖師老子,中國儒家聖人、中國教育界祖師孔子,中國兵家祖師、《孫子兵法》的作者孫子,中國商業祖師范蠡,中國智慧聖人鬼谷子,中國道學高師黃石公(即黃大仙),中國帝王之師張良,中國道教創始人張道陵,中國「萬古丹經王」《周易參同契》的作者魏伯陽,中國大科學家張衡、中國大書法家、書聖王羲之;中國晉代道家養生名家葛洪,中國藥王孫思邈,中國詩仙李白,中國唐、宋時代道家養生名家鍾離權、呂洞賓,張果老,陳摶,張伯端;中國元明之際,主要有中國太極拳與中國武當派武術創始人張三豐,中國清代道學名家黃元吉,中國近代道學名家陳攖寧,當代世界著名老壽星吳雲青,中國華山道功名家邊智中道長,中國終南山百歲道醫李理祥,中國安陽三教寺李嵐峰高師,中國武當山百歲高道唐道成,中國四川青城山百歲高道趙百川……

由於中國道家養生學核心的中國道家內丹養生之道,確有回春益智,促進人類事業成功,使人類天人合一,改善人類生命密碼之效,故從中國道家內丹養生之道祖師廣成子傳黃帝內丹始,為嚴防世間小人學得、幹出傷天害理之事。故數千年來其核心養生機制一直以「不立文字、口口相傳」的方式,秘傳於中國道家高文化素質階層之內,世人難學真訣;當今之世,諸因所致:真正掌握中國道家養生學的核心與中國道家內丹養生之道真諦,並且自身修學而獲得年逾百歲猶童顏大成就的傳師甚少,主要有:世界著名百歲老壽

星、道家內丹養生高師吳雲青，李理祥、唐道成、趙百川：中國道家養生學華山道功名家邊治中（道號邊智中），中國古都安陽三教寺李嵐峰等……

眾所周知：當今世界、進入西方現代實驗科學加東方古代經驗科學、進行綜合研究促進現代科學新發展的新時代，作為中國傳統養生科學精華的中國道家養生學核心的道家內丹養生之道，日益受到當今世界中、西方有緣的大科學家的學習與推薦，諸如舉世聞名的英國劍橋大學李約瑟博士，在其科學巨著《中國科技史》一書中精闢地指出：「中國的內丹成為人類早期生物化學史上的一個里程碑。」同時指出：「道家思想一開始就有長生不死概念，而世界上其他國家沒有這方面例子，這種不死思想對科學具有難以估計的重要性。」

世界著名生物遺傳科學家牛滿江博士，因科學研究工作日繁導致身心狀況日衰，又因求中、西醫而苦無良策，效果不佳。故於1979年，他來中國北京，向中國道家華山道功名家邊智中道長、（俗名邊治中）修學了屬於中國道家養生學核心的道家內丹養生之道動功的中國道家秘傳養生長壽術後、身心短時間回春。故他以大科學家的嚴謹態度，經過現代科學研究後，確認本功是：「細胞長壽術，返老還童術，係生命科學。」四年之後的1982年，牛滿江博士深有感觸地向全人類推薦道：「我學練這種功法已經四年，受益匪淺，真誠地希望此術能在世界開花，使全人類受益。」（本文修訂之際，適逢世界著名生物遺傳科學家牛滿江博士於2007年11月8日以95歲高齡辭世，此足見道家內丹養生之道養生長壽效果真實不虛。）

中國當代著名大科學家錢學森，站在歷史的高度、站在

高文化素養的基礎之上：深知中國道家養生學核心的道家內丹養生之道、為中國傳統生命科學和中國傳統人天科學精華，因此，對中國道家養生學核心的道家內丹養生之道又十分推崇，他在《論人體科學》講話中精闢地指出：「結合科學的觀點，練功、練內丹」。錢學森同時支援、中國社會科學院博士生導師、中國當代道學名家胡孚琛確立完善：「中國道家內丹學。」

經過胡孚琛博士長年千辛萬苦、千方百計地努力，中國道家養生學核心的道家內丹養生之道得以完成。走進了本應早走進的現代科學殿堂。成為一門古老而嶄新的生命科學學科。此舉，對弘揚中國傳統生命科學，對於全人類身心健康、事業成功，無疑是千古一大幸事。

為使天下有緣善士學習到中國道家養生學核心的道家內丹養生之道，世界著名老壽星、當代內丹傳師吳雲青、邊治中二位高師，曾經親自在中國西安、北京和新加坡等地對海內外有緣善士辦班推廣，同時委託其入室弟子，世界傳統養生文化學會的主要創辦人之一的蘇華仁等人，隨緣將中國道家養生學核心的道家內丹養生之道，傳授給了中國、美國、英國、法國、日本、新加坡、馬來西亞等國家和中國香港、澳門地區的有緣學員。

二、中國道家養生學核心道家內丹養生之道效果簡介

根據當代世界各地有緣修學、習練中國道家養生學核心的道家內丹養生之道課程的學員，自己填寫的大量效果登記表，同時根據中國山東省中國醫藥研究所，所作的大量醫學臨床報告表明：學習中國道家養生學核心中的道家內丹養生之道課程，短時間內可有效地，大幅度地提高人類的智商和

思想水準與思維觀念，並能確立一個樂天知命的科學目標而精進。同時，短時間內可有效地增加生命本源精、氣、神，提高人體內分泌水準和改善人體各系統功能，從而可使人們顯著地達到身心健康，軀體健美，智慧提高，身心整體水準回春。同時，還可以讓人類克服亞健康，康復人類所患的各類疑難雜症，諸如：神經系統失眠、憂鬱、焦慮等症。腎臟與泌尿系統各類腎病，精力不足、性功能減退等症。內分泌功能失調造成的肥胖與過瘦等症。循環系統糖尿病、心腦血管病，高、低血壓等症。呼吸系統各類肺病、哮喘病、鼻炎、過敏等症。消化系統各類胃病、肝病、便秘與腹瀉等症。免疫系統、衰老過快和容易疲勞的亞健康等症。

綜上所述：修學與忠行中國道家養生學核心的道家內丹養生之道，短時間內確保您身心能整體水準改善和提升與回春。為您一生取得身心健康、事業成功奠定一個堅實可靠的基礎，同時為您修學中國道家養生學核心道家內丹上乘大道，達到天人合一奠定基礎。這是古今中外大量修學中國道家養生學核心的道家內丹養生之道者的成功經驗。供您借鑒，您不妨一試。

（蘇華仁撰稿）

太極拳祖師張三豐內丹養生

《中國道家養生與現代生命科學系列叢書》

編委會名單

本叢書所載中國道家養生秘傳師承

1.吳雲青（1838～1998）

中華聖祖黃帝、老子創立道家內丹養生當代160歲傳師，世界著名壽星。

2.邊智中（1910～1989）

中國道家華山派內丹道功當代傳師，世界著名生物學家牛滿江道功師父。

3.李理祥（1893～1996）

中國道家龍門派內丹道功當代百歲傳師，中國當代著名道家醫學傳師。

4.李嵐峰（1905～1977）

中國道家金山派內丹道功當代傳師，張三豐太極拳與內丹養生當代傳師。

5.唐道成（1868～1985）

中國道家武當派內丹道功當代117歲傳師，中國當代著名道家醫學傳師。

6.趙百川（1876～2003）

中國道家青城山內丹道功當代127歲傳師，中國當代著名長壽老人。

本叢書專業學術顧問

中國道家養生與周易養生學術顧問：

——唐明邦（中國當代易學學術泰斗、中國武漢大學教授）

中國道家養生學術與內丹學術顧問：

——胡孚琛（中國社會科學院博士生導師、著名道家學術學者）

總主編	蘇華仁
總策劃	趙志春
副主編	辛　平（馬來西亞）

太極拳祖師張三豐內丹養生

楊　波	楊建國	楊懷玉	楊東來	楊曜華
駢運來	賀曦瑞	聞玄真	鄭德光	柏　林
胡建平	柯　可	高　峰	高志良	徐曉雪
鄒通玄	秦光中	唐明邦	唐福柱	黃紹昌
黃易文	黃子龍	梁偉明	梁淑范	郭棣輝
郭中隆	曾本才	梅全喜	董應周	韓百廣
釋印得	釋心月	黎平華	黎　力	魏秀婷

秘　書

吳朝霞	吳鳴泉	嵇道明	蘇　明	蘇小黎
宋烽華	張　莉	潘海聰	米　鐸	劉文清

目　錄

太極拳祖師張三豐內丹養生

太極拳祖師張三豐內丹養生

太極拳祖師張三豐內丹養生

第一章

張三豐傳記

第一節　張三豐列傳

列傳　明史

張三豐遼東懿州人，名全一。一名君實（或君寶）。三豐其號也。以其不飾邊幅，又號張邋遢。頎而偉，龜形鶴骨，大耳圓目，鬚髯如戟。寒暑惟一衲一蓑。所啖升斗輒盡，或數日一食，或數月不食。書過目不忘。遊處無恒。或云能一日千里。善嬉諧，旁若無人。嘗遊武當諸岩壑，語人曰：此山異日必大興。時五龍南岩紫霄。俱毀於兵。三豐與徒，去荊榛，闢瓦礫，創草廬居之，已而捨去。

太祖故聞其名，洪武二十四年，遣使覓之不得。後居寶雞之金台觀。一日自言當死留頌而逝，縣人具棺殮之。及葬聞棺內有聲。啟視則復活。乃遊四川。見蜀獻王。復入武當。歷襄漢。蹤跡益奇幻。永樂中，成祖遣給事中胡濙，偕內侍朱祥賫璽書香幣往訪遍歷荒徼。積數年不遇。乃命工部侍郎郭進、隆平侯張信等，督丁夫三十餘萬人，大營武當宮觀，費以百萬計。

既成。賜名太和太岳山。設官鑄印以守。竟符三豐言。或言三豐金時人，元初與劉秉忠同師。後學道於鹿邑之上清宮。然皆不可考。天順三年。英宗賜誥。贈為通微顯化真人。終莫測其存否也。

第二節　張三豐本傳

三豐先生姓張名通，字君寶。先世為江西龍虎山人。故嘗自稱為天師後裔。祖父裕賢公。學精星算。南宋末，知天下王氣將從北起。遂攜本支眷屬徙遼陽懿州。有子名居仁，亦名昌，字子安（一字仲安）。號白山，即先生父也。壯負奇氣。元太宗收召人才，分三科取士。子安赴試，策論科入選。然性素恬淡，無仕宦情。終其身於林下。定宗丁未夏。先生母林太夫人。夢元鶴自海天飛來，而誕先生。時四月初九日子時也。豐神奇異，龜形鶴骨，大耳圓睛。

五歲。目染異疾，積久漸昏。其時有張雲庵者，方外異人也，住持碧落宮，自號白雲禪老。見先生奇之曰。此子仙風道骨。自非凡器。但目遭魔障。須拜貧道為弟子。了脫塵翳。慧珠再朗。即送還。太夫人許之。遂投雲庵為徒，靜居半載。而目漸明。教習道經。過目便曉。有暇兼讀儒釋兩家之書。隨手披覽。會通其大意即止。

忽忽七載。太夫人念之。雲庵亦不留。遂拜辭歸家。專究儒業。申統元年舉茂才異等。二年稱文學才識。列名上聞。以備擢用。然非先生素志也。因顯揚之故。欲效毛廬江捧檄意耳。至元甲子秋。遊燕京時。方定鼎於燕。詔令舊列文學才識者待用。棲遲燕市。聞望日隆。始與平章政事廉公

希憲識。公異其才。奏補中山博陵令遂之官。政暇訪葛洪山。相傳為稚川修煉處。因念一官蕭散。頗同勾漏。子豈不能似稚川。越明年而丁艱矣。又數月而報憂矣。先生遂絕仕進意。奉諱歸遼陽。終日哀毀。覓山之高潔者營厝甫畢。制居數載日誦洞經。倏有邱道人者，叩門相訪劇談玄理。滿座風清。哂然有方外之想。道人既去因束裝出遊。田產悉付族人。囑代掃墓。挈二行童相隨。北燕趙。東齊魯。南韓魏。往來名山古剎。吟詠閑觀。且行且住。如是者幾三十年。均無所遇。乃西之秦隴。挹太華之氣。納太白之奇。走褒斜。度陳倉，見寶雞山澤。幽邃而清。乃就居焉。中有三尖山。三峰挺秀。蒼潤可喜。因自號為三豐居士。

延佑元年。年六十七。殆入終南。得遇火龍真人。傳以大道。更名玄素。一名玄化。合號玄玄子。別號昆陽山居四載。功效寂然。聞近斯道者。必須法財兩用。平生遊訪。兼頗好善。囊篋殆空不覺淚下。火龍怪之。進告以故。乃傳丹砂點化之訣。命出山修煉。立辭恩師。

和光混俗者數年。泰定甲子春。南至武當。調神九載。而道始成。於是湘雲巴雨之間。隱顯遨遊。又十餘歲乃於至正初。由楚還遼陽省墓訖，復之燕市。公卿故交。死亡已盡矣。遂之西山。遇前邱道人談心話道。促膝參同。方知為長老先生符陽子也。別後復至秦蜀。由荊楚之吳越。僑寓金陵。遇沈萬三，傳以丹道。事在至正十九年。臨別。先生預知萬三有徙邊之禍。囑曰：東南王氣正盛，當晤子於西南也。仍還秦。居寶雞金台觀。九月二十日。陽神出遊。土人楊軌山以先生辭世。買棺收殮。臨葬之際。柩有聲如雷。啟視復生。蓋其陽神出遊。樸厚者見之。以為宛其死矣。後乃攜軌山遁去。又二年滄桑頓改。海水重清。元紀忽終。明運

又啟。先生乃結庵於太和。故為瘋漢。人目為邋遢道人。道士邱元靖。安靜可喜，秘收為徒。他日入成都，說蜀王椿入道不聽退還襄鄧間。更莫測其蹤跡矣。

洪武十七年甲子。太祖以華夷賓服，詔求先生，不赴。十八年又強沈萬三敦請，亦不赴。蓋帝王自有道。不可以金丹金液。分人主勵精圖治之思。古來方士釀禍。皆因遊仙入朝。為厲之階。登聖真者。決不為唐之葉法善。宋之林靈素也。前車可鑒矣。

二十五年，乃遯入雲南。適太祖徙萬三於海上緣此踐約來會。同煉天元服食大藥。明年成始之貴州平越福泉山朝真禮斗。候詔飛升。建文元年。完璞子訪先生於武當。適從平越歸來。相得甚歡。永樂四年。侍讀學士胡廣奏言。先生深有道法。廣具神通。五年丁亥。即命胡濙等遍遊天下。訪之十年。壬辰又命孫碧雲於武當。建宮拜候。並致書相請。直逮十四年。並不聞有蹤跡。帝乃怒。謂胡廣曰。卿言張三豐蘊抱玄機。胡弗敢來見朕也。斥廣尋覓之。廣大懼。星夜抵武當。焚香泣禱。

是年五月朔。為南極萬壽。老君命諸仙及朝大會。時先生亦在詔中。遂與玄天官屬。御氣同行。適見胡廣情切。乃按雲車。許以陛見入朝。後即赴上清之命。飄然而去。明年胡濙等還朝。終未得見先生也。吾師乎。吾師乎。其隱中之仙乎。其仙中之神乎。其神仙而天仙者乎。繼荷玉詔。高會群真。位列兌宮。身成乾體。故能神通變化。濟世度人。四圍上下虛空。處處皆鸞驂所至。將所謂深藏宏願。廣大法門者。呂祖之後。惟先生一身而已。錫齡風塵俗吏。幾忘本原。觀察劍南。又鮮仁政濫叨厚祿。辜負皇恩。

兩年來曦天少見，水潦頻增，齡乃跣足剪甲恭禱眉山之

靈，拈香七日。晴光普照。晝景遙開奇峰異水間。幸遇先生鑒齡微忱。招齡入道並示丹經秘訣一章，及捷要篇二卷。照法修煉。始識玄功。因此悔入宦途。遊情山水。邇乃自出清俸。結廬凌雲。未知何年何日。蟬蛻塵網。採瑤花。奉桃實。敬獻先生也。齡侍先生甚久。得悉先生原本又甚詳。爰洗濁懷。恭為紀傳。以付吾門嗣起者。

第三節　張三豐外傳

神仙張三豐。一名君實。一名伸猷。字玄玄。道號昆陽。又稱斗蓬。又呼張邋遢。遼東懿州人。甫七歲能棋。隨手應局人。人莫能敵。十歲習儒業。早失怙恃。後學道，遇鄭思遠祖師。授以至道。生於紹興辛卯八月十五日，風姿魁偉。龜形鶴骨。大耳圓眼。鬚如戟，頂中作一髻，身被一衲，負巨蓬。手中常持方尺。在武當山結庵展旗峰下。先入華山洞。棲真數十年。後鄭思遠祖師，命了俗緣。乃混俗歸閭。補刑曹吏因群囚劫獄。連坐戍邊夜郎之平越。遂住高貞觀。今有禮斗亭，浴仙池長生桂，皆其仙跡也。丹成後時元年丙申。太上詔曰王方平五十三仙，掌華林洞，於三月十五日冊封為華林洞。妙應真人。賜以玄冠雙旒。

霓羽碧履，時年六十六歲。因侖谷萬尊師。亦在受詔五十三仙之列。曾著方壺勝會圖。

然後知三豐真人之始末也。

大明天順年。敕封通微顯化真人。於元末居寶雞縣金堂觀。至正丙午九月二十日。自言辭世留頌而逝。土民楊軌山置棺殮訖。臨窆發之復生。乃入蜀。洪武初。至太和山冷坐

結庵玉虛宮。庵前古木五株，常棲其下，猛獸不噬。鷙鳥不搏。人益異之。衲衣垢弊。皆號為邋遢張。有問其仙術，竟不一答，問經書則涎津不絕口。登山輕捷如飛。隆冬臥雪中。鼾聲如雷。常語武當鄉人曰：「茲山異日當大顯。」道士邱玄靖請為弟子。遂教以道妙。帝於乙丑遣沈萬三敦請。了不可得。乃召玄靖至。與語悅之拜監察御史。賜之室不受。超擢太常鄉。金陵沈萬三，又名萬山。秦淮大魚戶。心慈好施。其初僅飽暖。遇三豐真人。沈萬三見其三豐生有異質。龜形鶴骨，大耳圓目。身長七尺餘，修髯如戟頂作一髻。或戴偃月冠。手持方尺。一笠一衲。寒暑禦之。不飾邊幅。日行千里。所啖升斗輒盡。或辟穀數月自若。萬三心知其異。常烹鮮魚暖酒。邀飲於蘆洲。苟有所需，即極力供奉。偶於月下對酌。三豐謂曰：「子欲聞餘之出處乎？」萬三啟請。三豐曰：予當生時，一鶴自海天飛來，咸謂令威降世。後知丁公仍在靈墟。予思舜亦人也。予豈不得似丁公。每嗟光陰倏忽。富貴如風燈草塵。是以日夕希慕大道。棄功名，薄勢利。雲遊湖海拜訪明師。所授雖多。皆傍門小法。與真道乖違。徒勞勤苦。

延佑年間。已六十七歲，此心惶惶。幸天憐憫。初入終南即遇火龍先生。乃圖南老祖高弟。物外風儀。予跪而問道。蒙師鑒我精誠。初指煉己功夫。次言得藥口訣。再示火候細微。溫養脫胎了當虛空之旨。一一備悉。於是知進斯道。必須法財兩用。予素遊訪。兼頗好善。傾囊倒篋殆盡。安能以償夙願。不覺憂形於色。師怪而問之。予揮淚促膝以告。重蒙授以丹砂點化之藥。命出山修之立辭恩師。和光混俗，將覓真鉛八兩。真汞半斤。同入造化爐中，鍛鍊轉制分接。九還已畢。藉此貲財以了大事。由是起造丹房端坐。虛

心養氣。虛氣養神。氣慧神清廣覓藥材。時飲蟠桃酒。朝食玉池液。如醉如癡補氣養血。但得汞有半斤。可待他鉛八兩。月數將圓金花自顯。一手捉虎擒龍。採得先天一氣。徐行火候烹煎。自合周天度數。明復姤進火退符。識卯酉防危慮險。十月功完。聖胎顯象。九年面壁。與道合真。所謂跨鶴青霄如大路。任教滄海變桑田也。言訖呵呵大笑。萬三聞言，五體投地曰：塵愚願以救濟。非有望於富壽也。三豐曰雖不敢妄泄輕傳。亦不敢緘默閉道。

予已審知子之肺腑，當為作之。於是置辦藥材。擇日起煉。七七啟視鉛汞各遁。三豐嗟咄不已。萬三自謂機緣未至。復盡所蓄。並賣船網以補數。下功及半。忽汞走焚。茅蓋皆鍛。萬三深歎福薄。三豐勸其勿為。夫婦毫無怨意。苦留再煉。奈乏貲財。議鬻幼女。三豐若為不知。竊喜志堅。一任所為。令備朱裹之汞。招其夫至前。出少許藥。指甲挑微芒。乘汞熱投下。立凝如土。復以死汞，點銅鐵悉成黃白。相接長生。三豐略收丹頭。臨行謂曰：東南王氣大盛。他日將晤子於西南也。遂入巴中。萬三以之起立家業安爐大煉不一載富甲天下。凡遇貧乏患難廣為周給。商賈貸其資以貿易者遍海內。其丹室有一聯云：八百火牛耕夜月，三千美女笑春風。世謂其得聚寶盆。故財源特沛。

斯時世亂兵荒。萬三懼有禍患。乃毀棄丹爐器皿。斂跡欲隱。京城自洪武門至水西門坍壞。下有水怪潛窟。築之復崩。帝素忌沈萬三年命相同而大富，召謂曰：汝家有盆能聚寶，亦能聚土築門乎？萬三不敢辨承命築。立基即傾者再三。無奈以丹金數斤。暗投築之始成。費盡巨萬。因名曰聚寶門。帝嘗犒軍。召萬三貸之曰：「吾軍百萬，得一軍一兩足矣。」萬三如數輸之帝，睹其無困苦狀。由是急欲除之。

馬後苦諫乃議流南嶺。株連其婿餘十舍。亦流潮州。萬三遂輕身挈妻奴而去。委其家資。未幾命再徙十舍於雲南。既至滇。沐春撫慰之。欲妻余氏女。十舍允之。及過府。沐侯見薄其嫁資。曰不豐不為禮。女曰。公所利者財耳。措之亦易。教備汞鉛。脫耳環投之。聲如蟬鳴，其汞已乾。環仍如故。以汞開銅鐵。成寶無算。沐侯大喜。是秋三豐踐約來會。同萬三煉人元服食大藥。明年始成。初萬三有長女三歲忽失去。迄今三十餘年一旦歸家。曰兒少遇祖薛真陽。即中條玄母改名化度呼女為玉霞。號線陽。掌玉匣諸秘法為師擎神劍。得授靈通大道。命回就服成藥。當以極濟立功。萬三即出藥。全家共服皆能沖舉。玉霞聲洪體碩，無女子相。慨然普救生靈之志。遂與父散遊於世。隨時救度。

永樂時尚書胡廣言張三豐實有道法廣具神通。錄其節要篇並無根樹二十四首金液還丹歌。大道歌煉鉛歌。地元真仙了道歌。題麗春院二闋瓊花詩青羊宮留題。諸作上呈。帝覽之。雖不測其涯底。知其有合大道。遣使訪之有功。言初入成都。見蜀王操（太祖第十一子）王不喜道。退遊襄鄧間。居武當二十三年。一旦拂袖遊方而去。

帝於壬辰春。敕正一孫碧雲。於武當建宮拜候三月初六日。帝賜手書曰。皇帝敬奉書真仙張三豐先生足下。朕久仰真仙。渴思親承儀範，嘗遣使奉香致書。遍詣名山。虔請真仙。伏惟道德崇高。超乎萬有。體合自然。神妙難測。朕才質疏庸。德行菲薄。而至誠願見之心。夙夜不忘。敬再遣使。謹致香奉書虔請。拱俟雲車鳳駕惠然降臨。以付朕拳拳仰慕之懷。敬奉書。

越三載飄然而至。碧雲呈御書。三豐覽而笑答書曰：「聖師真口訣，明言萬古遺。傳與世間人。能有幾人知。衣

破用布補。樹衰以土培。人損將何補。陰陽造化機。取將坎中寶。金花露一枝。慶雲開天際。祥光塞死基。歸已昏昏默。如醉亦如癡。大丹如黍米。脫殼真無為。優游天地廓。萬象掌中珠。人能服此藥。壽與天地齊。如若不延壽。吾言都是非。天機未可輕輕泄。猶恐當今欠猛烈。千磨萬難費辛勤。吾今傳與天地脈。皇帝尋我問金丹。祖師留下神仙訣。金丹重一斤。閉目靜存神。只在家中取。何勞向外尋。煉成離女汞。吞盡坎男精。金丹並火候。口口是玄音。」碧雲勸駕不聽。留居一室。出則伴遊。令人馳報於帝。

丙申春正。帝又命安車迎接。復又他適。帝怒謂胡廣曰：「斯人徒負虛名，能說不能行，故不敢來見耳。卿往招致。不得亦難見朕也。」廣懼，星夜奔至武當。立宮廷哀泣。佑聖。帝君嘗奏三豐道行於崇玉帝。是夏五月駕臨南極宣召至會所三豐將隨玄天官屬同行。適見胡廣情切。乃出許其詣闕。先自飛身而去，帝正在朝。見一襤褸道士。肩披鹿裘。立於階前稽首。帝問知是三豐，笑而命坐問道。三豐曰：「聞遷北平時，金水河冰凝龍鳳之狀。即此是道。」於是從容步下階陛。一時卿雲瑞彩彌滿殿庭良久始散。三豐去矣。君臣歎異。始信真仙。及胡廣還。帝賜勞之。尋拜為相。

第四節　歷代顯績紀

一、渡沈萬三

沈萬三者。秦淮大漁戶也。心慈好施。其初僅溫飽。至正十九年。忽遇一羽士。神采清高。龜形鶴骨。大耳圓目。

身長七尺餘，修髯如戟。時戴偃月冠。手持刀尺。一笠一衲。寒暑皆然。不飾邊幅。日行千餘里。所啖升斗輒盡。或辟穀數月。而貌轉豐。

萬三心異之。常烹鮮魚暖酒邀飲蘆洲。苟有所需，極力供俸。偶於月下對酌。羽士謂曰：「欲聞吾出處乎？」萬三啟請。乃掀髯笑曰：「吾張三豐也。」遂將生世出世修真成真之由。敘述一篇。言訖呵呵大笑。萬三聞言。五體投地，稱祖師者再。並乞指教。曰塵愚願以救濟。富壽非敢望也。祖師曰。雖不敢妄泄真傳，亦不欲緘默閉道。予已深知子之肺腸。當為作之。於是置辦藥材。擇日啟煉。七七啟視鉛汞各遁。祖師嗟咄不已。

萬三自謂機緣未至。復盡所蓄，並售船網以補數。下工及半。忽汞走如焚。茅蓋皆毀。萬三深歎福薄。祖師亦勸其勿為。夫婦毫無怨意。苦留再煉。貲財已匱。議鬻幼女。祖師若為不知。竊喜其志堅。一任所為。令備朱裹之汞招其夫婦至前。出藥少許。指甲挑微芒，乘汞熱投下。立凝如土。復以死汞點銅鐵。悉成黃白。相接長生。祖師遂略收丹頭。臨行囑曰：東南王氣大盛。當晤子於西南也。遂入巴中。

萬三以之起立家業。安爐大煉。不一載富甲天下。凡遇貧乏患難。廣為周給。商賈貸其資以貿易者。直遍海內。世謂其得聚寶盆。故財源特沛。斯時世亂兵荒。萬三懼有禍患。乃毀丹爐器皿。自號三山道士。至今南京城西南街。即其遷處會同館，即其故居。後湖中地。即其花園舊址也。

仙鑑評外丹成為內丹之助。然真道難聞。千舉萬敗。人每以三豐為口實。至受誑不悟。當思已有萬山福量。乃可遇之。苟或不然。願且置是。

二、寓金台觀

元至正丙午年。寶雞金台觀。有道翁者。貌若百餘歲。忽於九月二十七日。自言辭世。留頌而逝。土民楊軌山。置棺殮訖。臨空柩有聲如雷。發之復生躍起。謂軌山曰。吾張三豐也。天師後裔。幼好學道。今吾大丹已成。神遊天海。吾子善人也。難得難得。遂教以避世延年之術。尋攜軌山同去。

圓通子曰。世人盡如軌山。則路無暴骨矣。如此方便人。仙真安得不度。

三、隱太和山

洪武初祖師入太和山。於玉虛宮畔。結庵冷坐。庵前古木五株。陰連數畝。雲氣滃然。故嘗棲其下。猛獸不噬。驚鳥不搏。人咸異之。衲衣垢弊。皆號為邋遢張。有問其仙術。竟不一答。問經書則津津不絕口。登山輕捷如飛。隆冬臥雪中。鼾聲如雷。常語太和鄉人曰。茲山異日當大顯。道士邱元靖叩其出處。始識為三豐祖師請為弟子。遂傳以道妙。

神仙鑑評左道旁門。最能惑人。如箭射虛空。還復墜地。惟見得真種子。潛修密煉。至丹成果熟。寒暑不能侵，陰陽不能賊。縱橫自在。來去隨心。方為實際。如三豐者所當景仰。

四、寄常遇春

洪武二年己酉六月常遇春進攻大興州真拔開平。追奔數百里大獲全勝。遂清薊北。秋七月師次柳河州，遇春得疾。

謂眾將曰：予生時有老翁至門。付一函云。煌煌尾宿，矯矯
虎臣。和中遇主。柳下歸神。前日張真人三豐。自五台寄
書。又是此數字。今至柳河州而病。吾其逝矣。尋卒於軍。
年三十四。去年戊申。帝初即位。亦嘗欽問四十二代天師張
沖虛曰北征如何。天師曰朝廷有福。大將歸真。

五、見蜀王椿

太祖第十一子封蜀王，名椿或操作似誤

洪武中太祖封子椿為蜀王。是時兩川久定。人物恬熙。
倏有老翁者。神完貌古行動如飛。一日方冠博帶。翩然見
王。說以入道，王不聽。然心異其老健。欲慕棲之。老翁笑
吟曰：「何必終南論捷徑，宦情於我似鴻毛。」王高其節。
一日謂王曰：「藩封雖好。然須志退心虛。乃保無禍。吾張
三豐也。將與海島諸仙遊於寥廓矣。」王作詩以送之，有
「吾師深得留侯術，靜養丹田保谷神」之句。亦不相留。祖
師遂去。或曰其後諸王如谷王穗遼王植。多有不保其封。而
蜀王得以居安樂土者。皆祖師教之云。

按祖師見蜀王椿之後。遨遊川貴雲廣。雲車無定。顯跡
最多。未嘗枯坐一山或言初入成都。見蜀王椿。王不喜道。
退還襄鄧間。居武當二十三年一旦游方。拂袖而去。

圓通子讀此一則。題一絕云：「入幕仙翁一老皤。相逢
不識奈如何。名言幾字將王報。保得藩封歲月多。」

六、寓指揮家

洪武中。祖師遊蜀。僑寓環衛姜指揮家。行蹤詭異。而
人不識常戴一笠，笠甚大，雖小戶出入不礙。繫鐵絲條。備

極工致。朝夕居一磐石上。嘗折枯梅枝插土即生。花皆下垂。故成都昔年。猶遺照水梅云。

七、寓開元寺

夔府城西開元寺。唐了休禪師道場也。明初祖師來遊。與僧廣海善。寓居於寺者七日。臨別贈以詩。並留草履一雙。沉香三片而去。後海以詩及二物獻文帝。答賜玉環一枚。千佛袈裟一領。今猶置寺中。稱世寶云。（見成都府志中見夔州府志）

八、三卻廷詔

洪武十七年甲子。帝以華夷賓服。詔求真人張三豐。莫知所往。明年春。復強其弟子沈萬三敦請。了不可得。又召邱元靖入朝祖師因呈一詩。並囑邱曰：「奏語明天子，謂吾將遨遊海外矣。」其詩云：「流水行雲不自收。朝廷何必苦徵求。從今更要藏名姓。山北山南任我遊。」帝覽而縱之。尋拜邱為監察御史。賜美室，均不受。邱可謂不忘師教也。（神仙鑒有三詔之事而無寄詩一遐）。

圓通子曰，嚴子陵其吾師之前身耶。

九、滇南踐約

洪武中。京城自洪武門至水西門坍壞。下有水怪潛窟。築之復頹。帝向忌沈萬三年命相同而大富。召謂曰爾家有盆能聚寶。亦能聚土築門乎。

萬三不敢辯。承命起築立基。即傾者三。乃以丹金數片暗投其內。築之始成。費盡巨萬。帝嘗欲犒軍。召萬三貸之曰。吾軍百萬。得一軍一兩足矣。萬三如數輸之。帝瞰其無

困苦狀。由是欲除之。罪以他事。議流嶺南。萬三遂輕身攜妻奴去。而委其家貲。未幾命再徙於雲南。

既至滇。萬三無聊,忽有弓長翁者,傳雲踐約來會。萬三請見則三豐祖師也。祖師笑曰。猶記東南氣盛西南相見之語乎。萬三爽然。因與煉天元服食大藥,明年始成。萬三與全家餌之。皆能沖舉。

圓通子曰,撒手貲財。即成上仙。其施濟已多矣。

十、遊鶴鳴山

洪武未有道人遊川之鶴鳴山。山有二十四洞以應二十四氣。道人入山時。石鶴復鳴,人咸驚異。居半載入天谷洞不出,洞門書三豐遊此四字。時已一百餘歲矣。(蜀通志作三百餘歲似誤)。

圓通子曰奇。

十一、題詩驚禍

建文嗣位初。戶部門前。薄暝有老翁閒步。如土地形狀者風過處忽不見。明晨覘雙扉上於右扉題一詩云:「燕子將營壘(一作巢閣),龍孫不在潭。波平風又起,海上問三三。」末三字寫於雙扉交關處。人多不解。戶部侍郎卓敬見之。以為三字寫門中。蓋借門縫作半字中畫也。心知為三豐仙翁。並念燕子者。是指燕王。龍孫者是指建文。其語殊凶。其字旋落。卓乃密疏請徙封燕王。隸於南昌。萬一有變。尚可控制。疏入竟不聽。

圓通子曰。卓待郎聰明可愛。惜忠言逆耳。致使燕封篡位。吾師其亦不得已而題詩歟。不然,豈不知建文之不聽哉。

十二、混跡京師

永樂初。有宦客遊京師。風姿清矯。拂拂修髯。而衣服禮容。似公車客狀。居京頗久。與戶科給事中胡濙相契。常做詩酒之會。喜擬文選體。多不存稿。客聞朝中僚屬事畢閒談。多言神仙事。又聞侍讀胡廣。欲舉張三豐仙術上聞。客心厭之。一日飲於客齋。忽謂胡濙曰：「吾友善事明君。我將遠引深山也。」濙驚叩其故不答。數叩之。乃掀髯笑曰：「吾即三豐子也。」言畢徑去。不知所往。

其後。胡濙訪三豐祖師。因有「卻憶故人從此隱。題詩誰似鮑參軍」之句云。

十三、一晤因緣

永樂四年冬，詹事府主簿南陽張朝用。常見一道人。行止異奇。足不履地。手捻梅花口吟秋水。趨前詢之。乃三豐仙翁也。

明年帝命胡濙遊訪。因薦朝用同行。已不知其去向矣。

十四、道示明玉

永樂中。有羽客遊內江。寓明玉道人家。詭云龐姓。微示以異。常履極險不墜。涉水無少濡。明玉善符咒。多奇驗。欲傳授羽客。羽客笑曰，我以道俸君。君乃以法授我耶。乃作道法會同疏一通與之。

明玉大驚。跪請其名號。乃知為三豐祖師也。居歲餘。胡濙物色之。遂不留。（四川通志作遂同玉見胡與明紀不合茲特正之）尋又往峨眉山中。

太極拳祖師張三豐內丹養生

十五、明殿飛升

明成祖自遇西僧哈立麻之後。頗萌道心。尚書胡廣。因言張三豐實有道法。錄其捷要篇上呈。帝覽之。雖不測其涯底。知其有合玄機。遣使訪之。壬辰春。又敕孫碧雲至武當拜候。三月初六日。並賜書。越三載始至武當。碧雲呈御書。祖師覽訖。笑答一函。碧雲勸入朝不可。留居室內。出則同遊。令人馳報於帝。丙午春正。帝命安車迎請。忽又他適。帝乃斥胡廣求之。廣大懼。即至武當懇禱。祖師見其情切。乃出。許其詣闕。先自飛身而去。帝正在朝，忽見一襤褸道人。肩披鹿裘。立於階前。稽首冷笑。帝問是三豐，殷勤命坐。即求談道。祖師遂唱訪道求玄走盡天涯之曲。曲終從容下階，一時卿雲瑞靄。彌漫殿廷。良久始散。祖師去矣。君臣歎異。始信真仙。及胡廣還朝。上頗賜勞之。（按明紀永樂丁亥，帝命胡濙等遍訪三豐，去十載始還。茲連丁亥順數至丙申正是十年。乃於五月初，先有陛見之事。不知濙等還朝在五月前否，若在五月後，便往來相左矣）。

神仙鑒評。仙道有易髓換骨，不必蛻化者。有育就嬰孩。引神出見者。有太陰煉形。屍解成真者。皆足以證道。而完璞之育就胎孫。三豐之飛升金殿，非重安九鼎。再立乾坤。何能至此。由是而觀。丹道豈易言哉。

十六、玄光表異

永樂丙申歲五月朔。為南極者。人萬壽之。會老君命太微尹真人。傳示群真。尹向西北行。舉頭見一簇玄光。從空飛至。迎視乃三豐先生。尹告以老君之旨。三豐曰。吾已荷玉帝宣命矣。遂別去。

十七、七針先生

天順中。有七針先生者。嘗持七藥針。治人瘡疾。多奇效。人遂以七針目之。先生亦以此自名。又能圖寫山水自比江川。公卿多重之。先是張三豐以仙畫稱奇。朝廷屢求不得。近臣因以七針上聞。詔進寫山水一幅。最為稱旨。但性嗜酒。且好漫罵。權幸濁吏某。利其技精。聘至家，厚待之。倩其作畫。以圖乾謁。一日。帝又以美絹賜寫。時七針醉矣。居小樓上。濁吏以絹付七針，七針置之床頭。夜間嘔穢聲甚劇。濁吏心急。燭之七針躍起曰。快甚快甚，舉視皆麻雀。躍躍欲飛。尚未點睛。濁吏不得已。進呈帝覽。帝稱異。即命點睛。對曰，臣所寫不可點睛。點則飛去。帝弗信。促之。七針乃舉筆亂竄訖。常玩而笑曰，此物真欲飛也。語終。即有無數小雀。沖雲而去。至濁吏之鄉。盡彈其田穀。殆無遺粟。連疆者固無恙也。七針亦遁去。事聞上再詔見不可得。帝以問禮部尚書胡熒。熒對曰。七針殆三豐耶。以三豐二字。橫順分觀蓋如針之有七也，帝驚異。

十八、贈角黍翁

又天順中。劍州有老翁者。忘其姓氏。曰市角黍為生。視有貧者過。輒與一包不取貲。或叩其故。老翁曰。是皆走乏人也。腹且饑。吾日售角黍。只求固吾本。而少有利焉足矣。以餘給人。特小惠耳。何足齒。一日日將哺。角黍不能售。倏有道人前過。乞賜一包，翁與之。食畢又乞。翁又與之。如是者幾數十次。翁皆與之。道人大笑曰。翁真慷慨者。吾無他術。囊有紫珠一枚。可攜回置甕內。隔夕啟視中有奇妙焉。語罷。道人飄然而去。翁帶至家。竟如其教。時

米甕匱矣。明晨開之。甕米已滿。翁笑曰。道人所謂奇妙者。固如是耶。遂取作角黍賣三施七。來日啟視。米又滿。作業如常。人沾其惠者。咸嘖嘖稱羨。

久之翁迄異焉。因倒甕覘之。紫珠不見。嗣後甕亦不復生米矣。他日道人又來語翁曰。吾某某也。翁惠已多。願出世否。翁不許。祖師乃出一粒囑曰。且食此。當更綿壽。翁啖下。覺肺腑皆清。祖師出後。老翁年百餘，端坐而逝。

圓通子曰，惜此翁不求仙道。然其滿腔慈念。亦應長享遐齡矣。

十九、詩挫番僧

成化中。方士流行。一時賜以誥敕。號為真人者。幾盈都下。而西番僧答巴堅參。以秘密教獲寵。賜號大智慧佛。出入乘高輿。雖顯貴過街。皆避其前導。一日答巴歸賜院。突見襤褸道人，於照壁上題詩云：「紛紛方士滿朝端，又見番僧壓顯官。這等奴才稱釋道，老君含笑世尊歡。」款落坤斷補題。答巴見之大怒。命士卒擒之。風沙起處。道人不見。或曰坤卦斷而言補者。此豐字也。於是共知為真仙三豐焉。厥後答巴之勢稍挫。

圓通子曰答巴沒臉。

二十、一戲方士

成化中。羽流擾擾。出入禁廷。祖師甚惡之。一日。遇方士趙王二姓者。知其存心鬼蜮，將挾異術北行。因化為教主形狀以詭之曰。吾張天師也。飛符召神。我法甚效。君等願學否。趙王不信。祖師乃向空指畫。倏有天兵天將。往來雲氣中。二人始異之。跪求符籙。祖師偽為密囑狀。賜之數

符。二人大笑而去。其時李孜省以五雷法得幸。二人投之。因此進身。帝詢其能。二人以天師傳符對。並請帝致齋三日。演法一觀。帝如其教，臨期大設法壇。支吾終日不驗。帝怒其奸詐。立命侍衛斃之。

圓通子曰，真仙之惡方士。猶君子之惡小人乎。吾師七戲方士。以正法簸弄邪法。務使群邪術敗。寵倖日衰而後已。如吾師者。應封為蕩邪衛正護國天師也。厥後成化末。罷奪僧道封號，雖係用科道言。安知不因吾師之默破其術。而乃疏之歟。（以下六則俱作如是觀）

二十一、二戲方士

祖師又嘗與方士劉某者。賭役鬼神。方士符初燒。祖師暗以法力掩之。輪及師符。即有鬼神無數。甲馬猙獰。往來空際。方士驚奇。跪求指教。師慨然與之。並教以斬鬼妙法。方士大喜，挾技遊京。頗稱靈效。特未用斬鬼法耳。繼援梁芳等得入內廷。一夕有宮監與宮婢相狎。適帝命劉召鬼符使燒。而二鬼至。一男一女。調笑於宮樓之下。漸逼帝前。不知敬避。帝懼，速命劉拔劍擊之。則是宮婢雲娥。與宮監某某也。帝大怒。以劉侮己。即刻斃於壇內。

圓通子曰。一符殺三邪。非吾師逞毒手也。以正衛國。真是慈悲耳。

二十二、三戲方士

方士郭成顯。無賴徒也。初學五雷法頗效。行將入京。三豐祖師因於途中截之。相逢道左。詭名賽天師。先語郭曰。子身藏五雷訣耶。郭驚其先知，料是神人。不敢隱匿。連聲唯唯。賽天師曰。吾尚有六雷法賜汝。依法行持。能召

天仙化女。御鳳遊凡。近日李孜省權傾中外。爾以此法投之。則顯要可立致也。郭大喜。請受其傳，叩頭辭去。進幹孜省。先用五雷，孜省以為同道。深信納之。郭笑曰，豈惟是哉。吾更有六雷在也。傳吾者云，此法能召天姝。孜省雀躍。促郭演之。郭乃故持身份。命廣法壇。務窮精緻。紅燈翠幛。境界一新。孜省之姬妾倚閣明妝。皆觀郭術何如。

郭乃接法行符。繞壇咒喝。果有仙姝四五冉冉而來。各跨赤虯。止於壇上。其中有二女尤為妖麗。雙喉度曲。婉轉鶯聲。歌曰：「儂與兒夫據要津，法衣解卻昵紅裙。此威此福難長久，朝倚欄杆淚濕雲。」音節清脆。似嘲似諷。如懼如哀。孜省之黨。初睹美人則生憐。繼聞歌詞則大惑。細思其意彌震恐。忽然雷雨當空。風沙競作。滿壇燈火皆滅。狐城鼠社。水撲煙昏。霎時雲斂。纖月掛簷。覺有呻吟聲。在壇深黑處。復燃明燭照之。只見姬妾數人各跨一呆漢。赤體彎腰。若僵迷狀。睇示之。則皆孜省門下所養術士法徒也。強命家奴各扶過去。再覓郭成顯尚立法壇。滿口糊詞。搖頭掐指。若得意然。孜省羞怒交作。拔佩劍砍之。拋其屍於後園池內。禁家人勿言。誰知此夕醜聲早流於外矣。孜省益危悚不安。

圓通子曰，六雷法竟有如許妙用。不知吾師從何處得來。漢唐方士流行之際。惜無此書。

二十三、四戲方士

彭華為吏部左侍郎。繼結萬安孜省。遂得入內閣。預機務事，勢焰日彰。威福自擅。屏逐忠良。其門下亦多方士。一日病熱。涼藥鮮效。乃命方士熊鐘。代求名醫。熊聞都門外有某某者。頗精岐黃。遂往延之。路遇一道人。背負藥

囊。手執畫板。上書四句云：「一張膏藥，貼好瘡痍。三封大丹，牢籠方術。」夫所謂一張三封者。是隱著其姓字也。猝然相遇。以為表其醫道。故熊弗察耳。外售解熱丸。熊欲購之。道人故昂身價。謂吾丸匪特癒病。並可輕身。熊弗信。道人以一丸自啖。兩足憑空。離地數尺許。熊即倒拜。乞賣一丸。道人故囑曰。此丸與大貴人食之。必能白日飛升。其去世後。則襲顯位易易也。熊本無仙意。但欲如彭華輩。身列要津足矣。因將丸回述其靈異。彭華於昏瞶中吞之。頭腦涔涔。如中鴆毒狀。尋復大吐，吐後遂得風疾。熊知其誤。遂遁。彭華亦以病罷黜。

　　圓通子曰。熱中之病。涼劑難療。夫惟吐其火而賜以風。則心熱退矣。若方士者。熱中更甚於彭華。不愛神仙。只貪富貴。何不待他飛升。便自逃走。

二十四、五戲方士

　　太行西山馬仙翁。能以神箭射鬼。人多求之。無弗效者。道士鄧常恩。素聞其能。及為太常卿。陰賊險狠。暗害一人。每入府中為厲。乃命其徒陳歪兒。往求馬術。陳即往。途遇一道人。風骨昂昂。手執長弓。（張也）。腰插七箭。（三豐也）。自云射鬼百發百中。而不言其姓字。陳疑焉。同行至晚。於破廟中棲宿。林昏月黑。叢篁古木中。鬼聲啾啾然。陳大懼。道人曰。爾可以觀吾射也。即於窗隙內張弓射之。其鬼哀號而去。陳乃折服。

　　明晨乞其藝。道人慨然與之。遂回京師。述其情事。詭云馬仙已往。今幸得此神箭。皆大人之福也。常恩喜甚。夜來昏月朦朧。府園中鬼聲又起。即命陳一奏其技。常恩轉過回廊。於對面樓窗上覘之。忽見鬼飛入樓。陳遂挽強弓。絕

妙矢。羽聲響處。大叫一聲。應弦而倒。燭之則常恩也。幸中左臂。不致隕殞。陳即逃。

圓通子曰。殺人之罪已甚矣。乃至欲誅其魄殘忍孰甚。西山之行。即得馬仙神箭。安知不轉射常恩。

二十五、六戲方士

閣臣萬安。深中寬外。其時萬貴妃寵冠後宮。安稱子侄行。內外聲援益固。並求方士房中術進之。妃大喜。居無何而妃卒。方萬安之求此術也。方士路逢淵。高談採戰。以術授安。後自稱法師。命安往西山受道。路先於途中待之。數日不至。無聊中。散步郊墟。忽遇一道叟。松顏鶴髮。齒高面紅。如赤松黃石輩。問其姓不答。叩其道不言。叟笑吟曰：路逢冤。路逢冤，今日何緣遇萬安。飄然而去。

路大驚。逡巡欲返。爾時日色西沉。山林昏鴉噪。四顧茫然。頓迷去向。

又見一樵叟荷薪而過。叩其姓曰張。而不言名。路求指途。老叟指青燈處即是旅店。一謝而別。遂投宿焉。破椽蕭蕭中。夜間隔屋欸聲。昵隙而窺。則萬安也。私心憐之。又欲近之。遂抽其破壁而過。以圖一敘深情。時安已神倦。枕手而眠。

忽聞壁響。疑是劫賊。乃舉坐凳一擊。其人遂撲。呼隨侍覘之，則自稱法師之路逢淵也。安究其情。則知為問候而來。伏地請罪。路亦忍痛作禮。問安曰。相公不趨大道。胡亦至此乎。安言吾奉師命。欲往西山。夜夢仙叟。對吾指示云。萬安萬安。訪道西山。西山大路不逢緣。吾故趨車小道而來。不料與師相遇。竟作此一暇惡戲。

圓通子曰。以方士為法師。愚已甚矣。師不成師。故應

受坐凳一擊。厥後萬安仍以房中術進後宮。被憲宗察出遂罷。則徒弟亦失時矣。

二十六、七戲方士

成化末。梁芳李孜省。鄧常恩。趙玉芝。先後謫戍。繼皆遇赦。而太監蔣琮力言芳等罪狀。決不可赦。故梁李廢死。而鄧趙仍戍邊。先戍謫時。於途見旅壁遍處題云：「孜省梁芳，罪惡大彰。遇赦不宜赦，今渠下獄亡。常恩玉芝，謫戍西夷。逢赦不當赦，長與中土離。款落封三張云。」

圓通子曰，群小被謫。已無生氣。然小人心癡。必有四望三台。冀復大用。如萬安黜歸時者。故吾師題此戲之。以了局一黨也。

二十七、道觀題詩

嘉靖末。詔求天下方書。時南京道觀崇清寺壁上。有四絕句。款落隱仙張玄玄題。常有神燈夜照其字。後忽為雷電取去。詩見雲水集中。

二十八、大鬧魏祠

天啟中。魏忠賢生祠幾遍天下。而東華門外一所。尤為壯麗。日有襤褸瘋道三人。奮步遊觀。突入祠內。擊忠賢土偶像。糞土泥沙。污穢滿面。復於壁上大書四句云：「淫祠靡靡，王室如毀。錦繡江山，竟委於鬼。」守祠吏一見大驚。方欲扭執。而三瘋不見矣。吏恐賢聞之。即時洗伐。覺時壁餘香。土偶餘臭。是夕忠賢一身皆痛楚云。

圓通子曰，快事快事。可補明史之遺。使閱者奮袂起舞。

二十九、道逢呂祖

順治初，秦蜀未平。時有一道士。披裘往來。隱顯莫測。行且歎息。歎已復笑。笑已復歌。歌曰：「乾坤明不明。豹虎尚橫行。拂袖歸三島。蓬萊看水清。」又一道士佩劍執拂而來。依聲和之。和曰：「五更天欲明。出棧看雲行。與子同歸去。天得一以清。」飄然而至。佩劍者先謂披裘者曰：「三豐先生，今可以休息矣。」這道士稽首相答。語語禪鋒。了不可釋。忽然放大毫光。空中紅雲飛舞。結成呂字。二道士騰空而去。此事載歐養真紀亂書中。

三十、枯梅復生

康熙間。麟游道士。馬家店有枯梅一株。椿頗奇。古不知何年種也。適值冬雪天寒。有張道人身披破衲。曉行至此。呼店主具麵食。煮未稠。即送至席上。道人曰：「咱不食生麵。與枯梅食之。待他快活。」擲其麵於樹梢。攤錢而去。店主異焉。明晨覘之。枯梅已著花也。椏杈皆作丰字狀。馬店因此大售。時時以面水灌之，仍活。

圓通子曰，呂祖活樟。邱祖活柏。張祖活梅。皆可謂恩及草木。

三十一、青雲障暑

祖師遊蜀山。山多黃荊。時值天暑。諸父老芟鋤田野。不勝酷熱。將黃荊枝結成圈子。戴於頭上。只見青雲如笠。浮浮空際。隨之往來。時有見者多效之。殊大清涼。不生熱疾。鄉老賦之曰：「首戴黃荊。雖少青雲覆頂。身居綠野。不妨赤日當頭。」至今遂成農圃故事云。

圓通子曰：或折技作帽。或採葉作茗。此物皆大佳。

三十二、西溪假寐

同州有田翁者。家稱富有。生平頗好善。及其歿也。有一道人來吊。自稱天外散人。〔取唐詩天外三豐之句藏其號也〕

囑其子葬其父於秦嶺山中。土起乳包。兩石相抄處。且曰吾與人卜地。只令無風水泥沙螻蟻足矣。切勿妄聽盲師。復行遷改。田葬其父。十年平平。後為某師所惑。談封說拜。頓起他心。欲改葬焉。聞道人尚在西溪亭。田往詢其可否。及至亭間。道人正酣睡石上。田以手推移再三。道人作朦朧語曰：而翁正安臥，何來移動為也。田不悟。復強推之。道人鼻息齁齁。竟不之答。田遂還家。仍從某師語。往開其墓。田公遺骨如黃金然。殊大悔恨。而某師強詞奪理。卒移他區。不十年而田產調零。再訪道人。云已去年他往也。尋又逢某師。見其目瞽。丐於市云。

圓通子曰：田公之子。可謂不孝之甚者。

第二章

張三豐「大道論」

第一節　論上

　　夫道者，統生天、生地、生人、生物而名。含陰陽動靜之機，具造化玄微之理，統無極，生太極。無極為無名，無名者，天地之始；太極為有名，有名者，萬物之母。因無名而有名，則天生、地生、人生、物生矣。今專以人生言之。

　　父母未生以前，一片太虛，托諸於穆。此無極時也。無極為陰靜。陰靜陽亦靜也。父母施生之始，一片靈氣，投入胎中，此太極時也。太極為陽動，陽動陰亦動也。自是而陰陽相推，剛柔相摩，八卦相蕩，則乾道成男、坤道成女矣。故男女交媾之初，男精女血混成一物。此即是人身之本。嗣後而父精藏於腎，母血藏於心。心腎脈連，隨母呼吸，十月形全，脫離母腹。斯時也，性渾於無識，又以無極伏其神，命資於有生，復以太極育其氣。氣脈靜而內蘊元神，則曰真性；神思靜而中長元氣，則曰真命。渾渾淪淪，孩子之體，正所謂天性天命也。

　　人能率此天性，以復其天命，此即可謂之道，又何修道

之不可成道哉，奈何靈明日著，知覺日深，血氣滋養，歲漸長歲，則七情六慾，萬緒千端，晝夜無休息矣。心久動而神漸疲，精多耗而氣益憊，生老迫而病死之患成，並且無所滋補，則疾病頻生，而欲長有其身，難矣。觀此生死之道，人以為常，誠為可惜，然其疾病臨身，亦有求醫調治，望起沉疴，圖延歲月者，此時即有求生之心，又何益乎？

予觀惡死之常情，即覓長生之妙術，辛苦數年，得聞仙道。仙道者，長生之道也，而世人多以異端目之。夫黃老所傳，亦正心修身、治國平天下之理也，而何詫為異端哉，人能修正身心，則真精真神聚其中，大才大德出其中。聖經曰：「安而後能慮，」富哉言乎！吾嘗論之矣。有如子房公之安居下邳，而後能用漢報韓；諸葛君之安臥南陽，而後能輔蜀伐魏；李鄴候之安養衡山，而後能興唐滅虜；他若葛稚川之令勾漏、趙清源之刺嘉州、許真君之治旌陽，是皆道成住世，出仕安民者，彼其心不皆有君父仁義之心哉！

孔子鄙隱、怪，孟子拒楊、墨。隱也者，乃讖緯說、封禪書之類，怪也者，乃微生高、陳仲子之類，仙家不然也。長春朝對，皆仁民愛物之言，希夷歸山，懷耿介清高之致，何隱、怪之有哉！楊子為我，墨子薄親，仙家不爾也。三千功行，濟人利世為先資，二十四孝，吳猛、丁蘭皆仙客，又何楊、墨之可同哉！孔曰「求志」，孟曰「尚志」，問為何志，曰仁義而已矣。

仁屬木，木中藏火，大抵是化育光明之用，乃曰仁；義屬金，金中生水，大抵是裁制流通之用，乃曰義。仙家汞鉛，即仁義之種子也。金木交並，水火交養，故嘗隱居求志，高尚其志，而後汞鉛生，丹道凝。志包仁義汞鉛，而兼金木水火之四象，求之尚之者，誠意為之，意志合而五行

全，大道之事備矣。故孔、孟當日，只闢隱、怪、楊、墨，而未聞攘斥佛、老。

唐、宋以來，乃有韓、朱二賢，力避二氏，諸大儒和之，群小儒拾其唾餘，以求附尾，究意避著何處？反令世尊含笑，太上長歎。小儒輩不過徒吹濫竽，未必有韓、朱之識見也。何闢言之？韓、朱之闢二氏者，闢其非佛非老之流，非避真學佛、老者也。不然《昌黎詩集》往來贈答，又何以極多二氏之人！如送張道士有詩送大顛有詩，送惠師、靈師皆有詩。或以為借人發議，故於惠師云，「吾疾遊惰者，憐子愚且淳，」於靈師亦云「方將斂之道，且欲冠其顛，」似譏之矣，在何以於張道士盡無貶詞，於大顛師全無誚語？

蓋此二師者，乃真仙真佛之徒。張仙以尚書不用而歸真，顛佛以聰明般若而通禪，雖昌黎亦不能下手排之，肆口毀之也。且其家又生韓湘仙伯，雪擁藍關，蓋已知遠來者之非凡人也。朱子少年亦嘗出入二氏，蓋因不得其門而入。為二氏之匪徒所迷，故疑其虛無荒誕，空寂渺茫，回頭抵牾耳。迨其晚年學博，則又愛讀《參同契》，並云「《參同》之書，本不為明《易》，蓋借此以寓其進退行持之候耳」。更與人書云：「近者道間不挾他書，始得熟玩《參同》，是更津津然以仙道為有味也。」然則韓、朱二賢。特闢其非佛非老之流，非辟真學佛、老者也。否則前後一身，自相矛盾，則二賢亦笑也。予也不才，竊嘗學覽百家，理綜三教，並知三教之同此一道也。儒離此道不成儒，佛離此道不成佛，仙離此道不成仙，而仙家特稱為道門，是更以道自任者也，復何言哉！平充論之曰：儒也者，行道濟時者也；佛也者，悟道覺世者也。仙也者，藏道度人者也。各講各的妙處，各講各的好處，何必口舌是非哉！

夫道者，無非窮理盡性以至於命而已矣。孔子隱諸罕言，仙家暢言之，喻言之，字樣多而道義微，故人不知耳。人由天地而育，亦由父母而生，順而用之，則鼻祖耳孫，嗣續而成，逆而用之，則真仙上聖，亦接踵而出。同其理也。

《悟真篇云》：「修身之事，不拘男女。此金丹大藥，雖愚昧野人，得之立登仙位。」不拘貴賤賢愚、老衰少壯、只要素行陰德，仁慈悲憫，忠孝信誠，全於人道，仙道自然不遠也。又須洞曉陰陽，深參造化，察其真偽，得陰陽之正氣，覓鉛汞之真宗，方能換骨長生，居不夜之天，玩長春之景，與天地同久，日月同明。此正大丈夫分內事也。

至於旁門邪經。御女採陰，服煉三黃，燒餌八石，是旁門無功也。又有以按摩導引，吐吶呵噓，修服藥草，為養生之方者，雖能暫去其疾，難逃老衰命盡，而被達人恥笑也。伯端翁云：「閉息一法，若能忘機絕念，亦可入定出神。」奈何精氣神屬陰，宅舍難固，不免有遷徙之苦。更有進氣補血，名為抽添接命之術者，亦能避疾延年，保身健體，若欲服食養就胎仙，必不能也。其他旁門邪徑，乃實為吾道之異端也，何足道哉！

或者謂人之生死，皆有定數，豈有違天數而逃死者，獨不思福自我求，命自我造，陰騭可以延年。學長生者，只要以陰功為體，金丹為用，則天數亦可逃也。伏維我太上道祖，列聖高真，施好生之心，廣度人之願，宏開玄教，秘授仙方，名曰金丹。原始要終，因此盡露天機，大泄元奧，其中行持妙用，三候三關，九琴九劍，藥材法器，火候符章，悉已敷衍全備。各宜詳究諸經，以還其性命之本。

予論雖俗，義理最美，所謂真實不虛也。倘得者無所猜疑，庶可以行持下手，雖不遇名師好友，得遇此書。即如師

友在前，自能頓悟無上也。較諸行世丹經，悉合一理，罔不洞徹，實屬苦海之慈航，指迷之智燭，雖曰行之惟難，然勿畏難而苟安也。

再有進箴者，身抱金丹之後，即宜高隱洞天，深藏福地，勿以黃白賣弄朝廷，為方士之先導，隱顯度世，以待天符，白日飛升，不露圭角，此方為無上上品真人，歷萬劫而不壞者也。後來同志，玩之鑒之。

第二節　論中

天地之間，至靈至貴者，人也；最忙最速者，時也。可大可久者，金丹也。惜人多溺於功名富貴場中，愛欲恩情之內，狼貪不已，蛾撲何休，一朝大限臨身，斯時悔之何及！惟其甘分待終，就死而已。誰知有長生不老之方，誰悟有金丹靈藥之妙，誠可惜哉！此金丹靈藥，非世間之所無有，非天上之不可得者，只在於同類中求之，乃生身固有之物也。簡而且易，至近非遙。

余嘗有《金丹賦》記之，詞極朗凷，今追憶其中段云：「夫造金丹者，始則借乾坤為玄牝，學造化於陰陽。識二八之相當，知坎離之互藏。候金氣之滿足，聽水潮之汪洋。繼則看鉛花於癸後，玩月夕於庚方。制刀圭於片晌，罷龍虎之戰場。喚金公而歸舍，配玉女而入房。」果能此道矣，雖愚必明，雖柔必強。先儒曰：「聖人不言易，以滋人之惑；亦未嘗言難，以阻人之進。」若人用意追求，殷勤修煉，自必入聖超凡，長登壽域，永享無窮之樂也，豈小補哉！

且人為功名富貴，亦有備極窮苦而後可成者。若以勞苦

之心，易而為修煉之心，將見九還到手，萬劫存神，以比功名富貴，孰短孰長耶？仲尼曰：「不義而富且貴，於我如浮雲。」又曰：「其為仁矣，不使不仁者加乎其身。」不仁不義，莫甚於狂貪妄想。胡氏曰：「志於道則外物不足以累其身。」《悟真》曰：「若會殺機明反覆，始知害裏卻生恩。」是知欲求還丹，必先絕慾，欲求絕慾，必勤殺機。勤於殺機者，刻刻有靈劍在手，外欲乍乘，急需就起殺機，勿容縱意，久久純熟，對鏡無心，即可行反本歸根之道。《易‧翼》曰：「終日乾乾，反覆道也。」反覆之道，得長生之果證也，人胡不勉而行之？

萬物如草木之葉，猶能歸根反本，以歷歲時；人為萬物之靈，動至死地，是反不如草木也，能不愧乎？夫此反本歸根之道，又非邪徑旁門之說也。世人以德行為先，陰功為本，察陰陽造化之機，求玄牝乾坤之妙，辨二八坎離之物，定金花水月之時，施降龍伏虎之威，明立命生身之處，其間致虛守靜。他主我賓，日月交光，戊己為用，則丹成反掌矣。《易》曰：「男女媾精，萬物化生。」人有此身，亦因父母而得，倘無父母，身何有乎？故作金丹之道，與生身事同，但順則成人，逆則成仙，順逆之間，天地懸隔，只要逆用陰陽，自然成就，並非邪徑旁門也。

茲余所論，大泄真機，皆列聖口傳心授之旨，人能照此下手行持，自能奪天地玄妙之功，窮鬼神不測之奧，誠金丹之口訣也。除此之外，再無別傳。先賢云：「聖人未生，道在天地；聖人已往，道著六經。」予之末論，雖不敢與聖經相比，亦可為問道之正途，如撥雲霧而見青天，似剪荊棘而尋大路，坦然無礙，豁然有門。

學者若能專心研究，自然默契仙緣，幸勿輕易視之也。

萬金難換，百寶難求。勿示非人，尚其重之。

第三節　論下

一陰一陽之謂道，修道者修此陰陽之道也。一陰一陽，一性一命而已矣。《中庸》云：「修道之謂教」。三教聖人，皆本此道以立其教也。此道原於性、本於命。命猶令也，天以命而賜人以令也；性即理也，人以性而由天之理也。夫欲由其理，則外盡倫常者其理，內盡慎獨者其理。忠孝友恭，衷乎內也，然著其光輝，則在外也；喜怒哀樂，見於外也，然守其未發，則在內也。明朗朗天，活潑潑地，盡其性而內丹成矣。夫欲全其令，則殷勤顧之者此令，依法用之者此令。存心養性，此顧命之勤勞也；集義生氣，此用令之法度也。煉氣化神，煉神還天，復其性兼復其命，而外丹就矣。吾願後之人修此正道，故直言之。

修道以修身為大，然修身必先正心誠意，意誠心正，則物欲皆除，然後講立基之本，氣為使焉，神為主焉，學者下手之初，必須知一陽初動之候。真鉛始生之時，其氣迅速如電，而不能久居於先天，霎時而生癸水，頃刻而變經流，迨至生形化質，已屬後天而不可用矣。

崑崙之上有玄門，其竅甚小，陰陽會合時，不許動搖，待其情性相感，自然彼我相通。凡有形質者，不能升入竅內，夫惟真氣橐籥。乃能進於竅內也。故聖人直指先天一氣，衝開此竅，又曰修行之徑路，可以續命延年，修真而全真，無來無去，不生不滅。

今之愚人。聞說有用生陽之道者，卻行御女巧詐之術，

正如披麻救火、飛蛾撲燈，貪其美色，胡肆縱橫，日則逞力
多勞，夜則恣情縱慾，致使神昏炁敗，髓竭精枯，猶不醒
悟，甘分待終。古之賢人不然，忠孝兩全，仁義博施，暗行
方便，默積陰功，但以死生為念，不以名利關心，日則少慮
無思，夜則清心寡慾，以此神全氣壯，髓滿精盈。每歎凡
軀，如石中之火，似水上之漚，未聞道者急求師，已聞道者
急求藥，又能廣參博採。信受奉行，求先天之大藥，尋出世
之丹方，忙忙下手速修，惟恐時不待人。

　　夫道者，豈是旁門小技，乃至人口傳心授，金液還丹之
妙道也。非定息二乘之法，乃最上一乘之道，以有為入無
為。以外藥修內藥，以己而求彼，以陰而配陽，以鉛而投
汞，以氣而合神。無為者，非防危守城之方、溫養沐浴之
事，乃得丹之後，脫胎神化之功也；有為者非採戰提吸之
術、九一動搖之法，乃安靜虛無之道，守雌不雄，寂然不
動，感而遂通，此即未得丹之前，煉己築基之事也。有為無
為，體用之始終已見於此；內藥外藥，出處之法相又詳於
彼。外藥者，在造化窟中而生；內藥者，在自己身中而產。

　　內藥是精，外藥是氣。內藥養性，外藥立命，性命雙
修，方合神仙之道。大修行人欲求先天外藥，必煉己以待陽
生，用神氣練成慧劍。採金水勻配柔剛。古人採藥進火，全
憑此物，除七情之患，去五賊之害。若無煉己以去賊之患
害，則不能常應常靜，魂魄焉能受制？情慾豈不相干？若要
入室施功，臨爐下手，則外火雖動，而內符不應。只因剛柔
未配，以此慧劍無鋒，群魔為害，心神不寧，欲念雜起，故
乃逐境飄流，致使汞火飛揚，聖胎不結。如使煉己純熟，則
心無雜念，體若太虛，一塵不染，萬慮皆空，心死則神活，
體虛則氣運，方許求一陽之道、二候之功。

還丹容易，煉己最難！憑慧劍剖破鴻濛。舒匠手鑿開混沌。卻用陰陽顛倒之法，水火既濟之道，乃行地天交泰，使陽居下，火必照上。令陰在上，水能潤下。只要苦行忍辱，身心不動，己之性若住，彼之氣自回。人能如此，便得守雌不雄，寂然不動，感而遂通之效也。

太極將判之間，靜以極而未至於動，陽初復而未離乎陰，候此真先天氣降，以法追攝，送入黃庭之中，日運己汞，包固周密，汞氣漸多，鉛氣漸散，合丹於鼎。又須調停真息，周流六虛，至聲寂而意合，乃氣勻而脈住，丹始凝結。待聖胎氣足，十月功圓，脫胎神化，降生嬰兒，調之純熟，出入縱橫。往來無礙，不被群魔引誘，只待九轉功成，面壁之時，煉精則化炁，煉神則化虛，形神俱妙，與道合真，此大丈夫功成名就之時也。

是道古人不傳於世，蓋緣愚人信之不篤，行之不勤，而且反生誹謗，是以秘而不傳。予自得遇至人以來，述此修身秘要，以警覺後學。同志者各自勵勉，共陟仙都。

第三章

張三豐道家內丹秘訣

第一節　添油接命

　　原人生受氣之初，在胞胎內，隨母呼吸，受氣而成。此縷與母相連，漸推漸開，中空如管，氣通往來，前通於臍，後通於腎。上通夾脊，由明堂至山根而生雙竅，由雙竅下至準頭而成鼻之兩孔，是以名鼻祖，斯時我之氣通母之氣，母之氣通天地之氣，天地之氣通太虛之氣，竅竅相通，無有閡隔。及乎數足，裂胞而出，剪斷臍帶，「啊」地一聲，一點元陽落於臍輪之後，號曰天心虛靈一點是也，自此後天用事，雖有呼吸往來，不得與元始祖氣相通，人生自幼至老，斷未有一息注於其中。

　　塵生塵滅，萬死萬生，皆為尋不著舊路耳。故太上立法，教人修煉，由其能奪先天之正氣。所以能奪者，由其有兩孔之呼吸也。所呼者，自己之元氣，從中而出。所吸者，天地之正氣，從外而入。人若使根源牢固，呼之吸間亦可奪天地之正氣而壽命延長。若根源不固，所吸天地之正氣恒隨呼吸而出，元氣不為己有，反為天地所得，則不得其門而入

耳。蓋常人呼吸皆從咽喉而下，不能與祖氣相通。所謂眾人之息以喉也。若至人呼吸直貫明堂而上，蓋切切然以意守夾脊雙關，自然通於天心一竅。得與元始祖氣相連。如磁吸鐵，而同類相親。此即莊生所謂「至人之息以踵也。」

踵者，深也。即真人潛深淵，浮游守規中之義。即潛深淵則我命在我，而不為大冶所陶矣。此竅初凝，即生兩腎，次而生心，其腎如藕，其心如蓮，其梗中空外直。柱地撐天。心腎相去八寸四分，中餘一寸二分。謂之腔之裏。乃心腎往來之路，水火即濟之鄉，欲通此竅，先要窮想山根，則呼吸之氣，方漸次而通夾脊。透泥丸以達於天心祖竅。而子母會合，破鏡重圓。漸漸擴充則根本完固，救住命寶，始可言修煉功夫。行之既久，一呼一吸入於氣穴，乃自然而然之妙也。

了真子曰：「欲點長明燈，須用添油法。」一息尚存皆可復命，人若知添油之法，續盡燈而復明，即如返魂香點枯木而重茂也，油幹燈絕氣盡身亡。若非此竅則必不能添油，必不能接命，無常到來，懵懵而去矣，可不哀哉。

呂祖曰：「塞精宜急早，接命莫教遲。」接則長生，不接則夭死也。人生氣數有限，而盛不知保，衰不知救。

劉海蟾曰：「朝傷暮損迷不知，喪亂精神無所據。」細細消磨，漸漸衰耗，元陽斯去，闔闢之機一停，呼吸之氣立斷。噫，生死機關，迅何如也。而世人不肯回心向道者，將謂繁耶，抑畏難耶。

然於此著功法，最是簡易，但行、住、坐、臥，常操此心藏於夾脊之竅，則天地真氣隨鼻呼吸，以扯而進，自與己之混元真精凝結丹田，而為吾養生之益。蓋此竅之氣，上通天谷，下達尾閭，周流百節之處，以天地無涯之元氣續我有

限之形軀，自是容易，學者誠能凝神夾脊之竅，守而不離，久久純熟，則裏面皎皎明明如月在水，自然散其邪火，消其雜慮，降其動心，止其妄念，妄念止則真息自現，真息現而真念無念，真息無息。息無則命根永固，念無則性體常存性存命固，息念俱消。即性命雙修之第一步功也。

張崇烈云：「先天氣從兩竅中來，西江水要一口吸盡。」即此義也。嗟夫，人生如無根之樹，全憑氣息以為根株，一息不來，即命非我有，故修長生者，首節專以保固真精為本，精旺自然精化為氣，氣旺自然充滿四肢。四肢充滿則身中之元氣不隨呼而出，天地之正氣恒隨吸而入，久之胎息安、鄞鄂固，斯長生有路矣。

按道家言性命，性乃精神，命即肉體。必先肉體堅強，始可修煉。此章言添油接命，注重固精調息，實為煉己築基之要道。而行、住、坐、臥常操此心，藏於夾脊之竅，尤為道家真髓。至人云人生如無根之樹，全憑氣息以為根株，一息不來，即命非我有，實具至理。不知人身之根即在丹田，煆煉丹田即猶植物之灌溉其根也。丹由之重要如此。

真人嘗撰無根樹道情二十四首，其序曰：無根樹者，指人身之鉛氣也，丹家於虛無境內。養出根株，先天後天都自無中生有，故曰：說到無根卻有根也。煉後天者須要入無求有，然後以有投無。煉先天者，又要以有入無，然後自無返有，修煉根蒂，如是而已。

二十四首，皆勸人無根樹下細玩仙花，其藥物、氣候、栽接、採取之妙，備載其中，此道情之不朽者也。

其一

無根樹，花正幽，貪戀紅塵誰肯修？浮生事，苦海舟，蕩去飄來不自由。無邊無岸難泊繫，常在魚龍險處遊。肯回

首，是岸頭，莫待風波壞了舟。

其二

無根樹，花正微，樹老將新接嫩枝。桃寄柳，桑接梨，傳與修真作樣兒。自古神仙栽接法，人老原來有藥醫。訪明師，問方兒，下手速修猶太遲。

其三

無根樹，花正青，花酒神仙古到今。煙花寨，酒肉林，不犯葷腥不犯淫。犯淫喪失長生寶，酒肉穿腸道在心。打開門，說與君，無酒無花道不成。

其四

無根樹，花正孤，借問陰陽得類無。雌雞卵，難抱雛，背了陰陽造化爐。女子無夫為怨女，男子無妻是曠夫。歎迷徒，太模糊，靜坐孤修氣轉枯。

其五

無根樹，花正偏，離了陰陽道不全。金隔木，汞隔鉛，陽寡陰孤各一邊。世上陰陽男配女，生子生孫代代傳。順為凡，逆為仙，只在中間顛倒顛。

其六

無根樹，花正新，產在坤方坤是人。摘花戴，採花心，花蕊層層豔麗春。時人不達花中理，一訣天機值萬金。借花名，作花身，句句《敲爻》說得真。

其七

無根樹，花正繁，美貌嬌容似粉團。防猿馬。劣更頑，掛起娘生鐵面顏。提出青龍真寶劍，摘盡牆頭朵朵鮮。趁風帆，滿載還，怎肯空行到寶山。

其八

無根樹，花正飛，卸了重開有定期。鉛花現，癸盡時，

依舊西園花滿枝。對月才經收拾去，又向朝陽補納衣。這玄機，世罕知，須共神仙仔細推。

其九

無根樹，花正開，偃月爐中摘下來。延年壽，減病災，好結良朋備法財。從此可成天上寶，一任群迷笑我呆。勸賢才，休賣乖，不遇明師莫強猜。

其十

無根樹，花正圓，結果收成滋味全。如朱橘，似彈丸，護守堤防莫放閑。學些草木收頭法，復命歸根返本原。選靈地，結道庵，會合先天了大還。

其十一

無根樹，花正亨，說到無根卻有根。三才竅，二五精，天地交時萬物生。日月交時寒暑順，男女交時妊始成。甚分明，說與君，只恐相逢認不真。

其十二

無根樹，花正佳，對景忘情玩月華。金精旺，耀眼花。莫在園中錯揀瓜。五金八石皆為假，萬草千方總是差。金蝦蟆，玉老鴉，認得真鉛是作家。

其十三

無根樹，花正多，遍地開時隔愛河。難攀折，怎奈何，步步行行龍虎窩。採得黃花歸洞去，紫府題名永不磨。笑呵呵，白雲阿，準備天梯上大羅。

其十四

無根樹。花正香，鉛鼎溫溫現寶光。金橋上，望曲江，月裏分明見太陽。吞服烏肝並兔髓。換盡塵埃舊肚腸。名利場，恩愛鄉，再不回頭空自忙。

太極拳祖師張三豐內丹養生

其十五

無根樹，花正鮮，符火相煎汞與鉛。臨爐際，景現前，採取全憑渡法船。匠手高強牢把舵，一任洪波海底翻，過三關，透泥丸，早把通身九竅穿。

其十六

無根樹，花正濃，認取真鉛正祖宗。精氣神，一鼎烹，女轉成男老變童。欲向西方擒白虎，先往東家伏青龍。類相同，好用功，外藥通時內藥通。

其十七

無根樹，花正嬌，天應星兮地應潮。屠龍劍，縛虎絛，運轉天罡斡斗梢。煆煉一爐真日月，掃盡三千六百條。步雲霄，任逍遙，罪垢凡塵一筆消。

其十八

無根樹，花正高，海浪滔天月弄潮。銀河路，透九霄，槎影橫空泊斗梢。摸著織女支機石，踏遍牛郎駕鵲橋。遇仙曹，膽氣豪，盜得瑤池王母桃。

其十九

無根樹，花正雙，龍虎登壇戰一場。鉛投汞，配陰陽，法象玄珠無價償。此是家園真種子，返老還童壽命長。上天堂，極樂方，免得輪迴見閻王。

其二十

無根樹，花正奇，月裏栽培片晌時。拿雲手，步雲梯。採取先天第一枝。飲酒帶花神氣爽，笑煞仙翁醉似泥。托心知，謹護持，惟恐爐中火候飛。

其二十一

無根樹，花正黃，產在中央戊己鄉。東家女，西家郎，配合夫妻入洞房。黃婆勸飲醍醐酒，每日醺蒸醉一場。這仙

方，返魂漿，起死回生是藥王。

其二十二

無根樹，花正明，月魄天心逼日魂。金烏髓，玉兔精，二物擒來一處烹。陽火陰符分子午，沐浴加臨卯酉門。守黃庭，養谷神，男子懷胎笑煞人。

其二十三

無根樹，花正紅，摘盡紅花一樹空，空即色，色即空，識透真空在色中。了了真空色相滅，法相長存不落空。號圓通，稱大雄，九祖超升上九重。

其二十四

無根樹。花正無，無影無形難畫圖，無名姓，卻聽呼，擒入中間造化爐。運起周天三昧火，鍛鍊真空返太無。謁仙都，受天符，才是男兒大丈夫。

第二節　凝神入竅

太上曰：吾從無量劫來，觀心得道，乃至虛無。夫觀心者，非觀肉團血心。若觀此心，則有血熱火旺之患，不可不慎也。夫人有三心，曰：人心、道心、天心。人心者，妄心也；道心者，照心也；天心者，元關祖竅氣穴是也。太上觀心者，以道心而普照天心也。太上又曰：入竅觀心之法，凝神、定息、清虛、自然。六根大定。百脈平和，將向來夾脊雙關所凝潛入命府，謂送歸大冶牢封固，命門一竅。即臍後一寸二分，天心是也。

一名神爐。又名坤爐。息之起止，在此一穴。蓋自氣穴起息。狀如爐煜，隨吾呼吸，仍不外乎黃庭為之主張者。有

元神在故也。調處之法，乃以道心而照天心，則此靈谷之中。氣機雖繁，有神以主。亦仍如如不動，本體常存，神與氣合，緊緊不離，是名外煉而不失夫胎息，蓋如凝神於氣穴。時時收視反聽，照顧不已，則此氣穴亦自寐寐惺惺。永無昏沉。睡魔自遣，且能應抽應添，運用自如矣。愣嚴經云：「一根既返元，六根自能脫。」蓋無六根，則無六識，無六識則無輪迴種子，既無種子，則我一點真心獨立無倚，空空蕩蕩，光光淨淨，斯萬劫而常存也。每見專務頂門之性為宗者，是不知命也，專務坤爐修命為宗者，是不知性也。呂純陽祖師曰：「修命不修性，此是修行第一病，只修祖性不修丹，萬劫陰靈難入聖。」若此凝神入竅之法，乃性命雙修之訣。

　　蓋得中央黃暈所結之神，以宰之耳。人若識於此處，而迎吾一點元神入於元始祖竅。天心氣穴之中。綿綿續續。勿助勿忘，引而親之，一若升於無何有之鄉，則少焉呼吸相含，神氣相抱。結為丹母，鎮在下田。待時至時，則攝吾身先天靈物，上引三才真一，油然下入，合我身中鉛汞，即成無上英華。融而化之，有如北辰居所，眾星皆拱之驗。是皆元神潛入氣穴所致，故諸氣歸根，萬神聽令，然而古哲謂是黃葉，非真金也。必須久久行之，先天性命，真正合一。如汞投鉛而相制伏。而大丹真孕其中矣。蓋以此段功夫，神既入竅，則呼吸亦在竅內。而吾鼻中呼吸，只有一點。而微若無，方為入竅之驗。驗而不失，乃得真金也。

　　按此章所論，皆丹經所未泄，了道成真，秘旨備焉。夫所謂太上觀心。蓋即內觀外觀遠觀是也。人心雖妄。當於此心之後，而退藏之。妙用無窮皆基於此。佛家天臺宗之觀止，即此道耳，其法蓋以觀虛觀無且觀靜寂也，如是觀若勿

觀，玄竅始開。若一雜有意念，其弊便莫測耳。又凡修持者每日以子、午、卯、酉四時為則，每時或坐一香三香，運雙關所凝之神，藏於氣穴，守而不離，則天地之始祖氣，得以相通而入，斯時毛竅已開，必須再坐一二香，將神斂下，方可出戶，否則恐干外邪，不可不慎。

第三節　神息相依

天谷之神，湛然寂然，真性也。神爐之中，真氣氤氳而不息者，真命也。此二者即真水火，真烏兔，真夫婦。使二者紐結一團，混合一處，煉在一爐，二六時中，神不離氣，氣不離神，性不離命，命不離性。二者則二而一，一而二者也。其功與前章之功，一貫而下。每日子前午後，定息靜坐，開天門以採先天，閉地戶以守胎息。

納四時之正氣，以歸正室，以養胎真，漸採漸煉，以完乾體，以全親之所生，天之所賦。真汞八兩，真鉛半斤，氣若嬰兒，陰陽吻合，混沌不分，出息微微，入息綿綿，內氣不出，外氣反入，久之神爐藥生。丹田火熾，兩腎湯煎，此胎息還元之初，眾妙歸根之始也。則一刻工夫可奪天地一年之節候，璇璣停輪，日月合璧。真是：「萬里陰沉春氣到，九霄清澈露華凝，」妙矣哉。

真陽交感之候歟，蓋神入氣中，猶天氣之降於地，氣與神合。猶地道之承於天。《易》曰：大哉乾元，萬物資始也。蓋一陽不生於復而生於坤，坤雖至陰然陰裏藏陽，大藥之生，實根於此，藥將產時，譬如孕婦保胎一般，一切飲食起居，俱應小心謹慎，詩云：「潮來水面侵堤岸，風定江心

絕浪波，性寂情空心不動，坐無昏瞶睡無魔。」此惟凝神氣穴，定心覺悔，元神與真氣，相依相戀。自然神滿不思睡，而真精自凝，鉛汞自投，胎嬰自棲，三屍自滅，九蟲自出，其身自覺安而輕，其神自覺圓而明，若此，便是長生路，修真之士，果能將夾脊雙關所凝之神，藏於氣穴，守而不離則一呼一吸，奪先天元始祖氣。盡入氣穴之中，久而真氣充滿，暢於四肢，散於百骸，無有阻礙，則自然神爐藥生，而腎湯煎，丹田火熾則關自開焉。

　　按此一段工夫，妙在照之一字，照者，慧日也。慧日照破昏衢，能見本來面目。心經云：照見五蘊皆空。空者，先明之象也。五蘊皆空，則六識無倚，九竅玲瓏，百關透徹，空空蕩蕩，光光淨淨。惟到此地，方為復我本來之天真，還我無極之造化，明心見性，汞去金存，再行添油入竅之功，神息永不相離。只待嬰兒成形，移居內院，（即泥丸，又曰玉清宮）以待飛升之日也。

第四節　聚火開關

　　開關乃修真首務，胎息即證道根基，未有不守胎息，而望開關，不待開關，而能得長生住世者。許真人曰：「關未開，休打坐，如無麥子空挨磨，開得關，透得鎖，六道輪迴可躲過。」此不刊之論也。開關之法，擇黃道吉日，入室靜定，開天門以採先天，閉地戶以守胎息，謹候神爐藥生，丹田火熾，兩腎湯煎，見此功效，上閉巽竅，塞兌垂簾，神息歸根，以意引氣，沉於尾閭，自與水中真火，紐作一股，直撞三關，當此之時，切勿散漫，倒提金鎖，以心役神，以神

馭氣，以氣沖火，火熾金熔，默默相沖，自一息至數百息，必要撞開尾閭，火逼金過太元關，而閭口內覺刺痛，此乃尾閭關開之驗。

一意後沖，緊撮穀道，以鼻息在閭抽吸，內提上去。如推車上高坡陡處，似撐船到急水灘頭，不得停篙住手，猛烹急煉，直逼上升，再經夾脊雙關，仍然刺痛，此又二關開通之驗。

以神合氣，以氣凝神，舌拄上腭，目視頂門，運過玉枕，直達泥丸頂上，融融溫暖，息數周天數足，以自左旋三十六轉。鉛與汞合，真氣入腦而化為髓，再候藥生，仍行前功，每日晝夜或行五七九次，行之百日，任督自然交會，一元上下旋轉如輪，前降後升，絡繹不絕，內有一股氤氳之氣，如雲如霧，騰騰上升，沖透三關，直達紫府，漸採漸凝，久則金氣佈滿九宮，補腦之餘，化而為甘露，異香異美降入口中，以意送入黃庭土府，散於百絡，否則，送爐。如是三關透徹，百脈調和，一身暢快，上下流通。

所謂：「醍醐灌頂得清涼，同入混爐大道場」者此也。百日之功，無間時刻，關竅大開，方可行採藥歸壺之事，不然，縱遇大藥而關竅不開，徒費神機，採亦全無應驗。故余嘗曰：「不煉還丹先煉性，未修大道且修心，修心自然丹性至，性至然後藥材生」。還虛子曰：「開關之法，妙在神守玄關一竅。」蓋此竅能通十二經絡，善透八萬四千毛竅，神凝於此，閉息行持久之。精滿氣化，氣滿自然衝開三關，流通百脈，暢於四肢，竅竅光明，此為上根利器也。然於中下之士，行功怠緩，則關竅難開。一旦丹田火熾，兩腎湯煎，依法運行，方能開通。故經云：「神行則氣行，神住則氣住。」開關功夫，不外乎此。

　　按呂純陽醫世功法入手，亦以開關為第一要義，蓋人身最重要之器官即為脊柱，自尾閭以至泥丸，滿蓄精髓。外有交感神經，分達全身。近代歐美盛行之按脊術，善治百病。脊柱之重要，概可想見。道家修煉重在開關，以通精氣，甚有深意在也。此章功夫，始而妙在神氣紐作一股，默默透後上沖，次則直如推車上半山，渡江臨急流。必欲登峰達岸而後己，學者專心致志，努力行持，自有此效。

第五節　採藥歸壺

　　採藥必用夜半子時，其時一陽初動，太陽正在北方。而人身之氣在尾閭，正與天地相應，乃可以盜天地之機，奪陰陽之妙，煉魂魄而為一，合性命以雙修。蓋此時乃坤復之際，天地開關於此時，日月合璧於此時，草木萌蘗於此時。人身陰陽交會於此時，至人於此時而採藥，則內徵外應，若合符節，乃天人合發之機，至元而至妙者也。經云：「食其時，百骸理，盜其機，萬化安。」又云：「每當天地交合時，盜取陰陽造化機。」

　　於亥末、子初之時，清心靜坐，凝神定息，收視返聽，一念不生，萬緣盡息，渾淪如太極之未分，溟涬如兩儀之末兆，湛然如秋江之映月，寂然如止水之無波。內不知乎吾身，外則忘乎宇宙。虛極靜篤，心與天通。先天大藥隨我呼吸而入於黃庭。周天數足，鉛汞交結。天然真火薰蒸百脈，周流六虛，沖和八表。一霎時，雷轟巽戶，電發坤門，五蘊空明，九宮透徹，玉鼎湯煎，金壚火熾，黃芽遍地，白雪漫天，鉛汞髓凝，結如黍珠。三十六宮花如錦，乾坤無處不春

風。訣曰：「存神惟在腎，水火養潛龍，含光須脈脈，調息順鴻濛」。此乃封閉之要訣也。

按金丹大藥，孕於先天，產於後天。其妙在乎太極將判未判之間。靜已極，而未至於動，陽將復而未離乎陰，斯時也。冥冥兮如煙嵐之罩山，朦朦兮如霧氣之籠水。霏霏兮如冬雪之漸凝漸聚。沉沉兮如漿水之漸澱漸清。俄頃，癢生毫竅，肢體如綿，心覺恍惚而陽物勃舉矣。此時陽氣通天，信至則瓊鐘一扣，玉洞雙開，時至氣化，藥產神知，地雷震動巽門開，龍向東潭踴躍來。此是玄關透露，精金出礦之時矣。邵堯夫云：「恍惚陰陽初變化，氤氳天地乍迴旋，中間些子好光景，安得工夫入語言」。白玉蟾云：「因看斗柄運周天，頓悟神仙妙訣，一些真陽生坎位，補卻離宮之缺。」自古乾坤，這些離坎，日月無休歇。今年冬至，梅花依舊凝雪。先聖此日閉關，不通來往，皆為群生設，物物總含生育意，正在子初亥末。造物無聲，水中火起，妙在虛危穴。如今識破金烏，飛入蟾窟。所謂虛危穴者即地戶禁門也。其穴在於任督二脈中間，上通天谷，下達湧泉。故先聖有言：「天門常開，地戶永閉」。蓋精氣聚散常在此處，水火發端亦在此處，陰陽變化亦在此處，有無交人亦在此處，子母分胎亦在此處。故仙家名為生死窟。

《參同契》云：「築固靈株者此也。拘畜禁門者此也。《黃庭經》云：「閉塞命門保玉都者，此也；閉子精路可長活者，此也。」蓋真陽初生之時，形如烈火，狀似炎風，斬關透路而出，必由此穴經過，因閉塞緊密，攻擊不開，只得驅回尾閭。連空焰趕入天衢。望上奔，一撞三關，直透頂門，得與真汞配合，結成大丹。非拘束禁門，安能採藥入壺耶。一陽動處眾陽來，玄竅開時竅竅開。收拾蟾光歸月窟，

從茲有路到蓬萊。

第六節 卯酉周天

夫先天大藥，入於黃庭者。採藥也。卯酉周天，左右旋轉者，收功也。《餘撰鉛火秘訣》云：「大藥之生有時節，亥末子初正二刻，精神交媾含光華，恍恍惚惚生明月，媾畢流下噴泡然，一陽來復休輕泄，急需閉住太玄關，火逼金過尾閭穴，採時用目守泥丸，垂於左上且凝歇，謂之專理腦生玄。右邊放下復旋折，六爻數畢藥升乾，陽極陰生往右遷，須開關門以退火，目光下矚守坤田。右上左下方凝住，三八數了一周天，此是天然真火候，自然升降自抽添也，無弦望與晦朔，也無沐浴違長篇。異名翦除譬喻掃，只斯數語是真詮。」此與採藥歸壺後，行之則所結金丹，不致耗散。

大藥採來歸鼎。若不行卯酉周天之功，如有車無輪，有舟無舵，欲求遠載，其可得乎。其法先以法器頂住太玄關口。次以行氣主宰下照坤臍，良久徐徐從左上照乾頂少停。從右下降坤臍為一度。如此三十六轉為進陽火。三十六度畢，去了法器。開關退火。亦用行氣主宰。下照坤臍良久。徐徐從右上照乾頂少停，從左下降坤臍為一度，如此二十四，為退陰符。呂祖云：「有人問我修行法。遙指天邊月一輪。」此即行氣主宰之義也。

此功與採藥歸壺之功。共是一連。採取藥物於曲江之下。聚火載金於乾頂之上。乾坤交媾於九宮，周天運轉而凝結。故清者，凝結於乾頂。濁者，流歸於坤爐，逐日如此抽添，如此交媾，汞漸多而鉛漸少，久而鉛枯汞乾，陰剝陽

純，結成牟尼寶珠，是為金液大還丹也。

　　蓋坎中之鉛，原是九天之真精。離中之汞。原是九天之真氣。始因乾體一破。二物遂分兩弦，常人日離日分，分盡而死。而至人法乾坤之體，效坎離之用。奪神功，改天命，而求坎中之鉛，制離中之汞。取坎中之陽，制離中之陰，蓋陽純而復成乾元之體也。紫陽曰：「取將坎位中心實，點化離宮腹內陰，自此變成乾健體，潛藏飛躍盡由心。」丹經云：「移來北斗過南辰，兩手雙擎日月輪，飛越崑崙山頂上，須臾化作紫霄雲。」皆言周天之道也。

　　按乾坤交媾。後升前降，採外藥也。左旋三十六，以進陽火，右轉二十四，以退陰符。皆收內藥而使來歸壺，不致耗散也，日積月久，煉成一黍米之珠，以成真人者，即此也。世人只知有乾坤交媾，而不知卯酉周天。是猶有車而無輪，有舟而無舵，欲望遠載，其可得乎。

　　書中謂用目守泥丸云云，蓋目者，陽竅也，人之一身，皆屬陰唯有這點陽耳。我以這一點之陽，從下至上從左至右，轉而又轉，戰退群陰。則陽道日長，陰道日消，使真氣上下循環，如天河之流轉，眼之功用大矣哉。

　　夫婦人小產，牛馬落胎，並抱雞之卵，俱雙目已全而臟腑未成形。乃知目乃先天之靈，元神所遊之宅也。皇極經世書曰：「天之神，棲於日。人之神。發於目。」豈非目為吾身中之大寶也歟。

第七節　長養聖胎

　　三豐真人曰：「始初那點金精，渾然在礦，因火相逼，

遂上乾宮，漸採漸積。日烹日熔，損之又損，煉之又煉，直至煙消火滅，方成一粒龍虎金丹。圓陀陀，活潑潑，輝煌閃灼，光耀崑崙，放則迸開天地窮。歸復隱於翠微宮，此時樂也不生，輪也不轉，液也不降，火也不炎，五氣俱朝於上陽，三花皆聚於乾頂，陽純陰剝丹熟珠靈，此其候也。然鼎中有寶非真寶，欲重結靈胎。而此珠尚在崑崙。何由得下而結耶，必假我靈，申透真陽之氣以催之，太陽真火以逼之。催逼久，則靈丹自應時而脫落，降入口中，化為金液，而直射於丹扃之內。霎時雲騰雨施，雷轟電掣，鏖戰片晌之間，而消盡一身陰滓。則百靈遂如車之輳轂，七寶直如水之朝宗矣。許宣平曰：「神居竅而千智生，丹入鼎而萬種化。」

　　然我既得靈丹入鼎，內外交修，煉之又煉至與天地合德，則太虛中自有一點真陽，從鼻竅而入於中宮，與我之靈丹合而為一。

　　蓋吾身之靈，盛天地之靈，內徵外應渾然混合。老子云：「人能常清淨，天地悉皆歸。」當此兩陽乍合，聖胎初凝。必須時常照覺。謹慎護持，如小龍之初養珠，如幼女之初懷孕，牢關聖室不可使之滲漏。更於一切時中，四威儀內，時時照顧，念念在茲，混混沌沌，如子在抱，終日如愚，不可須臾間斷也。

　　葛仙翁曰：「息息歸中無間斷，天真胎裏自堅凝。」陳虛白曰：「念不可起，念起則火炎，意不可散，意散則火冷。惟要不起不散，含光默默，真息綿綿。此長養聖胎之火候也。」

　　按道家之言聖胎也，與三豐真人相發明者綦夥。呂純陽云：「天生一物變三才，交感陰陽結聖胎。」白玉蟾云：「雞能抱卵心常聽，蟬到成形殼始分。」鍾離翁云：「胎內

嬰兒就，勤加溫養功，時時照丹局，刻刻守黃中。」陳泥丸云：「男兒懷孕是胎仙，只為蟾光殼殼圓，奪得天機真造化，身中自有玉清天。」龍眉子云：「形如雀卵團團大，間似驪珠顆顆圓，龍子脫胎吞入口，此身已證陸神仙。」白真人云：「怪事教人笑幾回，男兒今也會懷胎，自家精血自交媾，身裏夫妻是妙哉。」王重陽云：「閑中偶爾到天臺，忽見霞光五色開，想是金丹初變化，取歸鼎內結嬰孩。」薛紫賢云：「四象包含歸戊土，辛勤十月產嬰孩。」張紫陽云：「嬰兒是一含真氣，十月胎圓入聖基。」陳致虛云：「饑餐渴飲困來眠，大道分明體自然，十月聖胎完就了，一聲霹靂出丹田。」此皆道家言聖胎之道也。

然佛家亦有言之，《楞嚴經》云：「如胎已成，人相不缺，名方便具足住，容貌如佛，心相亦同，名正心住，身心合成，日益增長，名不退住，十身靈相，一時具足，名童真住，形出成胎，親為佛子，名法王子住，表以成人，如國大王，以諸國事，分委太子，彼剎利王世子長成，陳列灌頂，名灌頂住，夫入如來種者，以種性而為，如來之種子，以自造化，如來也。」故曰：「道胎又曰覺胤其與婦人之嬰兒，玄門之胎仙，亦何異哉？」及至形成出胎，親為佛子。豈不是真人出現大神通，從此天仙可相賀耶。

蓋丹書梵典，皆蘊妙諦，但人不知而驀直看過，猶如遺珠路旁而不拾，豈不惜哉！竊謂人身中之至要者曰電：即道家之所謂精氣神也，修煉至於長養聖胎，此電已煉成純熟，故名曰胎，一旦嬰兒現形出神脫殼，則此電已能運用自如，故獲不可思議之效也，丹書稱喻繁晦識淺之徒，遂從而誣之，病在不肯虔心研究耳。

第八節　乳哺嬰兒

　　修真之士，一旦火候已足，聖胎已圓，猶果之必熟，兒之必生，彌歷十月脫胎，釋氏以此謂之法身，老氏以此謂之嬰兒，蓋氣穴原是神仙長胎住息之鄉，赤子安身立命之處，嬰兒既宴坐靜室，安處道場，須藏之以玄，玄守之以默默，始假坤母黃芽以育之，繼聚天地生氣以哺之，此感彼應，其中自呼自吸，自開自閉，自動自靜，自由自在，若神仙逍遙於無何有之鄉，縱到此大安樂處，仍須關元，勿令外緣六塵魔賊所侵，內結煩惱奸回所亂。若坐若臥，常施瑩淨之功，時行時止，廣運維持之力，方得六門不漏，一道常存，真體如如，丹基永固。

　　朝夕如此護持，如此保固，如龍之養珠，如鶴之抱卵，而不敢頃刻之偶志，方謂真人潛深淵，浮游守規中也。其法以眼觀內竅，以耳聽內竅，潛藏飛躍，總是一心，則外無聲色臭味之牽，內無意必固我之累。方寸虛明，萬緣澄寂，而我本來之赤子遂怡怡然，安處其中矣。老子云：「外其身而身修，忘其形而形存。」如心空無礙，則神愈煉而愈靈，身空無礙，則神愈煉而愈精，煉到形與神而相涵，身與心而為一，才是形神俱妙，與道合真者。古仙云：此際嬰兒，漸露其形，與人無異，愈要含華隱曜，鎮靜心田者，若起歡心，即為著魔，嬰兒既長，自然脫竅，時而上升乾頂，時而出升虛際，時而頓超三界外，不在五行中，出沒隱現，人莫能測，修道必經之境，古哲處之，惟循清虛湛寂焉，是為潛養聖嬰之至道。偈曰：「含養胞胎須十月，嬰兒乳哺要千朝，

胎離欲界升內院，乘時直上紫雲霄。」

　　按火候已定，聖胎已完，全賴靈父聖母，陰陽凝結以成之，雖然嬰兒顯象，尚未老成，須六根大定，萬慮全消，而同太虛之至靜，則嬰兒宴居靜室，安處道場，始能得靈父聖母，虛無之祖氣以養育之，養育之法，神歸大定，一毫不染，開天門以採先天，閉地戶以守坤室，無晝無夜，刻刻提防，勿令外緣六塵所侵，內賊五陰嗔魔擾亂。心心謹篤，三年嬰兒老成，自得超升，天谷直與太虛不二矣。

第九節　移神內院

　　三豐真人曰：「始而有作有為者，採藥結丹以了命也。終而無作無為者，抱一冥心，以了性也。昔達摩面壁九年，方超內院。世尊冥心六載，始脫藩籠。夫冥心者，深居靜室，端拱默默，一塵不染，萬慮潛消，無思無為，任運自如，無視無聽，抱神以靜，體含虛極，常覺常明，此心常明，則萬法歸一，嬰兒常居於清淨之境，棲止於不動之場，則色不得而礙之，有為功就又無為。無為也有功夫，在所請居上界者，蓋即嬰兒之棲天谷也。空寂明心者，蓋即呂祖向晦宴息冥心合道之法也。無為也有功夫在者，蓋即太上即身即世，即世即心，遙相固濟之宗旨。」其次，蓋即譚長真所云：「嬰兒移居上丹田，端拱冥心合自然。修道三千功行滿，憑他作佛與升仙也。」謂必移居天谷者，非必以地峻極於天，實以其純一不雜，嬰兒居此，自無一毫情念得起。但起希仙作佛之心，便墮生死窟中，不能得出，夫此清淨體中，空空蕩蕩，晃晃朗朗，一無所有，一無所住，心體能

知，知即是心，心本虛寂，至虛至靈，由空寂虛靈而知者，先知也。由空寂虛靈而覺者，先覺也。不慮而覺者，謂之正覺。不思而知者，謂之真知。雖修空不以空為證，不作空想，即是真空，雖修定不以定為證，不作定想，即為真定。空定真極，通達無礙，一旦天機透露，慧性靈通，乍似蓮花開，恍如睡夢覺，忽然現乾元之境，充滿於上天下地而無盡藏。此正心性常明，炯炯不昧，晃朗宇宙照徹古今，變化莫測，神妙無方，雖具肉眼而開慧眼之光明，匪易凡心，而同佛心之覺照，此由見性見到徹處，修行修到密處，故得一性圓明，六根頓定。

何謂六通？玉陽太師曰：「坐到靜時陡然心光發現，內則自見肺腑，外則自見鬚眉，知神踴躍，日賦萬言說法，談玄無窮無極，此是心境通也，不出廬舍預知未來，身處室中，隔牆見物，此是神境通也，正坐之間，霎時迷悶混沌不分，少頃心竅豁然大開，天地山河猶如掌上觀紋，此是天眼通也。能開十方之語如耳邊音。能憶前生之事，如眼前境，此是天耳通也。或晝或夜能入大定，上見天堂，下見地獄，觀透無數來劫及宿命所根，此是宿性通也。神通變化出入自如，洞見眾生心內隱微之事，意念未起，了然先知，此是他心通也。若是者何也，子思曰：「心之精神謂之聖。」故心定而能慧，心寂而能感。心靜而能知。心空而能靈。心誠而能明。心虛而能覺。功夫至此，凡一切善惡境界，樓臺殿閣，諸佛眾仙不可染著。

此時須用虛空之道，而擴充之。則我天谷之神升入太虛合而為一也。再加精進，將天谷元神煉到至極至妙之地證成道果。太上曰：「將此身心融歸入竅，外則混俗和光。出處塵凡而同流俗，往來行藏，不露圭角，而暗積陰功，開誠普

度以修以證是正性命雙修之妙用，究其旨歸，不外皇極闔辟之玄功。」易曰：「先天而天弗違者，蓋言機發於心，兩大之氣機合發而弗違也。」此即人能宏道之旨而功法不外神棲天谷，行夫不識不知，惟深惟寂，陽光不漏。故能愈擴愈大，彌遠彌老，自然變化生神，生之又生，生之無盡，化之又化，化之無窮。東華帝君曰：「法身剛大通天地，心性圓明貫古今，不識三才原一個，空教心性獨圓明。是言當以普濟為事，是即行滿三千，功圓八百之旨也。」又曰：「世間也有修元者，先後渾凝類聖嬰，若未頂門開巨眼，莫教散影與分形。」是言雜有後天，後天有形。

一紙能隔，況骨肉乎。若夫先天，金玉能透，何勞生開巨眼哉？惟其雜有後天，開眼而出。雖可變化無窮，未能與天合德，故須加以九年面壁之功，淘洗淨盡，乃與天合，自然跳出五行之外，返於無極之鄉，證實相，玄之又玄，得真功。全之又全，成金剛不壞之體，作萬年不死之人。自覺覺他，紹隆道種三千，功滿而白鶴來迎，八百行圓而丹書來詔。飛升金闕拱揖帝鄉中和集云，成就頂門開一竅，個中別有一乾坤。然此頂門豈易開哉，先發三昧火以透不通，次聚太陽火以沖之，二火騰騰攻擊不已，霎時紅光遍界，紫焰彌天，霹靂一聲，天門開也。呂祖亦云：「九年火候真經過，忽而天門頂中破，真神出現大神通，從此天仙可稱賀。」此言後天未淨，破頂而出也。至於積功累行，全在神棲內院之時，余（三豐真人自稱）昔有句云：「功圓才許上瑤京，無限神通在色身，行滿便成超脫法，飄然跨鶴觀三清，見今金闕正需材，邱氏功高為救災，止殺何如消殺劫，三千世界盡春台。」即言此事也。

按諸仙脫殼各有不同，有從寶塔出者，有從紅樓出者，

有看月而出者，有對鏡而出者，未必皆由於沖頂門而出也，一旦功滿道成，乘雲氣馭飛龍升玉京遊帝闕劫火洞燒我則優游於真如之境，桑田變海我則逍遙於極樂之天。聚則成形，散則成氣，隱顯莫測，變化無窮。入水火而不溺不焚，步日月而無形無影，刀兵不能害，虎兒不能傷，閻羅不能止其死，帝釋不能宰其生，縱橫自在，出入自由信乎。紫陽之言曰：「一粒靈丹吞入腹，始信我命不由天，此大丈夫得意之秋，功成名就之日也，人生到此寧不快哉？寧不快哉！」

第十節　煉虛合道

水邱子曰：「打破虛空萬億劫，既登彼岸舍舟楫，閱盡丹書萬萬篇，末後一句無人說。」李真人曰：「欲說未說今將說，即外即內還虛寂，氣穴為爐理自然，行滿功圓返無極。」高真人曰：「此秘藏心印，皆佛佛相授祖祖相承，迄今六祖衣缽，止而不傳，世傳煉神還虛而止者，猶落第二義，非無上至真之道也。」

禪關一竅，息心體之，一旦參透打開，三家寶藏銷釋，萬法千門還丹至理豁然貫通。而千佛之秘藏，復開於今世，蓋釋曰禪關，道曰玄竅，儒曰黃中，事之事之，方能練虛合道。乃為聖諦第一義，即釋氏最上一乘之法也，此法無他，只是復煉陽神以還我毗盧性海。以烹以煉濁盡清純送歸天谷，又將天谷之神退藏於密。如龍養頷下之珠，似鶴抱巢中之卵，即內即外即氣即心。凝成一粒，謹謹護持，無出無入，眼前即是無量壽國，而此三千大千世界，咸各默受其益。無有圭角可露，虛寂之極，變化之至，則其所謂造化

者，自然而復性命，自然而復空虛，到此則已五變矣，變不盡變，化不盡化，此通靈變化之至神者也，故神百煉而愈靈，金百煉而愈精。煉之又煉，則爐火焰消虛空，現若微塵，塵塵蘊具萬頃冰壺世界。少焉，神光滿穴，陽焰騰空，自內竅達於外竅外大竅九以應九州大竅之中竅竅，皆大神光也，小竅八萬四千以應郡邑。

小竅之中竅竅皆大神光也。澈內澈外透頂透足在二皆大神光再攝歸祖竅之中，一塵不染，寂滅而靜定，靜定之久，則紅光如奔雲發電，從中竅而貫於上竅，則更無論大小之竅而神光動耀，照澈十方，上天下地中人，無處不照耀矣。如是更加斂攝消歸祖竅之中，一塵不染，寂滅而靜定，靜定之久則六龍之變化已全。而神更變為舍利之光，如赫赫日輪，從祖竅之內一湧而出，化為萬萬毫光直上於九霄之上，普照大千世界。一如大覺禪師所說偈言：「一顆舍利光烈烈，照盡億萬無窮劫，大千世界總皈依，三十三天咸統攝。」

故太上有云：天地有壞，這個不壞，這個才是先天主人翁。這個才是真性本體，這個才是金剛不變不換之全真。這個是有史以來 不生不滅之元神，這個大神通大性光覺照閻浮提，普度一切，才是不可稱、不可量不可思議之功德也。

　　一顆舍利光烈烈，照盡億萬無窮劫。

　　大千世界總皈依，三十三天咸統攝。

第四章

張三豐道家內丹養生「玄機直講」

第一節　煉丹火候說二篇

（刪節《樵陽經》）

夫功夫下手，不可執於有為，有為都是後天。今之道門，多流此弊，故世間罕全真；亦不可著於無為，無為便落頑空，今之釋門，多中此弊，故天下少佛子。此道之不行，由於道之不明也。初功在寂滅情緣，掃除雜念，除雜念是第一著築基煉己之功也。人心既除，則天心來復；人欲既淨，則天理長存。每日先靜一時，待身心都安定了，氣息都和平了，始將雙目微閉，垂簾觀照心下腎上一寸三分之間，不即不離，勿忘勿助，萬念俱泯，一靈獨存，謂之正念。

斯時也，於此念中，活活潑潑，於彼氣中，悠悠揚揚。呼之至上，上不沖心，吸之至下，下不沖腎，一闔一闢，一來一往，行之一七、二七，自然漸漸兩腎火蒸，丹田氣暖，息不用調而自調，氣不用煉而自煉。氣息既和，自然於上中下不出不入，無來無去，是為胎息，是為神息，是為真橐籥、真鼎爐，是為歸根復命，是為玄牝之門、天地之根。氣

到此時，如花方蕊，如胎方胞，自然真氣薰蒸營衛，由尾閭，穿夾脊，升上泥丸，下鵲橋，過重樓，至絳宮，而落於中丹田，是為河車初動，但氣至而神未全，非真動也，不可理他。我只微微凝照，守於中宮，自有無窮生機。所謂養鄞鄂者此也。

行之一月、二月，我神益靜，靜久則氣益生，此為神生氣、氣生神之功也。或百日，或百餘日，精神益長，真氣漸充，溫溫火候，血水有餘，自然坎離交媾，乾坤會合，神融氣暢，一霎時間，真氣混合，自有一陣回風上沖百脈，是為河車真動。中間若有一點靈光覺在丹田，是為水底玄珠，土內黃芽。爾時一陽來複，恍如紅日初升，照於滄海之內，如霧如煙，若隱若見，則鉛火生焉。方其乾坤坎離未交，虛無寂滅，神凝於中，功無間斷，打成一團，是為五行配合。至若水火相交，二候採取，河車逆轉，四候得藥，神居於內，丹光不離，謂之大周天，謂之行九轉大還丹也。

此時一點至陽之精，凝結於中，隱藏於欲淨情寂之時，而有象有形。到此地位，息住於胎，內外溫養，頃刻無差，又謂之十月功夫也。

又

夫靜功在一刻，一刻之中，亦有煉精化氣，煉氣化神，煉神還虛之功夫在內，不獨十月然也。即一時一日，一月一年皆然。坐下閉目存神，使心靜息調，即是煉精化氣之功也；迴光返照，凝神丹穴，使真息往來，內中靜極而動，動極而靜，無限天機，即是煉氣化神之功也；如此真氣朝元，

陰陽反覆，交媾一番，自然風恬浪靜，我於此時將正念止於丹田，即是封固火候。

年月日時，久久行此三部功夫，不但入圜十月也。故曰運之一刻有一刻之周天，運之一時一日、一月一年即有一時一日、一月一年之周天也。然一刻中，上半刻為溫，為進火，為望，為上弦，為朝屯，為春夏；下半刻為涼，為退符，為晦，為下弦，為暮蒙，為秋冬。一時則有上四刻、下四刻之分，即一日一月一年，皆同。此之謂攢簇陰陽五行，一刻之功夫奪一年之氣候也。到此乃是真空真靜，或一二年至十年百年，打破虛空，與太虛同體，此為煉神還虛之功也。

前功十月既滿，須時時照顧嬰兒，十步百步，千里萬里，以漸而出，倘或放縱不禁，必致迷而不返。仙經曰：「神入氣成胎，氣歸神結丹」，所謂一點落黃庭是也。但人雜念少者得丹早，雜念多者得丹遲。

此法簡易，奈人不肯勇猛耳。若恆能久行持，必然透金貫石，入水蹈火，通天達地，再行積功累行，服煉神丹妙藥，必然形神俱妙，白晝飛升，全家拔宅，此又在功德之淺深如何如耳。設或不服神丹，只顧陽神沖舉，回視舊骸，一堆塵土，夫亦白日羽翰，萬劫長存，可與宇宙同泰者矣。

第二節　返還證驗説

七返九還之法，下手興功，先將上竅陽裏真陰，入內金鼎氣海之中，與下竅真陽配合。陽裏真陰，即是自家元神，屬三魂；下竅真陽，即是身中元氣，屬七魄。其先後二氣一

合，則坎離自交，魂魄混合，神氣凝結，胎息自定，每日如外夫婦交情美快，切不可著他，水火自然既濟，發運四肢，如外火之生焰焰相似，只要水火均平，此是小周天，火候調和薰蒸，喉息倒回元海，則外陽自然入內，真火自然上沖，渾身蘇軟，美快無窮，腹內如活龍動轉升降，一日有數十樣變化，嬰兒姹女，自然成合，此是採陰補陽一節。

修煉玉液還丹，即築基煉己，積內法財，終日逍遙，晝夜常明，乃長生久視之初階也。世人常借五穀養命，數日不食，則氣餓死矣；若人年老，下元虧損，骨髓俱空，不能勝五穀之氣，則氣餒病矣。是五穀能養人，亦能殺人也。若會內外交接，水火既濟，氣血逆流，五臟氣合，脾胃開暢，食入腹中，亦能化氣生精養神。人果能得下手天機，直候骨髓盈滿，腹臍如孕婦人一般，卻不是有胎形相，不過是氣滿精盈神全而已。如果三全，則真火鍛鍊，調神煉虛，大丈夫功成名就之時也。

奉勸學人，參訪宗師，苦求至人，抉破一身內外天機，明白下手速修，煉己待時，候一陽至，擇地入室，煉此龍虎大丹。必要僻靜雞犬不聞之處，外邊又要知音道友，不要一個閒雜人來到，恐防驚散元神。先言和光同塵，今言僻靜處，何也？煉己於塵俗，養氣於山林，是入室興功，下手之時也。要超凡入聖，豈是小可的事！必須要一塵不染，萬慮俱忘，絲毫無掛，一刀兩斷，永作他鄉之客，終無退悔之心。持空煉神，守虛煉性，渾身五臟筋骨氣血，都化成青氣，專心致志，演神純熟，成形受使，星回斗轉，隨心所變，直養得渾身無有皺紋，如蜘蛛相似，上七竅生光，晝夜常明，身如太虛，才是正時候，方可求仙道。這應驗氣滿神全，法財廣大，方可煉大丹，才叫做一個丹客。

　　工夫既得，時候自至，七竅光明，三陽開泰，神劍成形，趁水順風發火，雷轟電閃，方奪外天機，下手擒拿，採吾身外真鉛，以龍嫁虎，驅虎就龍。若會攢簇，不失時節，湛然攝起海底之金，開夾脊，上泥丸，落入水晶宮之內，與木汞配合，不過半刻，攢簇已定，真火沖入四肢，渾身骨肉，火燒刀割相似，最難禁受，就是十分好漢，到此無一分主張。防危慮險，沐浴身心，水火既濟，頃刻間渾身如炒豆子一般相似，一齊爆開。渾身氣血，都會成形說話，就在身上鬧成一堆。

　　舌根下又有兩穴，左為丹井，右為石泉，此正是廉泉穴，隨骨脈一齊開下，腎水上湧到如外水泉一般，咽納不完，滋味甚異，比糖蜜更不相同。又其至妙者，臨爐下手之初，地將產其金蓮，天亦垂乎寶露，忽然一點真汞下降，透心如冰涼，即運一點神火，隨之攢簇於交感宮內，渾然湛然，如千千戰鼓之鳴，萬萬雷聲之吼，又即是自己一身百脈氣血變化，休要驚怕，只要踏罡步斗，執劍掌印，這裏正是兇惡處，三回九轉，降帥召將，如此防顧，於虛空中或見龍虎相交，天地交泰，日月交宮，見眾仙諸佛，功夫到此，諸境發現，切不可認他，恐著外邪。

　　既認元神，汞鉛相投，三日才生大藥。三日裏最難過，遍世界都是邪境，四面神號鬼哭，八方殺氣狼煙，此正是大開關工夫，到此十個九個都嚇殺了，心不可有恐怖，蓋已雖化成神，卻是陰神，陰神最靈，能千變萬化，諸境為害，他豈肯善善降伏，前人說得好：「你會六通神，方才脫生死；你若不會六通神，休想成道混沌。」又至三十時辰二日半，氣氣相通，氣滿至極，忽然活潑潑地迸出太陽流珠，脫殼入口，百萬龍神，盡皆失驚，此是元陽真丹藥，入口始知我命

不由天也。古仙云：「這回大死今方活，」又云：「一戰而天下平，」即是此等地位，這才是天地交泰，日月交宮。真陽之藥到口，頃刻周天火發，骨胎化作一堆肉泥，陽神脫體，撒手無礙，專心致志，持空養虛，以空養神，以虛養心，隨心變神。

夫萬物皆天地生發吾，萬神朝拜而賓服，厭居塵世，逍遙蓬島，自有三千玉女奉侍，終日蟠桃會上，飲仙酒，戴仙花，四大醺醺，渾身徹底玲瓏，海底龜蛇出現，萬神受使，才是真鉛真汞顛倒，渾身紫霧豪光，瑞氣千條，是五龍大蟄法也。

煉之百日，玄關自開，嬰兒顯相，龜蛇出現，自然蟠繞，學者到此地位，口中才幹得外汞。

煉之六個月，體似銀膏，血化白漿，渾身香氣襲人，口中出氣成雲。此是靈丹成熟，一塊乾汞，人服之永不死矣，亦能治死人返活。

煉之十個月，陽神脫體，一身能化千萬身，只候十二月，奪盡天地全數，陽神已就，渾身出入，只萬四千陽神，步日月無影，入金石無礙，入水不溺，入火不焚，刀兵不能傷，鬼神不能測，變化無窮，已成真人也。渾身氣候，無不是真藥，雞餐成鳳，犬食成龍，此理鬼神也難明，若不見過這樣言語，必不信大藥金丹也。

造化工夫，三回九轉，七返八還，火候細微，攢簇口訣，只三五日間，把天地都顛倒過，都是自然，人身造化陰陽，亦是自然，卻要體天地造化，方可成就。事縱做過見過，從試應驗到自然處，工夫雖是一年，火候細微只在百日之內，動靜兇惡只在幾日，一時裏得內外攢簇，頃刻湛然，聖胎成就，產黍米之珠，吞入腹內，周天火足，脫胎換骨，

只是要持空養虛,餘皆自然。

今人果得名師指示,先煉己於塵俗,積鉛於廛市,攢年簇月,攢日簇時,大定之中,只在一刹那間,不出半個時辰,把天地都顛倒過。運火十月之工,體天地自然之法,若不能死中求活,焉能逃出三災八難哉!

第三節　服食大丹說

三清俸祿,玉皇廩給,非先聖賢哲,焉能受得?如許旌陽、葛仙翁、殷真君等八百餘家,俱是成道之後,方煉服食,以度群迷。古仙云:「內丹成,外丹就,」此言人得正傳,先積精累氣,收積內外法財,養得氣滿神全,金光出現,晝夜常明,如是則吾身內丹成,而吾身外丹亦發相矣。

凡看書不可按圖索駿,學者於晝夜常明之時,藥苗已生,方可採吾身外之藥,配吾身中之雌雄,以得金丹入口,周天火候發現,頃刻湛然,撒手無礙,才是金蟬脫殼,默朝上帝,中遇仙輿,受其天祿,萬神朝禮,能折天補地,摘星握月,驅雷轉斗,呼風喚雨,舉意萬神,使覷天地如掌相似,這福德勝三輩天子,智慧勝七輩狀元。到這般時候,方可煉服食金丹。

此丹如黍米一粒。落於地則金光燭天,方名神丹,若不通神,敢說是外丹服食!此理奧妙,天機深遠,金種金,銀種銀,外邊無有別靈神。此黃白之術,不是凡間金銀,為母遏氣,果得正傳,能產先天大藥,認得黃芽白雪,此為黃白,方可為母遏氣,以煉神丹。但是金銀水藥,都屬後天,且又不知真陰真陽同類,萬萬無成。

慨世學者，真假不辨，不遇正人，都是盲修瞎煉，實修性命之士，若未遇真師，且潛心看書。夫古聖丹書，不空說一字，妄言一句，只是後人不識邪正，又不知聖賢書中都是隱語譬喻，遭遇庸師，執認旁門，毒藥入心，又無通變，似是而非，自高自是，聲音顏色，拒人千里之外，則高人望望然去之，況仙聖乎！

學者未遇正人時，當小心低意，積功累行，遇魔莫退，遭謗勿嗔，重道輕財；一遇正人，篤志苦求，抉破一身內外兩個真消息，忽然醒悟諸書，才不為人迷惑。若是志人君子，實心為命，掃盡旁門，重正心猿，重立志氣，低心下意，經魔歷難，苦求明師，窮取生身受氣初。

初者，是元始祖氣，此氣含著一點真陽真陰。夫真陽真陰，產於天地之先，混元之始，這顆靈明黍米寶珠，懸在虛空，明明麗麗，但未有明師指破的人，如在醉夢相似，離此一著，都是旁門。此靈明寶珠，於虛空之中，包含萬象，潛藏萬有，發生萬物，都是這個。

第四節　一粒黍米說

此物在道門中，喻真鉛真汞。一得真來，不可著於乾坤、日月、男女上，只於己身內外，安爐立鼎，煉己持心，明理見性之時，攢簇發火，不出半刻時辰，立得黍米玄珠，現於曲江之上。刀圭入口，頃刻一竅開百脈齊開，渾身筋骨，五臟血肉，都化成氣，與外水銀相似。到此時候，用百日火功，方有靈妙，一得永得，無有返還，住世留形，煉神還虛，與道為一矣。

太
極
拳
祖
師
張
三
豐
內
丹
養
生

　　此物在佛門中，說是真空真妙覺性。下手端的，煉魔見性，片晌工夫，發起三昧真火，返本還元，一體同觀，大地成寶，霞光萬道，五眼六通，煉金剛不壞之身，了鬼神不測之妙也。

　　此物在儒門中，說是無極而太極。依外天地而論，無極是天地周圍，日月未判之前，四維上下，混混沌沌，如陰霧水氣，直至時到氣滿相激，才是太極。是時也，日月既生，清濁自分，在上為天，在下為地，天之清氣為純陽，地之濁氣為純陰。雨露從天降，是陽能生陰；萬物從地生，是陰能生陽。天地是個虛無，包藏無窮盡、無邊際。天之星宿神祗，動靜轉輪，各有方位，地下萬物，按四時八節，自然發生，總論只是虛空。夫日月是天地之精，上照三十三天，下照九極萬泉，東西運轉，上下升降，寒暑往來。

　　日是純陽之體，內含一點真陰之精，屬青龍、姹女、甲木、水銀，金烏、三魂，即是外；月是純陰之體，內含著一點真陽之氣，屬白虎、嬰兒、庚金、朱砂、玉兔、七魄，即是內。人身造化同天地，故人身亦有真日月，道在邇，人何求之遠也！三魂屬性，性在天邊；七魄屬命，命在海底。內外通來「性命」兩個字，了卻萬卷丹書。

　　性屬神是陰，命屬氣是陽，故曰：「一陰一陽之謂道。」千經萬卷皆是異名，然真性命及幻法象，若不得真傳，則又不可知耳。古仙云：「四大一身皆屬陰，未知何物是陽精。」又云：「涕唾精津氣血液，七般靈物總屬陰，」乃後天渣質之濁陰，非真陰也。真陰與真陽相對，真陰既不知，焉能知真陽乎？

　　今之學者，不惟不知真陽，亦且不知真陰，若知真陰，亦必知真陽矣。不遇明師，焉能猜度！學者窮取一身中天地

人三才之妙，窮一身內外真爐鼎之端的，及一身內外陰陽之真消息。如不得旨，一見諸書異名，心無定見，執諸旁門，無有辯理。既不知窮理，則心不明，心既不明，則不能見性，既不見性，焉能致命？古人云：「只為金丹無口訣，教君何處結靈胎！」

第五節　登天指迷説

道也者，生天地，育萬物，放之則包羅虛空，斂之則退藏於密，兩儀、日月、五行，都是道中之造化耳。物物各具一太極，即道也。人人心上有先天，亦道也。五行順而生人生物，五行逆而成仙成佛，故云：「五行順則法界火坑，五行逆則大地七寶。」這五行之精，秘於四大形山不內不外之密處，只是百姓日用而不知耳。民可使由之，順行也；不可使知之，逆行也。夫魚在水中，不知其為水也；人居氣內，不知其為氣也。此譬喻當潛心究竟，迴光返照，明心見性，果證仙佛，復何難哉！

今人學道，個個自賣聰明，自誇伶俐，自稱會家，終無了悟，又有一等小根盲人，見先聖所言外陰陽、外爐鼎、外藥物，執迷子女為鼎器，則又可哀已也。某見酷好爐火者，百無一成。又以軒轅鑄九鼎而成道，以為必用鼎器九人，謬之甚矣，嘗見有進過五七鼎亦無成就者。且人念心一動，先天淳樸即散，先天既喪，後天雖存，究何益於身心，不過聊存其四大而已。這樣下愚，豈知天不言而四時行、百物生之妙哉！

夫人身造化同乎天地，但不知天何得一以清、地何得一

以寧？又不知主張造化的是誰？若能以清靜為體，鎮定為基，天心為主，元神為用，巧使盜機，返還天真，歸根復命，豈患不至天地聖位。至用女鼎一節事，萬無此理。假使有緣之士，得遇真師，先行玉液還丹，煉己和光，操持涵養，迴光返照，此即見性明心事也。即見其性，更求向上之事，乃金液還丹，情來歸性，直到真空地位，大用現前，龍女獻一寶珠，金光發現，至此方為一得永得。

亥、子之交，剝、復之間，於太陽初動興功時，手探月窟，足躡天根，回風混合，從此有百日功靈之妙，此金液還丹，乃陰陽五行之大道也。除此玉液金液、性命雙修、清靜自然之道，餘皆旁門小法。某於一身內外，安爐立鼎，攢簇口訣，藥物火候細微已得，不知虛空法度，便去入室，行外藥入腹大事，發火行功，到秘密處，有虛空萬神朝禮，仙音戲頂，此事鬼神難明，怎奈因自己不能煉己於塵俗，未得積鉛於市廛，氣脈又未甚大定，基址也未得三全，理雖融而性未見，故萬物發現兇險，心神恍惚，不能做主，又因外邊無知音道侶護持看守，觸其聲色，驚散元神，激鼎翻爐，劣了心猿，走了意馬，神不守舍，氣不歸元，遭其陰魔。

何為陰魔，我不細言，後學不知。皆因真陽一散，陰氣用事，晝夜身中，神鬼為害，不論睜眼合眼，看見鬼神來往，即耳中亦聽得鬼神吵鬧，白日間覺猶可，到晚來最難過，不敢靜定一時，我身彼家海底之命主，兌金之戊土沖返，五臟氣血皆隨上騰，身提不著地，殺身喪命，真乃鬼家活計也。

某乃暫棄前功，遵師訓指，大隱市廛，積鉛塵俗，攝情歸性，殺機返復，自幼至老被天地人物盜去的天真，今於虛無中塵色內，卻要奪盜返還於我天性之中，方得元精、元

氣、元神三全，至是乃心明理融，理融見性，身心大定，五行攢簇，才去行上等事而了大道。

想前代賢哲，多有中道而廢，皆因未曾煉己持心，金來歸性。以至二候得藥，於四候進火之時，不知虛空法度，粗心大意，是以白玉蟾有「再斫秋筠節」之歎焉。誰知虛空消息，至微至凶至惡，若是擒捉不住，定不饒人。若是學人知一身內外兩個真消息，了然無礙，方去操持涵養，克去己私，復還天理，則還丹工夫，至簡至易。終日採吾身外之黃芽，以候先天之瓊漿，此正是飲酒戴花悟長生之妙也。

若混元一事，則無意無必，無固無我，恬生恬死，忘人忘物，如遊手好閒，不務生理，終日穿街過巷，玩景怡情，淫房酒肆，兀坐忘言，豈不動世人之驚疑哉！攝境積鉛，法財兩用，豈不致俗子之笑謗哉！是以必資通都大邑有力之家，以為外護，目擊道存，韜光晦跡。仙云：「要貪天上寶，須用世間財。」夫天上寶，非指青天之上而言也，乃吾身上九陽鼎之寶也，故軒轅鑄九鼎而飛升。

世之迷徒，一聞「天上寶」三字，遂執天上日月為水火，乃於月出庚方，用兩目行度數以採之，為真水真鉛，於日出卯時，亦運兩目採之，為真火真汞。夫天上地下，乾坤坎離，男女內外爐鼎，喻吾一身之內外陰陽而言，並無男女等相。仙云：「凡有所相，皆是虛妄，」還丹本無質，至哉斯言盡矣！世間學好的人，必不為損人利己之事，宇宙間男女所賴以生而不死者，惟此一點陽精而已。豈有學仙的人，採女人之精而利己之身哉！此與世之殺人者，有何異焉？又先聖言彼家男女，兩家兩國，及內外爐鼎等說，若人不得正傳，其不錯認者，幾希矣。

某曾遇明師，耳提面命，抉破虛空內外兩個真消息，不

敢私於一己，冒禁相付，把一身天地人之造化，三教經書，藥物火候，日月交合，盈滿度數，盡都抉破，不立文字，但說真言，使學者無錯認迷修之誤。是書在處，有神物護持，若無緣下流見之，亦不過瞽唱之文詞耳。是金丹大道萬劫難遇，正是踏破鐵鞋無覓處，得來全不費工夫。學者果能涵養於造次顛沛流離之際，保此方寸不失，是天理復矣。

天理既復，然後求向上外藥入腹事，頃刻湛然，脫胎換骨，渾然化一道金光，大地成寶，身外生身，陽神脫體，持空養虛，此是五龍大蟄法，受諸逍遙，超出風、水、火之三劫，不在生老病死苦中矣。今人不去修行，有貪圖爐火外丹服食者，此又迷之甚矣。

（按此篇乃《玄要》下篇。《道情總說》、《登天指迷》，即道情詞曲之總名也。篇末云：「下流見之，不過瞽唱文詞。」即此可知為道情總說。）

第六節　注《九皇丹經·龍虎鉛汞論》

道君論龍虎鉛汞抽添，正要後世有根有緣者，從此下手。雖說「神仙還是神仙做」，吾卻偏曰「凡人亦可做神仙。」只怕不明金丹理，方入地獄為獸員。此龍屬陽，自陽一失，卻是一陰；此虎屬陰，自陰有寶，卻是一陽。

龍即我之玄關也，虎即彼之玄牝也。龍卻好淫，我卻不泄，一水添一點土，偏要成個「瑤」字，成為玉液至寶；虎卻好吃，我卻不泄，真火加一「柬」字，偏要成個「煉」字，收為金液至寶。虎虎虎，哪怕你張口漏牙，把人亡魂喪膽，我卻有伏虎手段，將你為空中色，色中空，用龍一戲，

把你為龍虎風雲會，不怕你不為我把你虎穴中虎子得來，入我三田之中；龍龍龍，縱任你是淫欲之物，我卻有降龍手段，那怕你變化無窮，我用一哪吒金剛圈降住你，抽你筋作為一條養性接命的金帶，時時繫著，哪怕你不去向太極真人前，請一點真一不二法門來，與我為混合之大道也。

鉛即兩弦之鉛，汞即我身天地之汞，有日月之光明，天地才成地天泰，不為天地否，人身自父母生來，原有一汞一鉛，男女交媾之理，故曰「乾為父，坤為母，男女媾精，萬物化醇。」「《易》為先天之太極。」人不明此一理，只把汞去投鉛，生男生女，不把鉛來把汞，成佛成仙。這個鐵饅頭打得破，何難為三豐中之三豐也。

第七節　注呂祖百字碑

【養氣忘言守，】

凡修行者，先須養氣。養氣之法，在乎忘言守一。忘言則氣不散，守一則神不出。訣曰：緘舌靜，抱神定。

【降心爲不爲。】

凡人之心，動盪不已。修行人心欲入靜，貴乎制伏兩眼。眼者，心之門戶，需要垂簾塞兌。一切事體，以心為劍，想世事無益於我，火烈頓除，莫出貪著。訣云：「以眼視鼻，以鼻視臍。上下相顧，心息相依。著意玄關，便可降伏思慮。」

【動靜知宗祖，】

動靜者，一陰一陽也。宗祖者，生身之處也。修行人當知父母未生之前，即玄牝也。一身上下，乾坤八卦，五行四

象，聚會之處，乃天地未判之先，一點靈光而成，即太極也。心之下，腎之上，彷彿之內，念頭無息所起之處，即是宗祖。所謂動靜者，調和真氣，安理真元也。蓋呼接天根，吸接地根，即闔戶之謂坤、闢戶之謂乾。呼則龍吟雲起，吸則虎嘯風生。一闔一闢，一動一靜，貴乎心意不動，任其真息往來，綿綿若存。調息至無息之息打成一片，斯神可凝，丹可就矣。

【無事更尋誰！】

若能養氣忘言守，降伏身心，神歸炁穴，意注規中，混融一炁。如雞抱卵，如龍養珠，念茲在茲，須臾不離，日久工深，自然現出黍米之珠，光耀如日，默化元神，靈明莫測，即此是也。

【真常須應物，應物要不迷。】

此道乃真常之道，以應事易於昏迷，故接物不可迷於塵事。若不應接，則空寂虛無。需要來則應之，事去不留，光明正大，乃是不迷，真性清靜，元神凝結。訣曰：「著意頭頭錯，無為又落空。」

【不迷性自住，性住氣自回。】

凡人性烈如火，喜怒哀樂，愛惡欲憎，變態無常。但有觸動，便生妄想，難以靜性。必要有真懲忿，則火降；真寡欲，則水升。身不動，名曰煉精，煉精則虎嘯，元神凝固。心不動，名曰煉氣，煉氣則龍吟，元氣存守。意不動，名曰煉神，煉神則二氣交，三元混，元氣自回矣。三元者，精、氣、神也；二氣者，陰陽也。修行人應物不迷，則元神自歸，本性自住矣。性住則身中先天之氣自回，復命歸根，有何難哉！訣曰：「迴光返照，一心中存。內想不出，外想不入。」

【氣回丹自結，壺中配坎離。】

修行人性不迷塵事，則氣自回，將見二炁升降於中宮，陰陽配合於丹鼎，忽覺腎中一縷熱炁上沖心府，情來歸性，如夫婦配合，如癡如醉。二氣氤氳，結成丹質，而炁穴中水火相交，循環不已，則神禦炁，炁留形，不必雜術自長生。訣曰：「耳目口三寶，閉塞勿發通。真人潛深淵，浮游守規中。」直至丹田氣滿，結成刀圭也。

【陰陽生反覆，普化一聲雷。】

功夫到此，神不外馳，氣不外泄，神歸炁穴，坎離已交，愈加猛烈精進。致虛之極，守靜之篤，身靜於杳冥之中，心澄於無何有之鄉，則真息自住，百脈自停，日月停景，璇璣不行，太極靜而生動，陽產於西南之坤，坤即腹也，又名曲江。忽然一點靈光，如黍米之大，即藥生消息也。赫然光透，兩腎如湯煎，膀胱如火炙，腹中如烈風之吼，腹內如震雷之聲，現復卦天根現也。

天根現即固心王，以神助之，則其炁如火逼金，上行穿過尾閭，輕輕運，默默舉，一團和氣，如雷之震，上升泥丸，周身踴躍，即天風姤卦也。由月窟至印堂眉中，漏出元光，即太極動而生陰，化成神水甘露，內有黍米之珠，落在黃庭之中，點我離中靈汞，結成聖相之體，行周天火候一度，烹之煉之，丹自結矣。

【白雲朝頂上，甘露灑須彌。】

到此地位，藥即得矣。二氣結刀圭，關竅開通，火降水升，一炁周流，從太極中動天根，過玄谷關，升二十四椎骨節，至天谷關。月窟陰生，香甜美味，降下重樓，無休無息，名曰甘露灑須彌。訣曰：「甘露滿口，以目送之，以意迎之，送與丹釜，凝結元氣以養之」。

【自飲長生酒，逍遙誰得知！】

養氣到此，骨節已開，神水不住上下周流，往來不息，時時吞咽，謂之長生酒。訣曰：流珠灌養靈根性，修行之人知不知？

【坐聽無弦曲，明通造化機。】

功夫到此，耳聽仙樂之音，又有鐘鼓之韻，五氣朝元，三花聚頂，如晚鴉來棲之狀，心田開朗，智慧自生，明通三教經書，默悟前生根本，預知未來休咎。大地山河，如在掌中，目視萬里，已得六通之妙，此乃實有也。吾行實到此際，若有虛言以誤後學，天必誅之。遇之不行，罪遭天譴，非與師遇，此事難知。

【都來二十句，端的上天梯。】

自「養氣忘言」至此二十句，皆是呂祖真正口訣工夫，無半點虛偽，乃修行上天之階梯。得悟此訣與注者，可急行之。勿妄漏泄，勿示匪人，以遭天譴。珍重奉行，克登天闕。

呂祖抱度人洪願而傳此《百子碑》，張祖抱度人大願而注此《百字碑》，張祖之心，即呂祖之心也。故曰：純陽、三豐，乃神仙中耳目。西月跋。

第五章

張三豐道家內丹養生「玄要篇」

第一節　玄要篇上

一、仿古二章

（自注《參同》云：吾不敢虛説，仿效古人文，題名取此）

元始祖氣，樸樸昏昏，元含無朕，始渾無名。混沌一破，太乙吐萌。兩儀合德。日月晦明。乾交坤變，坤索乾成。異名同出，一本共根。內外虛實，剛柔平均（一作匀）。陰陽爕理，變化分形。真精真氣，恍惚杳冥。坎離顛倒，運施五行。既濟生神，未濟死臨。仙道謹守，鬼道邪傾。人希天道，速避鬼門。由仙希天，道炁長存。

又一首

天地之道，含和抱中。玄玄之祖，妙妙之宗。玄妙貫通，劈破鴻蒙。竅門橐籥，朱雀燒空。庚方月現，西南得朋。笑傾玄酒，宴飲黃中（一作鐘）。二八成就，烏兔混融。神光默默，黃屋玄翁。巽風鼓吹，滿鼎霞紅。水火進

退，朝屯暮蒙。子午運用，卯酉無功。十月數足，卦象翻終。了命功全，純陽氣沖。神機妙用，道法無窮。

（此二首，俗本皆作一首，題作「金丹內外火候總論」，心竊非之。後得汪仙藏本，不覺爽然。）

二、上天梯

大元飄蓬客，拂拂髯如戟。一曲上天梯，可當飛空錫。回思訪道初，不轉心如石。棄官遊海岳，辛苦尋丹秘。辭我亡親墓，鄉山留不得。別我中年婦，出門天始白。捨我草角兒，掉頭離火宅。

人所難畢者，行人已做畢。人所難割者，行人皆能割。欲證長生果，沖舉乘仙鶴。後天培養堅，兩足邁於役。悠悠摧我心，流年駒過隙。翹首終南山，對天三歎息。天降火龍師，玄音參一一。知我內丹成，不講築基業。賜我外丹功，可憐諄告切。煉己忘世情，採藥按時節。先天無斤兩，火候無爻策。只將老嫩分，但把文武別。純以真意求，刀圭難縷晰。十月抱元胎，九年加面壁。換鼎復生孫，騎龍起霹靂。天地壞有時，仙翁壽無極！

三、親口訣

聖師親口訣，名方萬古遺。傳與世間人，能有幾人知！衣破用布補，樹衰以土培。人損將何補，陰陽造化機。取將坎中丹，金花露一技。慶雲開天際，祥光塞死基。歸已昏昏然，如醉亦如癡。大丹如黍米，脫殼鎮無為。優游天地廓，萬象掌中珠。人能服此藥，壽與天地齊。如若不延壽，吾言皆是非。

四、答永樂皇帝

天機不肯輕輕泄，猶恐當今欠猛烈。千磨萬難費辛勤，吾今傳與天地脈。皇帝尋我問金丹，祖師留下長生訣。長生之訣訣何如？道充德盛即良圖。節欲澄心澹神慮，神仙那有異功夫！（此下又有五言一首：「金丹重一斤，閉目靜存神。只有家中取，何勞向外尋。煉成離女汞，吞盡坎男精。金丹並火候，口口是母音。」係呂祖所作，蓋當時書以答永樂皇帝者。）

五、道情歌

道情非是等閒情，既識天機不可輕。先把世情齊放下，次將道理細研精。未煉還丹先煉性，未修大藥且修心。心修自然丹信至，性清自然藥材生。藥材生，緊加功，雷聲隱隱震虛空。電光灼處尋真種，風信來時覓本宗。霞光萬道籠金鼎，紫雲千丈罩天門。若還到此休驚怕，穩把元神守洞門。守洞門，如貓捕鼠兔逢鷹，急急著力又加勤。萬般景象皆非類，一顆紅光是至真。此個紅光是春意，其中有若明窗塵。中懸一點先天藥，遠似葡萄近似金。到此全憑要謹慎，絲毫念起喪天真。待他一點自歸伏，身中化作四時春。一片白雲香一陣，一番雨過一番新。終日綿綿如醉漢，悠悠只等洞中春。遍體陰精都剝盡，化作純陽一塊金。此時氣絕如小死，打成一片是全真。到此功成才了當，卻來塵世積功勳。行滿功成天命詔，陽神出現了真靈。此言休向非人說，不逢達者莫輕論。其中切切通玄理，此真之外更無真。收拾行囊牢封固，他日功成可印心。可印心，五十二句要君尋。若有虛言遭天譴，說與非人鞭喪身。

六、煉鉛歌

　　煉鉛之法何人曉？得此便為真仙了。痛嗟老大無覓處，遍遊五湖及三島。六十七歲入終南，得遇真人傳至寶。真鉛生於天地先，何用金石與木草！煉之九九功若成，杳冥之內生金寶。金骨一根動天地，二八調和生美形。美形才生居土釜，須要念念牢封固。一陽火起要溫養，二陽火起有神功，若到三陽開泰卦，騰騰猛火燒虛空。退盡陰符生靈質，靈質才生天地畢。若還虧損再調和，再居土釜生靈質。五千四百全其數，方盡煉鉛真妙趣。寄語（一作與）後來同志者，莫將煉鉛看容易。

七、先天一炁歌

　　生來本是先天炁，隱在形山人難遇。分明說破君須記，一弦春水包形勢。下口將來入口吞，十二雷門都驚懼。醉兮醉兮復醉兮，丹田春透紅如玉。蟠桃漫飲甕頭香，巽風鼓動元和氣。陰魔戰退一腔春，神號鬼哭翻天地。功完行滿足三千，乘鸞跨鶴飛仙去。

八、鉛火歌

　　大藥之生有時節，亥末子初正半夜（作入聲讀）。精神相媾合光華，恍恍惚惚生明月。媾罷流下噴泡然，一陽來復休輕泄。急需閉住太玄關，火逼藥過尾閭穴。採時用目守泥丸，垂下左上且凝歇。謂之瞻理腦升玄，右邊放下復起折。六六數畢藥生乾，陽極陰生往右遷。須開關門以退火，目光下矚守坤田。右上左下才凝住，二八數了一周天。此是天然真火候，自然升降自抽添。也無弦望與晦朔。也無沐浴共長

篇。異名剪除譬喻掃，只斯兩句是真詮（左右二字作前後看，勿誤。三豐自記）。

九、了道歌

　　神不外遊精不泄，氣不耗散靈芽植。五行四象入中宮，何慮金丹不自結。（起三句別刻作「氣不散亂精不泄，神不外遊血入穴。攢來四象進中宮」）內有真神外有應，滿目空花降白雪。一陽來複亥子交，當中現出團圞月。急忙下手用功夫，金逢望遠不堪摘。吸呼運起玄關火，青天劈破鴻蒙裂。黃河逆轉上崑崙，九竅三關都透闢。化為瓊漿吞入腹，啞子吃蜜難分說。到此功程要謹慎，採取沐浴按時節。二品陰陽物類同，兩般內外火符別。靈藥得來片晌時，溫養還須十個月。老成更要過三年，三三如九面丹壁。丹成長嘯出山去，隱顯立功著化跡。上帝聞名下紫書，詔我朝天飛空碧。後人依此用勤修，便是三清會上客。

十、打坐歌

　　初打坐，學參禪，這個消息在玄關。秘秘綿綿調呼吸，一陰一陽鼎內煎。性要悟，命要傳，休將火候當等閒。閉目觀心守本命，清淨無為是根源。百日內，見應驗，坎中一點往上翻。黃婆其間為媒妁，嬰兒姹女兩團圓。美不盡，對誰言，渾身上下氣沖天。這個消息誰知道，啞子做夢不能言。急下手，採先天，靈藥一點透三關。丹田直上泥丸頂，降下重樓入中元。水火既濟真鉛汞，若非戊己不成丹。心要死，命要堅，神光照耀遍三千。

　　無影樹下金雞叫，半夜三更現紅蓮。冬至一陽來復始，霹靂一聲震動天。龍又叫，虎又歡，仙樂齊鳴非等閒。恍恍

惚惚存有無。無窮造化在其間。玄中妙，妙中玄，河車搬運過三關。天地交泰萬物生。日飲甘露似蜜甜。

仙是佛，佛是仙，一性圓明不二般。三教原來是一家，饑則吃飯困則眠。假燒香，拜參禪，豈知大道在目前！昏迷吃齋錯過了，一失人身萬劫難。愚迷妄想西天路，瞎漢夜走入深山。元機妙，非等閒，漏泄天機罪如山。四正理，著意參，打破玄關妙通玄。子午卯酉不斷夜，早拜明師結成丹。有人識得真鉛汞，便是長生不老仙，行一日，一日堅，莫把修行眼下觀。三年九載功成就，煉成一粒紫金丹。要知此歌何人作，清虛道人三豐仙。

十一、道要秘訣歌

道要歌，道要歌，不知道要必遭魔。看玄關，調真息，知斯二要修行畢。以元神，入氣海，神氣交融默默時，便得一玄真主宰。將元氣，入黃庭，氣神和合昏昏際，又得一玄最圓明。一玄妙，一玄竅，有欲觀竅無觀妙。兩者玄玄是真機，異名同出誰知道。看玄關，無他訣，先從竅內調真息。神恬氣靜極自然，妙自無生現太極。

古仙翁，多半語，恐泄真機不妄舉。或言有定在中央，或言無定自領取。到而今，我盡言，此在有定無定間。有定曰竅無曰妙，老君所說玄又玄。指分明，度有情，留與吾門作賞音。遇而不修為下鬼，為聖為凡隨乎人。初下手，最難行，離了散亂又昏覺。大丈夫，有真學，必將神氣分清濁。先天神兮最清明，後天神兮乃濁物。掃除濁物守清明，閉塞三寶居靈谷。這靈谷，即竅兒，竅中調息要深思。一息去，一息來，息息相依時相偎。幽幽細細無人覺，神氣團沖九竅開。照此行持得竅妙，昏覺散亂從何來？

十二、大道歌

　　君今洗耳聽吾言，道有先天與後天。後天渣質為無用，先天一點號真鉛。昧真鉛，迷本性，此是修行第一病。玉清殿上少人行。吾今指破神仙境。命要傳，性要悟，入聖超凡由汝作。靜功悟性動取藥，內有龜蛇顛倒縮。一陽發動便行功，斡轉天關須猛烈。陰生在午陽坎中，卯酉行持要從容。斗柄撥輪來紫府，笑迎仙子客黃公。黃婆宮中會姹女，姹女嬰兒自相配。要築基，須煉己，煉純熟，明採取。蒙師指我一段功，先將九竅關門通。九竅原在尾閭穴，先從腳底湧泉沖。湧泉沖起漸至膝，膝下功夫須著力。釋氏即此號蘆芽，又如蟲行又如刺。過膝徐徐至尾閭，有如硬物來相抵。方行最上一切功，三段功夫有口訣。從此三關一撞開，泥丸頂上轉將來。金鎖關穿下鵲橋，重樓十二真奇哉！重樓即名絳宮室，絳宮黃庭有端的。黃庭一室須要精，精在中間一點靈。切莫糊塗為隱秘，黃庭便是真玄關。不識玄關端的處，真鉛採來何處安？

　　君不見《悟真》詩：須憑玄牝立根基。真精既返黃金室，一顆明珠永不離。又不見《參同》書：狀似蓬壺比不誣。下閉稱無上閉有，兩孔穴法氣相須。從今講道談玄理，除此為之都是虛。關已閉，功已積，制劍要明真消息。莫邪尚且鐵為之，何況我劍本來直。天為爐，地為冶，金水相停切莫野。子午行功要鑄成，能剛能柔能取捨。劍已全，採真鉛，採取鴻蒙未判先。若還採得後天氣，只是將他命卻延。二七時，有真機，神州赤縣當求之。法財兩用若求得，就好切思細詳別。粉紅雲，野雞色，唇若塗朱膚似雪。聰明智慧性溫良，神光漆珠發純黑。氣清視正步行端，方用中間算年

月。五千四百生黃道，杳杳冥冥生恍惚。依時採取定浮沉，不可毫釐令過越。此際須明三日弦，妙在西方庚辛白。慧劍靈，內心誠，敲竹相通始鼓琴。天梯宜用不可缺，密密深機哪個能！海底巨鼇休亂釣，恐驚去了不回程。爐莫損，候要別，採過後天延歲月。一個時辰分六候。只於二候金丹就，尚餘四候有神功，妙在心傳難洩漏。真鉛來，發神火，西到東來先覓我。運我真汞一點紅，相迎相迓成一顆。過三關，升泥丸，下得重樓入廣寒。又不癡，又不慧，又不醒兮又不醉。若非遍體使精神，怎得夫妻成匹配？丹既定，心喜幸，屯蒙兩卦朝昏應。也知沐浴在其中，卯酉之時不宜進。守城垣，罷戰功，增得靈砂滿鼎紅。如斯十月功夫足，器皿丹房一撒空。入深山，抱元一，萬事俱空不費力。寒暑饑勞不可侵，巍巍九載面壁牆。朝來北海暮瀛洲，忽然功行齊完日。水府三官算壽年，一封丹書下瑤天。青鸞白鶴舞翩躚，真至通明封拜罷，永作長生不老仙。

十三、眞橐籥歌

休言大道無為作，底事房中弄橐籥。欲時不動片時閑，紫氣紅光亂灼灼。青龍喜，白虎惡，青龍纏定烏龜殼。兩條正氣透天宮，決然上有三清閣。閣內分明有玉池，中有長生不死藥。依時下手採將來，服了蓬萊受快樂。

十四、玄關一竅歌

玄關一竅通真訣，乾坤辟破蓬壺闊。黃庭有個元翁客，抱琴待守天邊月。二水清兮三水濁，金花開時兌頭缺。峨眉山上紫霞飛，霞飛化了紅爐雪。龍吟逼，虎嘯迫，靈龜吸盡金烏血。騎龍掛劍醉歸家，運轉三關朝北闕。

十五、煉鉛歌

太上道，復重宣，決破先天與後天。只論鉛生於癸後，不言陽產於癸先。拴意馬，鎖心猿，無雜念，意須專。斷卻貪嗔三毒滅，剗除愛欲五賊潛。華池水，上谷泉，古人用此潤三田。若知返本延年藥，須是還丹續命鉛。出北海，走西川，施匠手，種金蓮。生擒虎髓爐中煉，活捉龜精鼎內煎。先天氣，太素煙，醍醐一灌駐容顏。得了任他寒暑變，服之跳出生死關。尋首經，覓初弦，吾今指出妙中元。水火既濟交一遍，陰陽會合數三千。到彼岸，不須船，滅慮除情絕妄緣。靜靜清清看命寶，昏昏默默守胎仙。受辛苦，二三年，陽神出現聖功圓。養火無虞全造化，長生不老壽同天。

十六、金丹歌

金丹一粒重一斤，世人知得永長生。築基掃盡塵間事、煉己只是養元神。黃庭土釜先天汞，萬慮皆空絕世情。離了己身不是道，執著己身也是空。我今洩漏天機理，說與學道諸英雄。目前現有長生路，千萬凡夫迷本宗。掃盡靈台無一念，身閑清靜運玄功。呼吸虛無神守舍，百脈歸源如水清。身中自有真鉛現，一顆紅光似月明。玄關往來無定位，陰陽升降有時辰。年中取月月取日，中秋現出月光輪。三旬只在家裏坐，時刻不離紫微星。南面對觀北斗柄，正是日午打三更。西北安爐煉靈藥，東南立鼎法神功。鼎爐相對真做手，慧劍掛在水晶宮。黃婆勾引為媒娉，靈龜入爐深更深。醍醐灌頂真橐籥，採取先天一氣真。一息一紐天谷穴，河車搬運上崑崙。過了鵲橋入華池，降下重樓十二層。尾閭夾脊三關過，金公歸舍入黃庭。鉛來投汞貓捕鼠，汞去投鉛兔見鷹。

九轉神丹入金鼎，十月胎完造化成。寒暑不知真造化，體變純陽是真金。塵中積行三千滿，白日飛升朝玉京。

十七、金液還丹破迷歌

還丹訣，還丹訣，吾今仔細與君說。旁門小術路三千，除此金丹都是僻。萬般渣質皆非小，真陰真陽正栽接。陰陽交，鉛汞接，嬰兒姹女空中烈。龍虎上下轉升騰，海底靈龜弄星月。長黃芽，飛白雪，水中金露先天訣。真黃婆，真橐籥，金丹就是長生藥。先築基，後進藥，百日功夫牢抱著。若追二氣歸黃道，三家相見仙胎結。性要煉，命要接，休在人間虛歲月。若將鉛汞歸真土，添汞抽鉛永不滅。烏八兩，兔半斤，二物同入戊己村。兩頭武，中間文，四象擒來一處烹。十月功勤火候足，純陽煉就壽無窮。換鼎移胎三五載。九年面壁出陽神。玄是祖，牝是宗，先天先地萬般根。點開透地通天眼，斡轉天關斗逆行。竅要開，氣自通，雷轉斗柄聲正轟。海底雲湧龍翻浪，泥丸風生虎嘯聲。若會陰陽顛倒法，乾坤造化立時成。講《悟真》，說《參同》，此理原來是一宗。此藥雖從房中得，金丹大藥事不同。饒服氣，空煉精，閉尾閭，望飛升，不得金丹總不成。鳥獸類，知全形，龜納鼻息能調氣，鹿運尾閭亦煉精。又有鶴胎常穩抱，夜伴雲松靜養神。畜生倒有千年壽，為人反不悟長生。遍世人，貪名利，不怕閻羅鬼簿情。人有生滅畜有死，三寸氣斷鬼為鄰。先天藥，後天藥，此是陰陽真妙物。先天藥，能超脫，後天藥，延命殼。世人若會栽接機，長生不死還大覺。性要修，命要全，採得先天種泥丸。童兒修，精氣全，靜裏一氣可升天。只有無為身不破，才是修真大羅仙。幼年間，喪元陽，半路出家性癲狂。乾爻走入坤爻裏，變成離卦內虛張。

取將坎位中心實，返本還原復作陽。真水火，配陰陽，世人莫要亂思量。饒你無為空打坐，不免亡身葬北邙。習靜功，守中黃，到老差殊枉一場。縱然明瞭真如性，陰魂投胎入鬼鄉。延命藥，返魂漿，金丹就是藥中王。若將一粒吞歸腹，返老還童壽命長。又休妻，又絕糧，持齋說法往西方。任你旁門千萬法，除斯同類總成狂。我把天機都洩漏，還丹端的是仙方。

累代神仙從此得，脫離塵世上天堂。我勸後來學道者，休聽邪師說短長。若得口訣金丹藥，延年住世壽無疆。以此修出長生路，報答師恩謝上蒼。著斯訣，作慈航，行滿功圓感玉皇。破迷金液誰人作？萬古流傳元化張。

十八、龍虎還丹指迷歌

饒君到處問仙梯，一陽初動始稱奇。水淹崑崙翻碧海，虎嘯巖頭是祖基。直指逍遙捷徑處，一輪明月照須彌。水中虎，火中龍，八卦五行顯耀中，捉得龍兮生紫霧，伏了虎兮金花露。二象何緣立道根？只因久假曹溪路。男配女，陰配陽，交媾分明戰一場。戊己土，作黃房，神氣清兮是藥王。煉得紫金丹粒就，跨鶴乘鸞朝玉皇。

又一首

虎藏碧海伴兒眠，龍自扶桑日裏旋。待等一陽春意動，虎放金光龍吐涎。腰懸寶劍收龍霧，虎見龍歸自共潛。二物相隨歸戊己，一爐真火慢烹煎。子至午，火候嚴，卯酉加臨莫放閑。吞祖氣，啖瓊漿，色內真空那個詳！煉之只在生身處，十殿冥王共此方。速頓悟，莫癡貪，休道老人說異端。饒爾翻談三藏法，不悟無生也是閑。打破這個鐵饅頭，自在逍遙億萬年。

十九、注《九皇丹經》三月生魂金丹三還一返歌

一月一月，都是少蓮花裏真精血。不須安爐立鼎，只用無為抽徹。也不候兩弦氣到。候只候印堂星闕。也不候八兩半斤為活子，候只候五千四百正當月。不用神交與體隔，只用上呼下吸兩口說。一來渾身暖，二來囟門徹。三來天自開，便見大千世界。此等效驗處方，是生胞生胎生魂的來。吩咐修仙子，須向雲中跨鶴，切莫沙土中埋。

二十、注《九皇丹經》四月生魂金丹四還二返歌

老祖名為降魔護道祖，貫通七魂制於酉。酉內有真金，金能保長生。帝真魄命元，從此妙元元。洞房花燭夜，對境忘情耶。嗒哩哪，嚀哩耶，金吒木吒吒喃耶，奄，似我也，似我也，南無般若波羅密耶。

二十一、注《九皇丹經》七月開心七竅金丹七還五返歌

道君坐太微，降生大天尊。垂此真法語，引人上玉清。一個字訣，七個月象形。左二右三名為五，太極渾然有五靈。五靈方得七竅開，須把天目運此來。叫人修真的的是，穿破機關上瓊台。

二十二、注《九皇丹經》十月形神堅固金丹十還歌

弄玉仙姑吹玉簫，聲聲吹入元關竅。此竅名為天地根。

先天足來百景自生神。八景生了二十四諸天，九竅自通靈。聖胎原借真一氣，王母瑤池泛金液。蓮化心。心心含著黃芽生，生香在裏錦乾坤。奪得真香妙氤氳，保我劫劫常存。自我純陽道祖一泄此，萬世賢良細用心。蓬萊島，當留名，瀛洲會，須效許真君，白日間，拔宅飛升。三豐今日苦叮嚀，但願人人俱有壽，陽合元根。

二十三、固漏歌

說玄妙，講玄妙。運精神，轉九竅，三關八門都撞倒。閉黃房，修丹灶，休將六賊來喧鬧。主人翁，哈哈笑，守住黃庭單檥要。嬰兒來，姹女叫，兩家一處成玄妙。結金丹，懷中抱，渾身一片霞光照。坐丹田，清虛號，紫氣紅光常晃耀，上至須彌泥丸宮，下至湧泉徹幽奧。七寶池內將寶盜，雜精雜氣都不要。瓊枝玉蕊金花新，珊瑚瑪瑙車渠造。固漏身、固漏竅，不漏鐺，固漏鏊，十二重樓都開導。七經八脈合三焦，百骸四體皆徵效。大腸周，小腸爍，上下鵲橋平穩趲。趙州橋上去飲茶，甘河裏邊聽人叫。大運通，小運到，三家相見同歡樂。我把一身固漏堅，萬載千秋無老少。

贊曰：固漏形軀煉太陽，精氣神全守中黃。鉛汞熬煎成至寶，金丹一粒放毫光。嬰兒顯象長相守，與天同壽免無常。有人學得《固漏歌》，便是長生不老方。

二十四、金丹詩三十六首

1. 養道皈眞（張鄧本與俗一皆無「皈眞」二字）

落魄江湖數十秋，逢師咬破鐵饅頭。十分佳味誰調蜜，半夜殘燈可著油！通道形神堪入妙，方知性命要全修。自從會得些兒後，忘卻人間萬斛愁（一作「事休」）。

2. 離塵歸隱（張鄧本無「離塵」二字）

一片閒心絕世塵，寰中寂靜養精神。素琴彈落天邊月，玄酒傾殘甕底春。五氣朝元隨日長，三花聚頂（亦作「鼎」）逐時新。煉成大藥超凡去。仔細題詩警後人。

3. 掃境修心（張鄧本作「築基」俗本作「掃境築基」）

紛紛內外景如麻，有地馳驅事可誇。撒手不迷真捷徑，回頭返照即吾家。六根清淨無些障。五蘊虛空絕點瑕。了了忘忘方寸寂。一輪明月照南華。

4. 力敵睡魔

氣昏嗜臥害非輕，才到初更困倦生。必有事焉常恐恐，只教心要強惺惺。縱當意思形如醉，打起精神坐到明。著此一鞭須猛省，做何事業不能成！

5. 一求玄關

一孔玄關要路頭，非心非腎最深幽。膀胱穀道空勞索，脾胃泥丸莫漫搜。神氣根基常恍惚，虛無窟裏細探求。原來只是靈明處。養就還丹跨鶴遊。

6. 再求玄關

傀儡當場會點頭，應知總是線來抽。抽他雖是依人力，使我人抽又孰謀？原賴主公常月白，期教到處好風流。煉丹若要尋冬至，須向靈台靜裏求。

7. 總論玄關

身即乾坤莫外求，虛靈一竅最幽深。二三自許同為侶。一四何妨與共儔。五土建中司發育，巽風起處定剛柔。自從識得還元妙，六六宮中春復秋。

8. 熔鑄神劍

師傳鑄作青蛇法，坤鼎乾爐鍛鍊成。非鐵非金生殺氣，

無形無影自通靈。掣來匣外乾坤窄,收入胸中芥子生。萬兩黃金無覓處,隱然身畔斬妖精。

9. 後天築基

氣敗血衰宜補接,明師親授口中訣。華池玉液逐時吞,桃塢瓊漿隨日吸。經慮忘思赤子心,歸根復命仙人業。丹田溫暖返童顏,笑煞頑空頭似雪。

10. 後天煉己

煉己功夫誰得知,精靈常與我相隨。一塵不染心俱靜,萬慮皆忘性若癡。邪賊無由侵內境,學人終日侍嚴師。饑來解飲長生酒,每日醺醺醉似泥。

11. 煉己得藥

煉己工夫繼築基,心頭萬慮已忘之。一輪月色相為伴,五夜雷聲獨自知。雪向靜中飛白點,芽從虛裏長黃枝。奪他陽氣歸來孕,產個千年跨鶴兒。

12. 煉己下手

體隔神交理甚詳,分明下手兩相當。安爐立鼎尋真種,對境忘情認本鄉。拿住龍頭收紫霧,鑿開虎尾露金光。真鉛一點吞歸腹,萬物生輝壽命長。

13. 先天鼎器

一從識破鴻濛竅,認得乾坤造化爐。為用神功調水火,自然靈氣透肌膚。朝朝黃鶴藏金鼎。夜夜銀蟾灌玉壺。要識金丹端的事,未生身處下功夫。

14. 先天真鉛

舉世人多好入玄,入玄不識此先天。五千日內生黃道,三十時辰認黑鉛。不在乾坤分判後。只於父母未生前。此般至寶家家有,自是愚人識見偏。

15. 先天大藥

信道金丹理最精，先天一點少人明。不拘貧富家家有，無論賢愚種種生。吞向腹中方有孕，將來掌上卻無形。世人問我難回答，遙指天邊月出庚。

16. 擒捉先天

笑睹神州有妙玄，耳邊切切細相傳。擊開混沌尋金汞，劈破鴻濛捉水鉛。黍米一珠含北海，蟾光萬道照西川。若人採得吞歸腹，何慮凡夫不作仙。

17. 凝聚先天

識得金丹正好為，元微只向此中奇。牝門一粒真鉛動，玄戶三家造化基。凝結丹田生玉葉，送還土釜長瓊芝。世人欲達先天理，須認紅花頂黑龜。

18. 認藥採取

日紅海底山頭月，靈山會上尋花色。花開鳥唱一天春，顛倒龍涎配虎血。神光射入玉壺田，密數坤申子午訣。刀圭百日大丹成，丹成永做蓬萊客。

19. 直指眞鉛

真鉛本是月中華，西北相生共一家。雌裏懷雄成至寶。黑中取白見靈芽。金多水少方為貴，陰盛陽衰未足誇。更識其間包戊土，時時爐火起丹砂。

20. 直指眞汞

真汞原來日裏精，東三南二自相生。木中藏火非閑說，雄裏懷雌是寶珍。莫使一毫陰濁染，須教全體太陽明。其間己土培元氣，煉得靈芽漸長成。

21. 鉛汞相接

真鉛真汞兩相投，似漆如膠意未休。以汞投鉛如浴日，將鉛製汞若添油。鉛調汞性常依傍，汞愛鉛情樂泳游。內外

五行攢簇定，結成赤白大丹頭。

22. 顛倒妙用

尋真訪道有何難，只要人心識倒顛。休向山林尋至藥，必須城市覓真鉛。青龍鎖住離交坎，白虎牽回兌入乾。此術效他行將去，自然有路上青天。

23. 和合丹頭

既生黃道始生芽，必有真陽應候回。三昧火從離位發，一聲雷自震宮來。氣神和合養靈質，心命相依結聖胎。透得裏頭消息子，三關九竅一時開。

24. 三家相見

央請黃婆善做媒，無中生有荷栽培。卻因姹女當時待，勾引郎君自外來。兩竅相通無隔礙，中宮聚會不分開。翕然好合春無限，產個嬰兒號聖胎。

25. 九轉大還

九轉還丹下手功，要知山下出泉蒙。安爐妙用憑坤土，運火功夫藉巽風。兌虎震龍兔混合，坎男離女更和同。自從四象歸中後，造化機緘在我躬。

26. 火候細微

年月日時攢一刻，一刻不刻陰陽別。抽添符候兔雞臨。升降功夫龍虎烈。慮陰防危罷火功，稱銖分兩同爻策。自然數足合周天，日日如斯行十月。

27. 脫胎神化

丹成我命不由天，陵谷隨他有變遷。榮辱無干隨處樂，利名不掛遂時顛。但知壺內乾坤景，誰記人間甲子年！欲問歸蹤何處是，醉中遙指白雲邊。

28. 面壁九年

九年面壁養神體，默默昏昏如煉己。無束無拘得自由，

隨緣隨分能知止。心同日月大輝光，我與乾坤為表裏。打破
虛空不等閒，收拾六合一黍米。

29. 換鼎分胎

重安爐鼎立坤乾，巧手移丹入上田。道德崇高神益邁，
虛空粉碎法無邊。從今易捨還成質，以後分胎又入玄。兒養
孫兮孫養子，老翁老母一齊仙。

30. 轉制通靈

養得玄孫漸長成，強宗勝祖善謀營。昨宵燈下逢佳偶，
今日堂前產俊英。個個孩兒森玉樹，飄飄仙嗣簇金莖。一班
勝似連城璧，無稅良田只自耕。

31. 九轉靈變

九轉丹砂歲月深，養成舍利鬼神欽。一爐白雪渾如玉，
滿鼎黃芽勝似金。曾見鸞飛和鳳舞。但看虎嘯與龍吟。五金
八石皆成寶，選煉天元拔宅升。

32. 修煉天元

天元丹品問誰知，有自無生世所稀。天地為爐真造化，
陰陽作藥自玄微。雞餐變鶴青雲去，犬食成龍白晝飛。到此
方稱高妙極，許君攜手一同歸。

33. 瀟灑優游

道人久已泯耳目，瀟灑自如脫拘束。朝從扶桑日頭起，
暮去崑崙雲腳宿。青牛過關知幾年，此道分明在眼前。昨夜
瑤琴三疊後。一天風冷月娟娟。

34. 了道度人

鐵笛雙吹破曉煙，相逢又隔幾多年。曾將物外無為事，
付在毫端不盡傳。白髮數莖君已老！青雲幾度我當先？世間
窮究只如此，何若同遊歸洞天。

35. 總詠內事

清靜身心修內藥，栽培氣血返童姿。借他鉛鼎尋真種，點我凡軀入聖基。十月懷胎加漫火，九年面壁養靈兒。嫦娥最愛兒年少，夜夜笙歌宴玉池。

36. 總詠外事

真鉛真汞結夫妻，兩意交歡產個兒。幼子成人離祖業，玄孫主事建新基。恢宏家道成三業，大展門庭第九枝。滿室堆金何足羨，但看拔宅住瑤池。

二十五、詠先天鼎

二七誰家女？眉端彩色光。人皆貪愛欲，我看是親娘。一點靈丹透，渾身粉汗香。霎時乾我汞，換骨做純陽。

二十六、金丹詩二十四首

1. 採取先天煉後天，循環二炁共根源。欲知有象原無象，須識初弦與下弦。杳杳乾坤將判處，冥冥父母未生前。服之混沌猶如夢，變化嬰兒壽萬年。

2. 月本無光借日光，每從晦朔定陰陽。蟾烏交媾合真質，牛女相期入杳茫。自是魄靈應魄聖，從他地久與天長。學人解得玄中妙，紫府高懸姓字香。

3. 七日陽來下鵲橋。上橋夫婦任逍遙。逆回海水流天谷，倒轉風帆運斗杓。手握乾坤分造化，時憑年月步周遭。神仙手段常如此，那與庸夫鬥舌苗！

4. 橐籥吹噓藉巽風，搬來坤火自鴻濛。徐徐攝上崑崙頂，漸漸吞回土釜宮。鉛汞相投成至寶，精神凝合變嬰童。將來跳出乾坤外，不屬璇璣造化中。

5. 安爐立鼎煉金丹，水怕乾兮火怕寒。既未煆時常守

護，屯蒙行處要勤看。抽鉛添汞須加緊，慮險防危莫放寬。毫髮差殊功不就，半途而廢復行難。

6. 龍升虎降轉河車，赤火擒來制白砂。二氣凝胎鉛自減。三花聚頂汞還加。開爐漫攪成鐘乳，起鼎應知是馬牙。兩物齊拿休縱放，放之失卻美金花。

7. 採回坤地水金多，種在乾家入愛河。陽火陰符依進退，鉛龍汞虎自調和。漿收東位成甘露，酒飲西方醉綺羅。但要至誠勤愛護，胎圓十月化青娥。

8. 奪得乾坤一點精，陰陽交媾自然成。夫妻會合攢三姓，戊己交加簇五行。朔望屯蒙雞兔躍，晦弦既未虎龍爭。地天收在玄關內，運轉河車霹靂聲。

9. 身中水火即陰陽，二氣相孚化紫光。日日醍醐延命酒，時時吞咽返魂漿。玄機不許庸人識，大藥須令志士嘗。九轉功完還太始，坤柔煉盡變乾剛。

10. 火性炎炎水性流，河車搬運自然周。崑崙片玉原無價，滄海明珠竟暗投。三昧初從離下發，一符始自坎中浮。自家消息誰能會？莫向人前插話頭。

11. 修仙須要修天仙，金液神丹仔細看。添在離宮抽在坎，寄於兌位種於乾。死生了當非神氣，性命功夫在汞鉛。世上紛紛談道者，幾人於此達真詮？

12. 煉己尋真固不難，先擒兔髓配烏肝。牽龍就虎歸根竅，制汞投鉛復命關。金氣往來通夾脊。河車搬運上泥丸。夫妻共入黃婆舍，火候調停自結丹。

13. 闔闢乾坤橐籥形，屯蒙呼吸坎離精。鼎和四象真鉛降，爐備三才妙汞生。一有兩無同變化，兩無一有共相成。時人要識玄中妙，配合青娥仔細論。

14. 中宮戊己自知音，二物媒來共一心。姹女用吹無孔

笛，金公為抱沒弦琴。深深密密誰能測？杳杳冥冥孰解尋？
指日還丹成就後，總教大地盡黃金。

15.　溫溫鉛鼎透簾幃，認定人身活子時。虎嘯一聲忙採
取，龍吟初敕急施為。守城野戰天翻地，入室防危坎復離。
奪得團團龜鳳髓，請君服食赴瑤池。

16.　入室虛心煉大丹，神功妙用不為難。能窺天巧參元
氣，解飲刀圭奪紫丸。朔望符來三姓合，晦弦火退五行攢。
羿妃縱會奔蟾窟，爭似青娥駕彩鸞。

17.　木中砂汞水中金，漫向離宮坎位尋。只就乾坤分主
客，還依龍虎定浮沉。故能金木成三姓，遂使夫妻共一心。
庭院歸來相聚會，黃婆媒妁是知音。

18.　真爐真鼎發真機，採藥須憑亥盡時。鉛母氤氳光欲
動，金胎跳躍火臨期。休忘氣候調真息，但守虛無運坎離。
臨陣莫教輕縱敵，兢兢業業更防危。

19.　十月功完造化堅，若加火候必傷丹。仙房器血渾忘
卻，寶鼎金爐不用看。面壁九年形脫殼，身起三界體生翰。
只緣黍米吞歸腹，行滿功成跨鳳鸞。

20.　上吞下啖兩弦弦，逐節堤防入玉田。往往來來賓反
主，夫夫婦婦倒和顛。結丹已喜嬰兒兆，出殼皆憑聖母全。
遠近遨遊看四正，東西南北任周旋。

21.　韜光晦跡隱紅塵，有作誰知妙更真。伏虎降龍須混
俗，超凡入聖乃驚人。深深秘秘修丹道，白白明明顯至神。
《藥境》玄機俱泄盡，古今由此達天津。

22.　《金碧》《參同》及《指玄》，《翠虛》性命與恩
仙。《陰符》寶字逾三百，《道德》靈文貫五千。《入藥
境》中推橐籥，《悟真篇》內究蹄筌。金丹切近叮嚀語，總
論前弦與後弦。

23. 火候功夫本自然，能通此妙即神仙。五行攢簇盜天地，八卦循環作聖賢。造化爐中烹日月，乾坤鼎內產金蓮。有人識得精微理，隨我飛升朝帝前。

24. 虔誠稽首拜星君，頂禮星辰護本身。二十八宿齊朗耀，三百六度盡分陳。上聖能攢年月日，中宮保合氣精神。照臨應許增遐壽，掩映還同二曜新。

此二十四首《金丹詩》，以象二十四氣也。瀘州廖復盛刊刻訛誤，剿襲沽名，嘗輯古仙詩歌為一部，名曰《醒道雅言》，而於群真姓字，大半不書，欲使未見者詫為己作，正豐翁所謂「詭計慳貪竊道玄」者也。今照汪仙真本改正，以復舊觀，庶使好道者不致迷誤耳。

二十七、大丹詩八首書武當道室示諸弟子

1. 學道修真出世塵，遨遊雲水樂天真。身中靈藥非金石，腹內神砂豈水銀！採煉功夫依日月，烹煎火候配庚辛。黃婆媒娉三家合，飲酒觀花遍地春。

2. 採聚他家一味鉛，捉精煉氣補先天。前弦八兩後弦八，內藥還時外藥還。紫府玄宮垂寶露，黃芽白雪化金蟾。神仙妙用常如此，火裏能栽九節蓮。

3. 初關中關與後關，下由中田與上田。層次原來分井井，火功須要法乾乾。室窗透亮三更到，晝夜通紅九鼎全。文武陰陽勤轉煉，關開萬竅好朝天。

4. 身內功夫我自知，天機玄妙有誰窺？初尋龍虎來爭戰，又見龜蛇喜唱隨。天地倒顛觀否泰，火符起止在虛危。南辰北斗映前後，日月烏蟾來往飛。

5. 修真大道乾坤祖，採取陰陽造化功。要制天魂生白虎，須擒地魄產青龍。運回至寶歸中舍，變化陽神入上宮。

一氣凝成丹一粒，人能吞服貌如童。

6.　道法旁門有萬千，不知火候總徒然。先窮妙理將真悟，後拜明師把訣傳。欲使三家情意合，只憑一點道心堅。朝朝鍛鍊精神氣，結就真神上九天。

7.　尋真要識虛無竅，功夫只在意所到。往來順逆煉陰陽，升降坎離在顛倒。恍恍惚惚太極生，杳杳冥冥嬰兒兆。出玄入牝由自然，若忘若存守壇灶。

8.　知先達後煉金丹，火冷水乾做不全。上德無為成至聖，下功有作在周天。一陽動處窺天地，二品合時生佛仙。月裏栽花無片晌，蟾光現出照西川。

回文詩（象返還也。一作「平越府還丹題」，一作「柳塘回文」）

橋邊院對柳塘灣，夜月明時半戶關。遙駕鶴來歸洞晚，靜彈琴坐伴雲閑。燒丹覓火無空灶，採藥尋仙有好山。瓢掛樹高人隱久，囂塵絕水響潺潺。

二十八、瓊花詩

瓊枝玉樹屬仙家，未識人間有此花。清致不沾凡雨露，高標長帶古煙霞。歷年既久何曾老，舉世無雙莫浪誇。幾欲載回天上去，擬從博望借靈槎。

二十九、七絕五首

真心浩浩無窮極，無限神仙從裏出。世人耽著小形骸，一顆玄珠人不識！

又一首

佛印指出虛而覺，丹陽訣破無中有。捉住元初那點真，萬古千秋身不朽。

又一首

溯流一直上蓬萊，散佈甘泉潤九垓。從此丹田沾潤澤，黃芽遍地一齊開。

又一首

年月日時空有著，卦爻斤兩亦支離。若曾會得綿綿意，正是勿忘勿助時。

又一首

大藥無多只一丸，須求同類兩相歡。世人欲問長生訣，先覓陰陽二品丹。

第二節　玄要篇下

一、登高台

按《參同契》，有「瞑目登高台」之句，猶言抉破重玄，使人心目明亮，如登高台，遠近皆見也，調名取此。

金丹造化妙難言，玄微道理誰分辨！幸遇明師指，抉破水中天。先教咱守定玄關，盤膝坐調神理氣，除思慮塞兌垂簾。次教咱鼓動巽風，搬運水火，守固真精，保定元陽，撥轉天關。又只見，黃河水滔滔逆流，從湧泉，灌尾閭，至夾脊，升上泥丸。過明堂，入華池，神水漸漲，下重樓，入絳宮，直至丹田。這才是築基煉己，從今後住世延年。

更欲求，最上乘飛升道理，還教咱重安爐，復立鼎，採取先天配後天。遇子午專行火候，逢卯酉沐浴金丹（照道書校正）。再教咱先明天地機，次把陰陽辨（亦作「變」）。有天先有母，無母亦無天，這才是大道根源。把周天從頭

數，將乾坤顛倒安。採後天殷勤烹煉，奪先天成聖成仙。

我已曾拜明師，心心相授，口口相傳。築基時，先明橐籥，煉己時，只有真鉛。坎中滿離中之物，離中虛取坎還填。逆成仙，龍吞虎髓。順成人，虎奪龍涎。喜的是木龍藏汞，愛的是金虎吐鉛。月之圓存乎口訣，時之子妙在心傳。採先天之功，全憑戊己；奪後天之氣，龍虎初弦。

青龍白虎相爭戰，玉兔金烏一處搏。防只防身中無慧劍，怕只怕急水灘頭挽不住船，等只等黃婆勾引，候只候少女開蓮。此事難言。五千日內君須算，三十時辰暗裏盤。子前午後分明看，鉛陽未動，癸現於前，真鉛真陽隨後邊。藥到臨爐，此時休怠慢，急速下手擒入關，隨後用六百抽添。十月胎圓，嬰兒出現，面壁九年，獨露真詮。才做個閬苑蓬萊物外仙。

按祖師詞曲，前無所譜，只在發明丹旨耳。然譜皆古人所創，何妨自我作古耶？《登高台》本《參同》之句，以爲調名，恰與玄音雅稱。或謂立題固妙，分段太多。不知詞譜中如《哨遍》、《鶯啼序》之類，亦有三四段者，此分四段，有何不可？不得以令、慢、單、雙相拘也。

二、天仙引

（俗作《南宮詞》，原名《天仙引》按。《悟真》云：「學仙須是學天仙，惟有金丹最的端。」原名取此，望人甚深。後四調稍有不同，即以詞家分體論，此作第一體。）

因尋地內天，為覓雲中電。時時降意馬，刻刻鎖心猿。晝夜不眠，煉己功難間，持心志愈堅。閉三寶內守深淵，擒五賊外觀上苑。令彼我如如穩穩，使陰陽倒倒顛顛。退群魔全憑慧劍，採烏龜始氣，取白虎初弦。將天根直豎，把月窟

空懸。顯神通向猛火裏栽蓮，施匠手在弱水裏撐船。

掃蕩的心清意靜，保養的精盈氣全。不羨他美麗嬌花，只待他甘露醴泉，使無情放下娘生面。攻神州，破赤縣，捉住金精仔細牽，送入丹田。防危慮險除雜念，定息安神絕妄緣，沐浴洗心罷爭戰，聖胎脫然。面壁九年，煉神還虛，是咱功程滿。

第二體

看《歸根復命篇》，觀「養性修真」卷，方知金裏水，才識地中天。微妙玄玄，原來生殺隔一線。龍虎隱二弦，講玄牝《道德》仙經，窮戊己《悟真》聖典。論庚方生金所在，說兌位產藥川源。分明真指於赤縣，如露如電，如霧如煙。只等的烏龜吐氣，白虎噴涎。

斬三尺境滅魔潛，擒五賊馬臥猿眠。追神氣入歸元海，運真氣周流湧泉。採金精納入丹田，自然貫穿，渾身百節周流遍。心似火，意如電，養育金丹，汞漸添閉兌忘言。九年面壁功無間，八極神遊遍大千，七返嬰兒自出現。六賊遁焉，五行數全，四海人知歸閬苑。

第三體

先調呼吸勻，後把金木併。鉛精藏牝戶，汞液隱玄門，造化之根。杳冥中有信，恍惚無見聞。養藥苗常令爐全，取黃芽不教鼎損。使元神不離方寸，覓金水灌入崑崙。仗慧劍追逼群魔，閉三寶持心意謹，擒五賊煉己功勤，斷貪嗔祛除萬慮，遇時景不染一塵。

我只待，曲江上月吐庚申，形山裏踏雪尋春。採金精方離赤水，和真息周流一身，運己汞包裹陽精。爐火常溫，時時刻刻加精進。如愚蠢，似癡鈍，默坐忘言。且守貧保養全真。俺向那深山面壁無人問，靜室灰心惟俺親。調神息，憑

咱訓，不言十月懷孕，只言九載辛勤。今日行足功圓方證本。

第四體

閑看《龍虎經》，靜玩《入藥鏡》，本來鉛一味，假作許多名。他在水底潛形，贈寄希夷頂，端居造化坑。赤灑灑隱在甘泉，密匝匝藏於丹井。我只待，冬至令一陽初動，秋分時二氣方升。華池有信玄珠迸，當仁施德，立義設刑，防某變詐，引誘歡情。

觀神州氣盛陽騰，見赤縣癸動鉛生。赤條條龍頭直豎，紅拂拂龜眼圓睜，黑洞洞虎口出聲。相爭顯能，使陰陽顛倒，把金木交併。捉北方玄武龜精，鎖在黃庭。沐浴常掃三田靜，溫養須教九轉靈。積滿陰功八百行，名書上清，神登玉京，宴賞罷蟠桃酩酊。

第五體

不容意馬狂，豈把心猿放。三屍無擾攘，六賊盡歸降。魔境俱忘，保養的精神壯，調和的氣血強。諸慮忘離卻貪嗔，萬緣盡不生妄想。遣神女侍爐鑄劍，借金水配對柔剛。憑匠手生擒活捉如翻掌，開刀圭鎖鑰，解龍虎繩韁。飲延年仙酒，吃續命瓊漿。

丹入腹遍體生香，情歸性換骨回陽。休心景牢封土釜，滅意春深閉洞房。遠聲色固守真常，堤防損傷，如遇使縱休輕喪。十月後，嬰兒降，調理的通靈，會神獨步仙鄉。誰知靜裏乾坤大，我愛壺中日月長。任你人間是非謗，披雲衣鶴氅，捧丹書玉章，紫府神仙齊慶賞。

按：「天仙引」亦是祖師創調，命名之義極為雅正，蓋必須如此，乃是金丹大道。若作南宮調詞，則小矣。南宮乃符籙之派，與金丹不同。且到南宮者，尚有輪迴，方得成道。太上《度人經》云：「末學道淺，仙品未充。運應減度，身經太

陰。臨過之時，同學至人，爲其行香。誦經十遍，以度屍形，如法魂神，徑上南宮。隨其學功，計日而得更生。轉輪不滅，方得神仙。」據此，則南宮之流，乃奪舍投胎之輩也。天仙妙旨，豈可以南宮名哉！又，此詞不可分段，茲分兩段者，亦因可分之處而分之也。張鄧刻本分爲三段，一段名「鵲橋仙」，二段名爲「玉女搖仙佩」，三段作「尾聲」。蓋唱道情者爲之也。且《鵲橋》、《玉女》乃是古曲名，祖師所作，既不拘拘舊譜，則孟浪安名有何意味！今照汪本正之。

三、一枝花四首

（一作《美金花》。按玉蟾翁《快活歌》云：「黃芽半夜一枝春」。本集《後五更》云：「一枝春色金花麗」，蓋取此爲調名也。詞照彭好古選本、張鄧刻本及《神仙鑒》參訂。）

行持造化功，下手調元氣。自從師傳後，獨自守無爲。玉液長提，元氣歸真位。透三關，過尾閭，逆轉河車上泥丸。撞崑崙發震如雷，甘泉香生甜如蜜。入玉池化作金液，逍遙飲甘露自垂。下重樓十二階梯，牢封固護守堅持，原來是精氣神三般兒。歸根復命，原來是金木水火土五行攢簇。玄中玄，有不死的還丹；妙中妙，有接命的根基。誰不行，誰不會，誰不做，都只在採取先天一竅迷，（彭選本作「天竅路上迷」）怎肯胡爲！俺也向花叢中，敲竹鼓琴心似水。從今參透真消息，忘物忘形，子前午後可爲持，卯酉之中沐浴時。講什麼生死輪迴，說什麼姹女嬰兒，都只要採取，鴻濛未判一粒黍米。（張鄧刻本作「珠」字，此照彭選本）

第二

心如出水蓮，意似雲中電。昨宵因小事，誤入麗春院。時時降意馬，刻刻鎖心猿。晝夜不眠，煉己功無間。閉三室

內守黃房（鄧選作「銀房」），擒五賊外觀上院。令彼我如如穩穩，使陰陽倒倒顛顛。退群魔怒提起鋒芒劍，敢取他出牆花兒朵朵新鮮，掛起我娘生鐵面，我教他也無些兒動轉。嬌夭體態，十指纖纖，引不動我意馬心猿。俺是個試金石兒，高低便見；俺是個鐵饅頭，下口難餐；俺是個清淨海，一塵不染；俺是個夜明珠，空裏長懸。道堅志遠，幼年間常把身心煉。絕名利，不去貪，捉三屍，鼎內煎。我的心堅，我學的造化無人見。愁則愁功不成、名不就，空把時光轉；愁則愁，日月如梭趕少年。有一日撥轉天關，騰空在半天，那時節才把冷淡家風道教闡。

第三

先明天地機，次把陰陽配。有天先有母，無母亦無天，此是道教根源。把周天從頭數，將乾坤顛倒安。月之圓存乎口訣，時之子妙在心傳。提起我無刃鋒芒劍，怕則怕急水灘頭難住船，感則感黃婆勾引，候則候少女開蓮，此事難言。五千日近堅心算，三十時辰暗裏盤。我將龍頭直豎，他把月窟空懸。顯神通向猛火裏栽蓮，施匠手在逆水上撐船。不羨他美麗嬌花，只待他甘露醴（彭張選本作「生」字）泉。攻神州，破赤縣，捉住金精仔細牽，送入丹田。防危慮險除雜念，沐浴自然。面壁九年，才做個閬苑蓬萊物外仙。

第四

因求大道玄（《仙鑒》作「訪道求玄」），走盡天涯畔。撇功名勢利，棄家業田園。萬般辛苦，衣破鞋穿師難面。愁則愁六十七年光陰短，入終南感得火龍親口傳。命俺出山，覓侶求鉛。遍訪名賢，盡是此詭計慳貪竊道玄。也是俺該有那出世因緣（張彭諸本作「詭計設奸，令我要求個出世姻緣」），幸遇著仗義疏財沈萬三。爭奈他力薄難全，俺

只得把爐火烹煎。九轉完，向麗春院採藥行符，經五載入武當山。面壁調神又九年。猛聽得朝命宣。欲待要不睹君王面，又恐怕胡尚書性命難全。駕雲直上朝陽殿，官家見喜悅龍顏。俺欲待（張彭諸本作「我本要與你」）口口相傳，恐違了玉皇命言，俺只得跨鳳乘鸞（別本作「駕鶴騰空」）上九天。

四、美金華二首

（一作「一枝花」一作「未遇外護詞」均誤）

題義：按《參同》云：「古記題《龍虎》，黃帝美《金華》。」《龍虎》、《金華》，皆古聖垂訓書。丹家以金華比真鉛，故《契》云：「卒得金華。轉而相因，化爲白液，凝而至堅。」蓋言汞得真鉛而化液，入黃庭而成至寶也。又云：「鉛體外黑，內懷金華。」蓋此造丹者，於黑鉛之中，取出白金，製成戊土，名曰「美金華」，則金華之貴重極矣。調名取此。

金華朵朵鮮，無財難修煉。不敢對人言，名自糊盤算。訪外護，未遇高賢，把天機牢抱幾年。聊試驗，妙更玄（一作「也有些幾玄妙」），憑慧劍，採先天。今日方知，道在目前，才信金丹有正傳。吹的是無孔之笛，彈的是無弦之弦。喜的是黃芽白雪，愛的是首經紅鉛。飲的是延命仙酒，服的是返魂靈丹。做的是壺中活計，戲的是海底金蟾。捉將日月爐中煉，奪得乾坤鼎內煎。這是我修行真訣，出家手段。恨當初，俺無錢，晝夜告天也可憐；到而今，時來運轉，只待我行滿功圓，撒手逍遙物外仙。

又一首

金華玉蕊鮮，世人難分辨。長生須伏氣，栽接要真鉛。築基煉己採後天玉液還丹。縱得了住世延年，還要圖金液九

還。堪嗤大眾學神仙，一個個盡都是盲修瞎煉，一程程誰曉得實究真參！天地裏黃芽長遍，滿乾坤白華開綻，總待他水盡金生月正圓。我這裏手提寶劍掛南山，誅盡了七情六慾，恩愛牽纏，掃盡了萬里浮雲，一塵不染。唬的那五鬼三屍心膽寒。我把陰陽顛倒顛，用神機暗合周天，戒身心防危慮險。輕輕的搖動地軸，慢慢地撥轉天關，霹靂一聲天外天。

五、一訣天機

（一作「眞口訣」，《敲爻歌》云：「時人不達花中理，一訣天機值萬金。」調名取此。）

說與你，真口訣。指與你，天邊月。月圓時，玉蕊出。月缺時，金花脫。三五按時節，老嫩細分別。送入黃婆舍，休教走漏泄。栽接栽接，靈龜吸盡金烏血；烈決烈決，做個蓬萊三島客。

六、玄關交媾曲

（俗抄《道情》，本作「駐雲飛」。）

大道本無說，妙理話難徹，玄關一點達摩訣。上至崑崙泥丸頂，下至重淵湧泉穴。鉛為母，汞為爹，鉛汞陰陽把子結，姹女嬰兒一處歇。

七、陰陽交會曲

（俗抄，《道情》，本作「金平調」。）

顛倒坎中離，龍虎風雲會。妙玄一點包天地，毫釐大小人不知，返三回五透天機。離歸坎，坎歸離，坎離水火運東西，嬰兒姹女做夫妻。陰盜陽精取坎實，陽伏陰精補離虛。三三六六分天地。這些功夫非容易，變乾坤漏泄先天氣。

太極拳祖師張三豐內丹養生

八、洞天清唱六疊

（俗抄《道情》，本作「雁兒落」。邱祖《青天歌》：「晝夜清音滿洞天」，蓋指獨露全眞時也。調名取此。）

一疊

俺則待，剖開混沌包，劈破鴻濛竅。俺則待，覓一滴續命漿，尋一枝還魂草。俺只見虎嘯氣來潮，癸動藥生苗。會黃婆，將琴鼓教，見金公，把竹板敲。不覺的丹田熱燒，原來是命寶歸黃道。那時節，把神息匀調，靜觀水火交。

二疊

俺將那，沒底籃仗人挑；俺把那，沒弦琴懷中抱。俺輕輕撥正赤鳳頭。嘿嘿鑽入烏龜竅。擒陽氣，過鵲橋，運陰符，急相包。忽然覺泥丸如湯沸，丹田似火燒。沒屯蒙，忘昏曉，達四肢，薰蒸到。若有那魔境相招，俺這裏，只是靜坐如如不動搖。

三疊

煉已將五賊平，換景把七情並。制伏的六欲寧，掃蕩的三田淨。性定自通靈，心虛內照明。配剛柔，金水秤（去聲），會陰陽，顛倒行。既濟功成，萬神悉聽命。聞詔飛升，丹台已注名。

四疊

俺只待，隱市廛默靜功；俺只待，擇善地方作用；俺只待，仗慧劍將白雪培，憑匠手把黃芽種；俺只待，搬火煉真空，尋光破鴻濛；俺只待，攝二氣歸離戶，採一陽入震宮。學旌陽行蹤，沖舉乘丹鳳；仿軒轅神通，飛升跨火龍。

五疊

採鉛精，配汞苗，立爐鼎，修玄要。奪乾坤造化機。會

日月盈虧妙。合水火，左右燒。使魂魄，往來交。按四時，不失序，順八節，應卦爻。辨昏朝，明消長。觀天道，須教周天十二遭。

六疊

七返大珠明瞭性，九還金液大丹成。霹靂一聲，早見真人出頂。

九、永蟄龍法二首

漁父詞

蟄法無聲卻有聲，聲聲說與內心聽。神默默，氣冥冥，蟄龍雖睡睡還醒。

蟄龍吟

睡神仙，睡神仙，石根高臥忘其年，三光沉淪性自圓。氣氣歸玄竅，息息任天然。莫散亂，須安恬，溫養得逩性兒圓，等待他鉛花兒現。無走失，有防閑，真火候，運中間。行七返，不艱難，煉九還，何嗟歎。靜觀龍虎戰場戰，暗把陰陽顛倒顛。人言我是朦朧漢，我卻眠兮眠未眠。學就了，真臥禪，養成了，真胎元，臥龍一起便升天。此蟄法，是誰傳？曲肱而枕自尼山，樂在其中無人諳。五龍飛躍出深潭，天將此法傳圖南。圖南一派誰能繼？邈邈道人張豐仙。

十、麗春院詞二首

（別本所載二首與此詞全不相同，另錄於雜詞之內。）

麗春院內月輪高，瓊樹花新破寂寥。半夜開丹灶，三更運斗梢。玉漢銀河誰得到，牛郎織女天邊笑。紫府會仙曹，歸去來兮俗垢消。

又一首

麗春院內日華清，金液還丹已煉成。欲令情歸性，須將性合情。富貴功名休再問，嬰兒姹女風流甚。爐鼎放光明，從此崑崙頂上行。

十一、西江月

（俗抄《道情》本作「桂枝香」非）

道在玄關一竅，竅包元氣元精。元精元氣養元神，神滿自然動靜。動靜三回九轉，周流變化乾坤。乾坤顛倒種花根，根發西江月正。

十二、自題《無根樹》詞二首

鷓鴣天

（按：此調五六二句當作三字句，葉一韻，乃是「鷓鴣天」。一本作「難與世人條辯論」：以二句爲一句，則又似「瑞鷓鴣」也。茲兩存之。「瑞鷓鴣」與七律體同。）

道法流傳有正邪，入邪背正遍天涯。飛騰罕見穿雲鳳，陷溺多成落井蛙。難與辨，亂紛嘩，都將赤土作丹砂。要知端的通玄路，細玩無根樹下花。

賣花聲

無根樹下說真常，六道含靈共一光。會得威音前後事，本無來去貌堂堂。

十三、無根樹道情二十四首

題義：無根樹者，指人身之鉛氣也。丹家於虛無境內，養出根株。先天後天，都自無中生有。故曰：「說到無根卻有根也」。煉後天者，需要入無求有，然後以有投無。煉先天者，

又要以有入無，然後自無返有。修煉根蒂，如是而已。二十四首，皆勸人無根樹下，細玩仙花。其藥物、氣候、栽接、採取之妙，備載其中。此道情之不朽者也。

無根樹，花正幽，貪戀紅塵誰肯修？浮生事，苦海舟，蕩去飄來不自由。無邊無岸難泊繫，長在魚龍險處游。肯回首，是岸頭，莫待風波壞了舟。

又一首

無根樹，花正微（一作「危」），樹老將新接嫩枝。桃寄柳，桑接梨，傳與修真（一作「行」）作樣兒。自古神仙栽接法，人老原來有藥醫。訪明師，問方兒，下手速修猶太遲。

又一首

無根樹，花正青，花酒神仙古到今。煙花寨（一作「蒼」），酒肉林，不犯葷腥不犯淫。犯淫喪失長生寶，酒肉穿腸道在心。打開門，說與君，無酒無花道不成。

又一首

無根樹，花正孤，借問陰陽得類無？雌雞卵，難抱雛，背了陰陽造化爐。女子無夫為怨女，男子無妻是曠夫。歎迷徒，太模糊，靜坐孤修氣轉枯。

又一首

無根樹，花正偏，離了陰陽道不全。金隔木（一作「水」，非了），汞隔鉛，陽寡陰孤各一邊。世上陰陽男配女，生子生孫代代傳。順為凡，逆為仙，只在中間顛倒顛。

又一首

無根樹，花正新，產在坤方坤是人。摘花戴，採花心，花蕊層層豔麗春。時人不達花中理，一訣天機值萬金。借花名，作花身，句句《敲爻》說得真。

又一首

無根樹，共正繁，美貌嬌容似粉團。防猿馬，劣更頑，掛起娘生鐵面顏。提出青龍真寶劍，摘盡瓊花（一作「牆頭」）朵朵鮮。趁風帆，滿載還，怎肯空行到（一作「過」）寶山。

又一首

無根樹，花正飛，卸了重開有定期。鉛花現，癸盡時，依舊西園花滿枝。對月才經收拾去，又向（一作「旋稱」）朝陽補衲衣。這玄微（一作「機」），世罕知，須共神仙仔細推。

又一首

無根樹，花正開，偃月爐中摘下來。延年壽，減病災，好結良朋備法財。從此可成天上寶，一任群迷笑我呆。勸賢才，休賣乖，不遇明師莫強猜。

又一首

無根樹，花正圓，結果收成滋味全。如朱橘，似彈丸，護守堤防莫放閑。學些草木收頭法，復命歸根返本原。選靈地，結道庵，會合先天了大還。

又一首

無根樹，花正亨，說到無根卻有根。三才竅，二五精，天地交時萬物生。日月交時寒暑順，男女交時妊始（一作「孕自」）成。甚分明，說與君，只恐相逢認不真。

又一首

無根樹，花正佳，對景忘情玩月華。金精旺，耀眼花（此句諸本皆錯），莫在園中錯撿瓜。五金八石皆為假，萬草千方總是差。金蝦蟆，玉老鴉，認得真鉛是作家。

又一首

無根樹，花正多。遍地開時隔愛河。難攀折，怎奈何，步步行行龍虎窩。採得黃花歸洞去，紫府題名永不磨。笑啊呵，白雲阿，準備天梯上大羅。

又一首

無根樹，花正香，鉛鼎溫溫現寶光。金橋上，望曲江，月裏分明見太陽。吞服烏肝並兔髓，換盡塵埃舊肚腸。名利場。恩愛鄉。再不回頭空自忙。

又一首

無根樹，花正鮮，符火相煎汞與鉛。臨爐際，景現前，採取全憑渡法船。匠手高強牢把舵，一任洪波海底翻。過三關，透泥丸，早把通身九竅穿。

又一首

無根樹，花正濃，認取真鉛正祖宗。精氣神，一鼎烹，女轉成男老變童。欲向西方擒白虎，先往東家伏青龍。類相同，好用功，外藥通時內藥通。

又一首

無根樹，花正嬌，天應星兮地應潮。屠龍劍，縛虎條，運轉天罡幹斗梢。鍛鍊一爐真日月，掃盡三千六百條。步雲霄，任逍遙，罪垢凡塵一筆消。

又一首

無根樹，花正高，海浪滔天月弄潮。銀河路，透九霄，槎影橫空泊（一作「北」）斗梢。摸著織女支機石，踏遍牛郎駕鵲橋。遇仙曹，膽氣豪，盜得瑤池王母桃。

又一首

無根樹，花正雙，龍虎登壇戰一場。鉛投汞，配陰陽，法象玄珠無價償。此是家園重種子，返老還童壽命長。上天堂，極樂方，免得輪迴見閻王。

又一首

無根樹，花正奇，月裏栽培片晌時。拿雲手，步雲梯，採取先天第一枝。飲酒帶花神氣爽，笑煞仙翁醉似泥。托心知，謹護持，惟恐爐中火候飛。

又一首

無根樹，花正黃，產在中央戊己鄉。東家女，西家（一作「舍」）郎，配合夫妻入洞房。黃婆功飲醍醐酒，每日薰蒸（一作「掀開」）醉一場。這仙方，返魂漿，起死回生是藥王。

又一首

無根樹，花正明，月魄天心逼日魂。金烏髓，玉兔精，二物擒來一處烹。陽火陰符分子午，沐浴如臨卯酉門。守黃庭，養谷神，男子懷胎笑煞人。

又一首

無根樹，花正紅，摘盡紅花一樹空。空即色，色即空，識透真空在色中，了了真空色相滅，法相長存不落空。號圓（一作「玄」）通，稱大雄，九祖超升上九重。

又一首

無根樹，花正無，無影（一作「相」）無形難畫圖。無名姓，卻聽呼，擒入中間造化爐。運起周天三昧火，鍛鍊真空返太無。謁（一作「赴」）仙都，受天符，才是男兒大丈夫。

十四、四時道情四首

1. 春色可人可人，桃杏花開滿眼新。山園風物嫩，看來到也無憂悶。仙喜的是洞府去遊春。子晉先生吹玉笙，玉笙吹與知音聽。俺則道，閑來時，焚一炷香，撫一曲琴。

2.　夏賞荷池荷池，兩個鴛鴦水面飛。擺列成雙對，清風明月閒遊戲。仙喜的是呂祖遇鍾離，二翁留下長生地，終南山上乘雲去。俺則道，閑來時，焚一炷香，下一盤棋。

3.　秋景雲疏雲疏，遠岫蒼黃木葉枯。夜看銀河布，牛郎到把織女渡。仙喜的是賣卜隱成都，君平先生挈玉壺，日得百錢把酒沽。俺則道，閑來時，焚一炷香，看一卷書。

4.　冬景雪飛雪飛，萬里關山似玉堆。和靖掩廬睡，天寒鶴守孤山內。仙喜的是湘子度文公，屢勸回頭不肯回，藍關路上才相會。俺則道，閑來時，焚一炷香，畫一樹梅。

道情四首，乃吾隱終南時作以自唱者。其體帶《竹枝》，節節硬逗，看似不接，其妙正在不接之接也。自記。

十五、青羊宮留題道情四首

覓故人天涯不見，歎迷徒要學神仙。有一等守頑空的，有陰無陽是孤煉。有一等用鼎器的，捨死忘生談採戰。各執一端，玄關不知在那邊。莫把無為來妝扮，盡都是空門面。怎得個雲朋霞友，也混俗和光過幾年。訪道須要訪先天，先天是神仙親口傳。神仙，神仙，只在花裏眠。

又一首

煉黍米，須要有法財兩件。心腹事，須要托二三為伴。怎得個張環衛共談玄，馬半州同修煉？薛道光曾把俗還，王重陽幸遇良緣。伯端翁訪友在扶風縣，達摩祖了道在麗春院。才曉得花街柳巷也正好參禪，再休題清淨無為空坐閑。訪道須要訪先天，先天是神仙親口傳。神仙，神仙，只在花裏眠。

又一首

訪明師，殷勤了無限，都說是實授真傳，某神仙同法

眷。一個說補上田，一個說益下元，一個說守中黃是正法眼。更笑他兩腎中間當玄關。似這等千門萬戶也。百尺高竿，閃了無數英賢。訪道須要訪先天，先天是神仙親口傳，神仙，神仙，只在花裏眠。

又一首

學仙的聽吾言，切莫要盲修瞎煉。須曉得內外陰陽，同類的是何物件。必須要依陰陽修出陰陽，依世法修出世間。順成人，逆成仙，一句兒超了千千萬。再休題清淨無為也，不得還丹，總是枉然。訪道須要訪先天，先天是神仙親口傳。神仙，神仙，只在花裏眠。

十六、五更道情五首

題義：「五更」須活看，只是功夫不息之義，勿謂一更是一更功夫，二更是二更功夫也。餘類推。

一更初，獨牧青牛。勿縱狂行，不放閒遊。我這裏換景移情，攀花折柳，密煉潛修。閉六門無為靜守，擒五賊有法拘囚。匹配剛柔，耐得春秋，氣盛神全，採藥何愁！

又一首

二更裏，匹配調和。逐散諸陰，趕退群魔。俺只要招鳳來巢，喚龜還窟，引虎歸窩。看鉛生須知謹守，逢月現認得真麼。下手莫錯，望遠時過，赤水含珠，造化無那！

又一首

三更中，一陽才萌，赤縣門開，真氣方升。這時節微露鉛華，初含玉蕊，半吐金精。鎖心猿龍吟雲應，拴意馬虎嘯風生。採顆芝英，送入黃庭。封固無虞，百日功靈。

又一首

四更殘，飲罷醍醐，乘槎張騫，笑煞麻姑。憑這點灌溉

三田，融通百脈，潤澤肌膚。周流遍牢關土釜，升降畢謹守如初。念慮皆無，聲色盡除。溫養胎仙，十月功夫。

又一首

五更終，添汞抽鉛，換鼎分丹，移丹上田。從今後陽長陰消，性成命全，體固身堅。靜調神，一周漸大，勤面壁，九載還元。行滿功圓，八百三千，與道合真，便是神仙。

十七、五更道情五首

一更裏，鉛汞全，三屍六賊都游散。心猿意馬牢拴定，鉛鼎溫溫水不寒，諸魔不敢抬頭看。安神息，任天然，龍自吟，虎自歡。這椿妙理行持慣，遍身水火配離坎。成仙成聖何嗟歎，要做個長生也不難。曾記得火龍直指得還丹，逍遙自在，自在神仙。

又一首

二更裏，丹詔來，乘龍跨鳳青霄外。大還到手人人愛，方信金丹好藥材。母見嬌兒（一作「懷抱兒童」）共一堆。安穩睡，且妝呆，清虛也，不染埃。從今滅卻冤家債，做一個長生不老，養就了杏臉桃腮。

又一首

三更裏，活子時，仙家養景現華池。靈龜吸盡金烏髓。丹鳳銜來玉兔脂。玄明酒，醉如癡。群陰盡，豔陽期，一枝春色金花麗，佳人有意心相許，郎君把玩兩情怡。得遇了還元返本，壽與天齊。

又一首

四更裏，更漏深，鉛生癸（一作「子」）後陰陽分（一作「順」）。正值一弦金水滿，恰似鶯花二月春。不貪財，不愛名，飲瓊漿，聽玉音。碧天連水清波淨。虛白堂前拴意

馬，無影樹下鎖心猿。三回九轉真人現，得遇了先天大道，壽比乾坤。

又一首

五更裏，採得他，功名富貴都拋下。一心盼望蓬萊景，十洲三島便為家。免欲火，無牽掛，這長生，在自家。養育恩情休要差，逢人莫說艱難話。刀兵唬全然不怕。任你是豔色垂簾，再不戀路柳牆花。

十八、五更道情五首

一更裏，入禪房，清淨身心不用忙，心猿意馬休輕放。守定靈台白玉光，無事真人裏面藏。主翁端坐崑崙上，黃婆勾引入洞房。嬰兒姹女配成雙，三家會合曲江上。

又一首

二更裏，上蒲團，思念父母未生前，本來面目常發現。採取先天補後天，三關運轉至泥丸。華池神水頻吞咽，水火相交暖下田。偃月爐中至寶煎，三回九轉把丹煉。

又一首

三更裏，一陽生，坎離交媾結婚姻，無牽無掛常清淨。海底泥牛直上奔，綿綿一氣透崑崙。金水夫妻來交並，白雪長生在黃庭。煉就金丹不壞身，方才識透玄關性。

又一首

四更裏，覓宗風，西來大意在其中，時時常把功夫用。皓月當空徹頂紅，照看自己主人翁。方知爐內鉛投汞，玲瓏塔裏現真宗。金丹煉就了真空，千年萬載身不動。

又一首

五更裏，合天機，玄關一竅少人知，誰人識得生死地！全憑戊己產嬰兒，金光燦爛現牟尼。至寶收在丹田裏，養就

靈根與天齊。陽神妙體同太虛，黍珠一粒包天地。

十九、五更道情五首

一更裏，萬事休。抖精神，坐床頭。巍巍不動主人守。偃月爐中黃芽逗，七寶林中玉液流，真陽一撞三關透。頃刻間，水火既濟；灌泥丸，降下重樓。

又一首

二更裏，要心堅。三屍神，在目前。七情六慾來磨煉。目前仗起青鋒劍，倒跨白牛走上山，陽神去把陰兵戰。頃刻間，水火既濟；一霎時，撞過三關。

又一首

三更裏，要持行。採先天，兔逢鷹。杳冥之內來真信。鉛汞相投歸爐鼎，取坎填離入內庭，黃婆用意相勾引。頃刻間，水火既濟；六月天，井底成冰。

又一首

四更裏，用功勤。要高提，智慧燈。方把虎龍擒得定。紫陽雙修性與命，散則成氣聚成形，九還七返真人認。頃刻間，水火既濟；退陰符，煉就陽神。

又一首

五更裏，莫放參。將白牛，趕上山。嬰兒出見明珠現，金丹一粒如珠點。收來放去任回還，屍賊鎖在空王殿。頃刻間，水火既濟；百日功老變童顏。

二十、五更道情五首

又一首

靜中觀面觀象，搜尋道竅根源。太乙爐中運周天，三昧真火鍛鍊。箭射九重鐵鼓，三關運轉泥丸。拿著寶月配日

眠，此時鉛汞相見。（右調西江月。按：此乃古仙詞唱，祖師借來作「五更道情」引首，故仍之。）

一更裏，馬穩莫放猿猴跳。氣靜神清，自然心地掃。看守黃庭，運轉先天道。清淨閑觀，透出玄中妙。乘一時，才心定。性在天邊海底命，悟著青銅鏡，青銅鏡，無象光明鐵陀硬。你看你，變乾坤，採目精，盡都聽，法王令。

又一首

二更裏，爐內萬朵蓮花放。煉就黃芽，一點從天降。死中撥活，無象卻有象。普照十方，到處皆明亮。看天溝，明耀耀，牧放群羊拍手笑。早把雲夢跳。雲夢跳，腳踏靈台高聲叫。你看你，領金牌，把名表，得證了，無為道。

又一首

三更裏，調理巍巍全不動。一枕孤眠，識破黃粱夢。白鴉來朝，太極光明洞。海水枯乾，顆顆珍珠弄。紫陽宮，獨自立（葉剎）。水晶宮裏閒遊戲。好個九品無生地，無生地，都帥大堂金剛列。你看你，上天梯，怎得知，珊瑚石，真琉璃？

又一首

四更裏，猛勇要把魔王戰。無象宮中，使出雙尾劍。戰退魔王，萬里成一片。體貌縱橫，又入蓬萊院。這消息，誰知道，自己思量自己笑，好個玄中妙。玄中妙，一副棋子盤中鬧，你看你，士相卒，擺列炮，進車馬，將軍照。

又一首

五更裏，主醒自覺心開悟。急緊加功，再進竿頭步。奔到紫陽宮，透出漕溪路。這些功夫，等閒休分訴。提金容，把劍首，自己收拾休教漏。放出蛟龍鬥，蛇龍鬥，莫把羊兒饑餓瘦。你看你，堤防很，賊不偷，守定了，周天候。

二十一、五更道情十二首

倒捲黃河一脈通，養來柔弱似嬰童。世人若問長生路，笑指蓬萊碧海東。

一更裏，修行要仔細，休教意馬走東西，走東西。猿猴鎖在方寸地。這青牛老子能騎，金丹花兒勾一，寶劍插在爐裏。龍虎交，會坎離，水火顛倒成既濟。金丹花兒快樂念，念上一聲佛。南無混沌世界佛，南無花開葉兒落。（花開葉落比陽生陰盡之時，若是凡花，則花開葉亦生矣。餘仿此。）

又一首

一更裏，修行提正念，十字街前煉金丹。煉金丹，不用水火不用炭，只要悟，打坐參禪。金丹花兒勾二，黃婆引去嬰兒。上泥丸，透玄關，嬰兒姹女兩團圓。金丹花兒快樂念，念一聲佛。南無釋迦牟尼佛，南無花開葉兒落。

又一首

二更裏，修行要團圓，姹女嬰兒在兩邊。在兩邊，黃公黃婆為媒眷，將二家結就因緣。金丹花兒勾三，說起生死不難。說不難，卻又難，不在身邊在那邊。金丹花兒快樂念，念上一聲佛。南無西方如來佛，南無花開葉兒落。

又一首

二更裏，修行要心專，手提一根無影劍。無影劍，六賊趕至魔王殿，將三屍斬首目前。金丹花兒勾四，我今遇著明師。與咱指，一條路，時時刻刻用功夫。金丹花兒快樂念，念上一聲佛。南無大肚彌勒佛，南無花開葉兒落。

又一首

三更裏，修行要防危。休將六賊搬弄你，搬弄你。聚氣凝神總不移，燒紙錢，送將出去，金丹花兒勾五。我今得了

功夫，採先天，補後天，滾出雲門天外天，金丹花兒快樂念，念上一聲佛。南無接引准提佛，南無花開葉兒落。

又一首

三更裏，修行莫漏機，黃河倒捲上天梯，上天梯，玄關站定青牛蹄。顛倒顛，取坎填離。金丹花兒勾六，獅子煉成火候。我今想，去雲遊，翻過甲子到瀛洲。金丹花兒快樂念，念上一聲佛。南無十八羅漢佛，南無花開葉兒落。

又一首

四更裏，修行要用心。雙樹林中點慧燈，點慧燈。照見世尊他去門，極樂國前等一等。金丹花兒勾七，空中有人提攜。騎青牛，過玄關，煉顆金丹圓又圓。金丹花兒快樂念，念上一聲佛。南無燃燈古老佛，南無花開葉兒落。

又一首

四更裏，修行要用功，須看西南起巽風。起巽風，水火既濟顛倒用，將藥火齊入爐中。金丹花兒勾八，嬰兒姹女榮華。主人翁，認得他。打成一片是作家。金丹花兒快樂念，念上一聲佛。南無大鵬金翅佛，南無花開葉兒落。

又一首

五更裏，修行金雞叫，迷人不是這條道。這條道，鐵樹開花蕊不少。完滿了，自有根梢。金丹花兒勾九，說起人人皆有。說起有，卻又無，說無說有永不休。金丹花兒快樂念，念上一聲佛。南無孔雀明王佛，南無花開葉兒落。

又一首

五更裏，修行太陽紅。須防火候一場空。一場空，霞光萬道金蓮湧。完滿了，自然成功。金丹花兒勾十，我今來在家裏。見主人，笑嘻嘻，我問真人在哪裏？金丹花兒快樂念，念上一聲佛。南無長耳定光佛，南無花開葉兒落。

念罷五更到天明，正東閃上小桃紅。小桃紅，東生西落催人老，躲三災報答師恩。金丹花兒勾十一，我今來在深山裏。搭一座，草茅庵，降龍伏虎自然寬。金丹花兒快樂念，念上一聲佛。南無阿彌陀佛，南無花開葉兒落。

念罷五更一坦明，一道紅光是至真。黃龍透出三關頂，到今日跨鶴飛升。金華十二一齊開，玉皇老子丹書來。穿仙衣，坐蓮台，煉就金身全不壞。金丹花兒快樂念，念上一聲佛，南無無量受福佛，南無花開葉兒落。

二十二、九更道情九首

（時無九更，而此以「九更」名者，更，更去聲，言更番修煉，以成九轉之數也）

生我之門死我路，幾個惺惺幾個悟？夜來鐵漢自思量，長生不死由人做。（按：此乃鍾祖句，亦祖師引來以作九更起首者。）

一更裏，回心向善。為生死，其實艱難。自從離了古靈山，混沌初分下世間。西方有本，丟下根源。來在東土，性命落凡。失迷了，老母當初未生前。

又一首

二更裏，成人長大。城市中，立下根芽。知饑知渴知上下，不知生死何處發！二房居住，不識真假。不修出路，只顧眼下。順六賊，壞了自己主人家。

又一首

三更裏，邪淫休念。牢鎖定，意馬心猿，花街柳巷少貪玩。別人妻女成婚眷，盡是破戒，盡是魔纏。二鬼來勾，不敢倒看。入地府，那時難見如來面。

太極拳祖師張三豐內丹養生

又一首

四更裏，賢愚難辨。惺悟的，識破機關，看見世人不久遠。百歲光陰急如箭，及早回頭，正是中年。拜求明師，口訣相傳。指與你，從前本來娘生面。

又一首

五更裏，皈依如來。為生死，斬斷恩愛。觀見世事好傷懷，恐怕惹下輪回債。心猿鎖定，休教損壞。提出正念，無邊無界。趁香風，及時正好早歸來。

又一首

六更裏，細認本宗。將猿猴，鎖在房中。若來若去莫放鬆，晝夜掛劍守深宮。四門上鎖，壓定妖風。看破紅塵，盡是浮空。主人翁，時時常把真經誦。

又一首

七更裏，要脫塵埃。多承了，恩師攜帶。受持三規並五戒，發下宏誓永不開。世事皆小，生死事大。斬斷輪迴，金剛不壞。滾浪裏，現出一枝白蓮來。

又一首

八更裏，把守真鉛。古彌陀，倒坐玄關。呼吸元陽上下轉，前後三三一擔擔。黃河倒捲，泥牛耕田。鵲巢灌頂，地湧金蓮。須彌頂，透出一道靈光現。

又一首

九更裏，苦煉三家。紅爐中，火候不差。無影樹下現金花，性命二字兩頭髮。三車搬運，趙州斟茶。去到西方，參拜佛家。小嬰兒，見娘呵呵嬉笑煞。

二十三、歎出家道情七道

《出家》七首，羽流多套，襲以為己作，又有疑為羅洪先

所作者，非也。末篇云：「五十二句玄中理，明明白白說與君」蓋指《道情歌》也。據此觀之，係豐師所傳無疑。繼閱汪本，更爲可證。

歎出家，到也奇，看破了世路雲泥。一心不染紅塵事，任憑他浮名美利，任憑他愛子嬌妻。勞形不如歸山去，俺怎肯終日奔馳？俺怎肯終日尋思？修行當發沖天志，做一個慷慨男子。打破了生死機關，無煩無惱無憂慮。

又一首

歎出家，到也幽，斷卻了妄念憂愁。人生那得無塵垢，俺怎肯圖利貪求？俺怎肯空自甘休？斷然不落無常手，發宏誓去把師求。發宏誓時把真修，自然有日丹成就。任憑我跨鶴乘舟，任憑我散步優游，真玄道妙誰參透！

又一首

歎出家，倒也深，學些兒借假修真。行住坐臥把真心定，愛的是養氣提神，喜的是木降金升。靈光現出圓如鏡，頃刻間竅竅通靈。黃庭水運轉崑崙，自然認得真玄牝。

又一首

歎出家，倒也玄，看破了打坐參禪。主人現出是何物件，玄中理默默無言，動靜處添汞抽鉛。如癡如醉神不倦，進火時文武相煎。溫養時子後午前，水火既濟同烹煉。

又一首

歎出家，倒也精，準備著猛將強兵。堤防六賊來搬運，任憑他駕霧騰雲，任憑他慣戰能爭。全憑妙用將他勝，舉慧眼萬騎齊奔，提慧劍斬斷魔精。三屍束手魔王順，現出了赤膽忠心。自然見富國安民，一戰功成皆寧靜。

又一首

歎出家，倒也高，學了些散淡逍遙，順逆顛倒通玄妙。

一瓢飯能吃多少，三杯酒面像仙桃。花街柳巷呵呵笑，小葫蘆常掛在腰。萬靈丹帶上幾包，到處與人行方便。遇緣時美酒佳餚，淡薄時飲水簞瓢。富貴窮通由天造，任憑他身掛紫袍，任憑他駿馬金貂。轉眼難免無常到，三寸氣頃刻縹緲。一家人哭哭叫叫，哪管你子賢和孫孝！算將來修道為高，延年壽病減災消。無憂無慮無煩惱，等時來到步雲霄。會八仙去上仙橋，那時方顯玄中妙。

又一首

歎出家，倒也真，洗心源必要清淨，玄中理方可見明，修身養性誰來問？俺也曾過了些崎山峻嶺，走了些州縣府城，大都市里和光混。有一等不犯腥、不犯淫，有一等寬懷忍氣財分明。西南國上把朋來進。昔日裏醉似昏昏，醒眼看四海蒼生，紅塵滾滾金花嫩，天邊月誰人認真？世上事那件分明？人人抱著個修仙興。五十二句玄中語，明明白白說與君。拜明師要訪高人，殷勤了才得長生贈。

二十四、天邊月道情九首

（取天邊月出庚之義）

天邊月，月影明，照見人間似覆盆。覆盆多少冤家陣，累劫修才得人身。失卻了萬劫難尋，難尋八寶真如性。貪妻子羊伴虎群，誇富貴倚勢欺貧。欺貧還有天報應，倒不如跳出紅塵。拜明師，早去修行，那時自有仙家分。

又一首

天邊月，月影幽，貪戀榮華誰肯休。不休那得仙緣湊，歎世人，繫孤舟，好似水上浮鷗。浮鷗散卻難依就，倒不如早早回頭。拜明師，倒跨青牛，積功累行丹成後，守志時四海雲遊，得志時步上瀛洲，那時節姓名才上金階奏。

又一首

天邊月，月影寒，要做神仙也不難，不難要把三屍斬。降龍缽口口相傳，伏虎盂妙訣難言，難言莫與匪人顯。大神通火裏栽蓮，高匠手逆水撐船。逆水撐船休要亂，主人翁掌定風帆。浪滾中採取真鉛，那時方赴靈霄殿。

又一首

天邊月，月影高，有個神仙駕鵲橋，鵲橋路險人難到。黃庭宮採取藥苗，銀河內長有水潮，水潮方顯玄中妙。有牛郎降下天曹，那織女忙把手招，牛郎織女同歡笑。願上天賜一個黃婆，好姻緣恍惚相交，功完行滿天書詔。

又一首

天邊月，月影孤，修行人大夫丈，大丈夫才入修行路。張仙姑曾拜呂祖，有龍女獻上寶珠，寶珠擁出嫦娥護。泥丸宮降下瓊酥，如珠橘釀酒醍醐。醍醐到口如甘露，進陽火要退陰符。入丹田牢牢封固，那時自有通天路。

又一首

天邊月，月影飄，有個神仙品玉蕭，玉簫品出通天竅。地天泰，不動不搖，顛倒用，手段要高。手段高，方顯玄中妙。白雪飛飛上九霄，黃芽長長就靈苗。先天奧妙誰知曉！滾盤珠，難畫難描。牟尼殿緊固堅牢，那時方把師恩報。

又一首

天邊月，月影低，十八弟子戲牟尼，牟尼竟入長生地。西來意如醉如癡，觀自在清淨無為，無為妙用有為起。鉛投汞，壽與天齊，水火交，永葆無虞。三屍縮首魔王避，延壽酒不用杯。甜如蜜自飲刀圭，醺醺去赴蟠桃會。

又一首

天邊月，月影圓，古松樹下悟真玄，真玄只許自家見。

鸞鳳飛騰在高山，鸚鵡唱守在泥丸。泥丸得見嬰兒面。銜月華不後不前，抱日眠無地無天，無天反做玲瓏殿，願上天賜陣青煙，抱黍米升上雲端，那時方赴靈霄殿。

又一首

天邊月，月影無，無相無形難畫圖，畫圖難入修行譜。無名姓卻聽招呼，無方體誰認親疏？親疏妙用全不露。無念時何用功夫，無想處本體如如，如如才是娘生路。無色界有條真路，無掛礙有個仙都，那時才把彩雲步。

二十五、一掃光道情十二首

一掃光，照見真，拍拍滿懷都是春。玉非寶，珠非珍，北邙路兒不隨身。有象有形皆是假，無聲無臭始為真。身非道，道非心，莫把身心當真人。

又一首

一掃光，照見君，花前月下醉醺醺，文非字，學非文，東君笑人寡見聞。桃紅柳綠李花白，一揮而就不思尋。人紛紛，物紜紜，無異於人自超群。

又一首

一掃光，照見帝，神化機關一旦契。魚自躍，鳶自飛，造化何常潛算計！氣化形生基始兆，一點沖和歸根蒂。包虛空，生天地，一見百事自如意。

又一首

一掃光，照見主，豁然洞觀來時路。陸乘車，水舟渡，不移一步天堂處。頃刻而成理最真。立躋聖域語非誤。不窺牖，不出戶，便知天下有把握。

又一首

一掃光，照見生，一點沖和二五精。性即理，命即情，

氤氳妙用一時成。迷時取之頭頭錯，悟後拈來處處神。死自死，生自生，培由栽兮覆由傾。

又一首

一掃光，照見靈，朝遊暮宿玲瓏亭。醒也寧，睡也寧，春來無處不青春，達聰不聽有弦琴，明目須讀無字經。毋恍惚，毋窈冥，常寧常靜常惺惺。

又一首

一掃光，照見一，一貫一畢一歸一。聖也一，賢也一，天地萬物無非一。人間百慮皆一致，天下殊途同歸一。仙也一，凡也一，一了百當自簡易。

又一首

一掃光，照見心，儒書佛典仙子經。盡贅瘤，皆附癭，都是各道其道人。立圖設象枉費心，巧譬曲喻徒鼓唇。不執跡，不泥文，即是神而明之人。

又一首

一掃光，照見明，混沌初分焉有文！秦焚書，漢注經，注經經亡焚書存。心口相傳文字授。總是無事惹事情。無衣缽，無劍琴，才算一塵不染人。

又一首

一掃光，照見仙，始信通字是強言。竅非妙，牝非玄，非水非火非汞鉛。也無無極合有極，也無先天與後天。性歸命，命歸天，復命歸根混沌前。

又一首

一掃光，照見佛，須知彼岸無有佛。佛非心，心非佛，枉自持齋念彌勒。莫把靈山當佛地，除卻靈山別有佛。圓陀陀，光灼灼，千聖不傳這一著。

又一首

一掃光，照見聖，通天徹地一輪鏡。靜中動，動中靜，一任萬物不相侵。花開花落地自貞，雲來雲去天常靜。正大光，光大正，分而能合定能應。

二十六、刀尺賦

三豐先生常攜刀尺以遨遊，空乎兩大，浩乎十州，客有怪者，不知其由，先生乃為之賦曰：是刀也，能開混沌；斯尺也，用絜蓬萊。故相隨而不失，知造化之剪裁爾。爾其百點明星，雙叉皎雪。繩墨從之，鋒芒青若。分修短兮合宜，剪水雲兮快絕。期妙用之無方，豈微能之足述。至如裁妙理，削塵器，量度數，別昏朝。火功寸寸，風信刁刁，胎養刻刻，羽衣飄飄。度龍門之萬仞，如虎劍之兩條。夢益州而不願，與方丈而同超。刀兮刀兮，妙之又妙；尺兮尺兮，要所必要。匪歐冶之能熔，匪公輸之能造。與我偕行，任他嘲笑。將求織女之雲綃，縫出仙翁之衣帽。歌曰：一刀一尺遍天涯，四海無家卻有家。破衲補成雲片片，袖中籠住大丹砂。

二十七、玄機問答

常見羽流抄本，有三豐先生自問自答二條，極為玄妙。或以為永樂遙問，而先生遙答之者。是亦一說也。

其問云：

這道人，開口就講道。我問你，這呼吸，誰收誰閉？誰舉誰提？父母未生時，這一點真陽動靜，在那裏修根養蒂？在哪裏立命安基？你與我講個原因，明個道理。切莫要錯講糊支！

其答云：

那道人，稽首便答道：你看我，這呼吸，自收自閉，自舉自提。父母未生時，那一點真陽動靜，在虛無內修根養蒂，虛無內立命安基。這是咱講的原因，明的道理。又何必指東猜西！

保和先生四大銘

大器量銘

人要把天地間人民庶物，靈靈蠢蠢，好好歹歹的氣象，一肚裝得下。臧否不掛於口，喜怒不形於色。此方是相容並包大器量。

大學問銘

人要把天地間窮通得喪，苦苦甜甜，濃濃淡淡的境遇，一眼看得穿。無往而相宜，無入而不自得。此方是學聖希賢大學問。

大涵養銘

人要把天地間生老病死，牽牽纏纏，勞勞碌碌的事情，一腳蹬得開。淡泊以養其志，清淨以安其神。此方是切己關身大涵養。

大豪傑銘

人要把天地間聖賢仙佛，高高大大，真真實實的功夫，一肩擔得住，窮理盡性於命，積精累氣以成真。此方是空前絕後大豪傑。

補　遺

時地補

閩人，誤。

《滇黔紀遊》云：「三豐，閩人。洪武間，以軍籍戍平越郡。蓬頭赤腳，丐於市，人呼為「邋遢翁」。以祖師為閩人，或因曾寓閩中耳。至謂以軍籍戍平越郡，殊不可解。豈沈萬三徙邊之日，祖師亦有貴陽之戍耶？然洪武間，太祖訪祖師，則又何也？」

寶雞人，誤。

明都穆《遊王屋山記》：「道士陳性常，舊住武當之處然庵。今年七十有八，而神氣清茂，似有道者。移居茲山，已二十年。其學乃仙人張三豐之正傳。為予言，三豐名元元，遼陽人，自號三豐，遜叟，世人鮮知其名。正統間猶在，不知所之。」予曰：「人傳為陝右之寶雞人，何也？性常曰：寶雞常寓，非彼產也。」

遺跡補

平越郡城內，有張邋遢修道故跡。在高真後，洪武間雲遊至此。結茅為亭，閉戶靜坐。與指揮張某善，嘗與飲博，指城南月山寺地曰：「葬此，可封候。」張從之，後果以戰功封隆平。今亭前一池，冬夏不涸，旁有一桂，亦其手植。府南五里，即武勝關，隔溪絕壁，有三豐遺照，戴華陽巾，側身攜仗而行，儼然圖畫，旁有明撫軍郭青螺書「神留宇宙」四大字，下有夜滴金橋，雖晴夜亦雨灑數點。又有晚霞落照，不計晴雨，俱有斜暉。（見江陰《陳鼎紀遊》）

黃公望，字子久，年九十餘，碧瞳丹頰。一日於武陵虎跑寺，方同四客立石上，忽四山上雲霧湧溢，片時遂不見，子久以為仙雲，予向疑耽畫者飾之。今《蟠道藏玉文金笈經》公望編錄者非一。其師則金蓬頭，其友則莫月鼎、冷起敬、張三豐。乃知此老原從十洲來，繪事特其狡獪之一耳。（見紫桃《軒雜綴》）

第六章

道言淺近說

　　夫道者，其層次須知三候三關。大抵不外四言：「無為之後，繼以有為。有為之後，復返無為」而已。

　　內丹功夫，亦有小三候：積精累氣為初候，開關展竅為中候，築基煉已為三候，下手於初候求之，大抵清心寡慾，先閉外三寶，養其內三寶而已。

　　《繫辭》：「窮理盡性，以至於命」，即道家層次，一步趕一步功夫。可謂窮理？讀真函，訪真訣，觀造化，參河洛，趁清閒而保氣，守精神以築基。一面窮理。一面盡性，乃有不壞之形軀，以圖不死之妙藥。性者，內也。命者，外也。以內接外，合而為一，則大道成矣。「以至於」三字明明有將性立命，後天返失天口訣在內，特無誠心人，再求訣中訣，以了之也。

　　「凝神調息，調息凝神」，八個字就是下手功夫。須一片做去，分層次而不斷乃可。凝神者，收已清之心而入其內也。心未清時，眼忽亂閉，先要自勸自勉，勸得回來，清涼恬淡，始行收入氣穴，乃曰凝神。凝起神了，然後如坐高山而視眾山眾水，如燃天燈而照九幽九昧，所謂凝神於虛者，此也。調息不難，心神一靜，隨息自然，我只守其自然，加以神光下照，即調息也。調息者，調度陰蹻之息，與吾心中

之氣，相會於氣穴中也。

心止於臍下，曰凝神，氣歸於臍下，曰調息。神息相依，守其清靜自然，曰勿忘。順其清靜自然，曰勿助。勿忘勿助，以默以柔，息活潑而心自在，即用鑽字訣，以虛空為藏心之所，以昏默為息神之鄉，三番兩次，澄之又澄，忽然神息相忘，神氣融合，不覺恍然陽生。而人如醉矣。

真消息，玄關發現時也。凡丹旨中有「先天」字、「真」字、「元」字，皆是陰陽鼎中生出來的，皆是杳冥昏默後產出來的，就如混純初開，諸聖真一般，以後看丹經，可類推矣。

學道甚難，傳道亦不易。傳道者甚勤，學道者可懶乎？傳道者耐煩，學道者可不耐煩乎？學不精，功不勤；心不清，神不真，以此入道，萬無一成。孔子曰：「知幾其神乎？」不曰其念其意，而曰其神，可見微動之息，非神不知也。今為分之曰，微動者幾，大動者直，欲知其幾，使心使意使念，終不得見也。神乎，神乎！

神要真神，方算先天。真神者，真念是他，真心是他，真意是他。如何辨得真？訣曰：「玄關火發，杳冥沖醒，一靈獨覺者是也」。丹家云：「一念從規中起，即真神，即真念也。」又云：「微茫之中，心光發現，即真神，即真心也。」又云：「定中生慧，一意斡旋，即真神，即真意也。」真神從不神中煉出，學者知之。

學道人，原有常格宜破，乃能引心入理。熱心去則冷心來，人心絕則道心見，此吾所以撇功名勢利，棄兒女家園也，頂真學道，要把道當為奇貨可居，乃有效驗。

大道以修心煉性為首。性在心內，心包性外，是性為定理之主人，心為棲性之廬舍。修心者，存心也；煉性者，養

性也。存心者堅固誠廓，不使房屋倒坍，即築基也。養性者，澆培鄞鄂，務使內藥成全，即煉己也。心朗朗，性安安，情慾不干，無思無慮，心與性內外坦然，不煩不惱，此修心煉性之效，即內丹也。

世有學道數月，而不見其寸進者，為無真心向道也。人若有心於道，自然無事於心。人若心重於道，自然心輕於事。人若心濃於道，自然心談於事。守其性兮不散亂，存其神兮不昏沉，又安有渴睡雜念之擾哉？咄，理勝欲則存，欲勝理則亡。

潛心於淵，神不外遊。心牽於事，火動於中。火動於中，必搖其精。心靜則息自調，靜久則心自定，死心以養氣，息機以鈍心。精氣神為內三寶，耳目口為外三寶。常使內寶不逐物而遊，外三寶不透中兩擾。呼吸綿綿，深入丹田使呼吸為夫妻，神氣為子母，聚而不離，故心不外馳。意不外想，神不外遊，精不妄動，常薰蒸於四肢，此金丹大道之正宗也。

大道從「中」字入門，所謂「中」字者，一在身中，一不在身中，功夫須兩層做。第一，尋身中之中。朱子云：「守中制外」。夫守中者，須要迴光返照，注意規中，於臍下一寸三分處，不即不離，此尋身中之中也。第二，求不在身中之中。《中庸》云：「喜怒哀樂之未發」，此未發時，不聞不見，戒心幽獨，自然性定神清，神情氣慧，到此方見本來面目，此求不在身中之中也。以在身中之中，求不在身中之中，然後人欲易淨，天理復明，千古聖賢仙佛，皆為此為第一步功夫。

打坐之中，最要凝神調息，以暇以整，勿助勿忘，未有不逐日長功夫者。凝神調息，只要心平氣和。心平則神凝，

氣和則息調。心平,「平」字最妙,心不起波之謂平,心執其中之謂平,平即在此中也。心在此中,乃不起波。此中,即丹經之玄關一竅也。修煉不知玄關,無論其他,只此便如入暗室一般,從何下手?玄關者,氣穴也。氣穴者,神入氣中,如在深穴之中也。神氣相戀,則玄關之體已立。

古仙云,「調息要調真息息,煉神須煉不神神。」真不息之息,息乎其息者也;不神之神,神乎其神者也。總要無人心,有道心,將此道心返入虛無,昏昏默默,存於規中,乃能養真息之息,得不神之神。

初學必從內呼吸下手。此個呼吸,乃是離父母重立胞胎之地。人能從此處立功,便如母呼亦呼、母吸亦吸之時,好像重生之身一般。

大凡打坐,須將神抱住氣,意繫在息,在丹田中婉轉悠揚,聚而不散。則內臟之氣,與外來之氣,交結於丹田。日充月盈,達乎四肢,流乎百脈,撞開夾脊雙關,而上游於泥丸,旋復降下絳宮,而下丹田,神氣相守,息息相依,河車之路通矣。功夫到此,築基之效已得一半了,總是要勤虛煉耳。

調息須以後天呼吸,尋真人呼吸之處。古云:「後天呼吸起微風,引起真人呼吸功。」然調後天呼吸,須任他自調,方能調得起先天呼吸。我惟致虛守靜而已。真息一動,玄關即不遠矣。照此進功,築基可翹足而至,不必百日也。

《道德經》「致虛極,守靜篤」二句,可渾講,亦可析講。渾言之,只是教人以入定之功耳。析言之,則虛是虛無,極是中極。靜是安靜,篤是專篤。猶言致吾神於虛無之間,而準其中極之地,守其神於安靜之內,必盡其專篤之功。

人心有二，一真一妄，故覓真心者，不生妄念，即是真心。真心之性格最寬大、最光明；真心之所居最安然、最自在。以真心理事，千條一貫；以真心尋道，萬殊一本。然人要用他應事，就要養得他壯大，就要守得他安閒，然後勞而不勞，靜而能應。丹訣云：「心走即收回，收回又放下。用後復求安，求安即生悟也。」誰云鬧中不可取靜耶？

遊方枯坐，固非道也。然不遊行於城市雲山，當以氣遊行於通身關竅內乃可。不打坐於枯木寒堂，須以神打坐於此身妙竅中乃可。

學道以丹基為本。丹基即凝，即可回家躬耕養親，做幾年高士醇儒，然後入山尋師，了全大道。彼拋家絕妻，誦經焚香者，不過混日之徒耳，烏足道！

保身以安心養腎為主。心能安，則離火不外熒；腎能養，則坎水不外湍。火不外熒，則無神搖之病，而心愈安；水不外湍，則無精涸之症，而腎愈澄。腎澄則命火不上沖，心安則神火能下照。神精交凝，乃可以祛病，乃可以言修矣。

凡人養神養氣之際，神即為收氣主宰。收得一分氣，便是一分寶，收得十分氣，便得十分寶。氣之貴重，世上凡金凡玉，雖百兩不換一分。道人何必與世上爭利息乎？利多生忿恚。忿恚屬火，氣亦火種，忿恚一生，氣隨之走，欲留而不能留。又其甚者，連母帶子一齊分散。故養氣以戒忿恚為切。欲戒忿恚，仍以養心養神為切。

功名多出於意外，不可存干祿之心。孔子曰：「學也，祿在其中矣。」修道亦然，不可預貪效驗。每逢打坐，必要心靜神凝，一毫不起忖度希冀之心，只要抱住內呼吸做功夫。

　　煉心之法，自小及大。如今三伏大炎，一盞飯可也，再求飽不可也；一片涼可也，再求大涼不可也；數點蚊不足畏也，必求無蚊不能也。自微及巨，當前即煉心之境。從苦中求甘，死裏求生，此修道之格論也。

　　金丹之道，雖曰易如難行，然不可不求其知，以為行之地也。知苟不正，行於何往？知苟不精，行安所入？知且未熟，奚云口訣？

　　學道之士，須要請心清意，方得真清藥物也。毋逞氣質之性，毋運思慮之神，母使呼吸之氣，毋用交感之精。然真精動於何時，真神生於何地，真氣運於何方，真性養於何所，是不可不明辨以皙者，而細言之也。

　　氣慧者，神自清。氣即人身之時神表也，有何難知？特患心不靜定耳。進氣是修道第一步要緊工夫，若不靜心細參，則不能知終知始，如何便是下手？知此不知彼，心中忙了又忙，遂時時有瑣碎之心，而不團聚。故本一心分作數心，何能一心做工夫？凡學道總要誠一，一槍下馬，免得另來打戰。

　　凡下手打坐，須要心神兩靜，空空寂寂，鬼神不得而知。其功夫只宜自考自信，以求自得。所謂誠其意者，毋自欺也。誠於中，自形於外，是以君子必慎其獨。

（附）三豐先生輯說

　　先生曰：「空青洞天向多有仙真來遊，留下丹訣去者，此亦度人覺世之心也。山中人何必另尋瑤草，別採仙花，只此救命符、延命藥也。」今特節錄存之，以公好道之士。

白紫清《調息訣》云：夫調息有法度，有器用，有火候，三者有參伍錯綜之妙用，須知之熟，思之稔，下手自昜然而解。調息火候，有攝取之息，心要能虛能謙，精方入鼎，所謂縮地法也；有採取之息，神要不動不搖，藥自就範，所謂拿雲手也；有交媾之息，須要六根大定，片念不生；有進火之息，以意逼之，所謂起巽風、運坎火是也；有退符之息，以神斂之，所謂歸其根，復其命是也；有卯酉沐浴之息，乃柔字而已。諸般調息，與法度、器用宜參看。調之者，調度得其宜也。

紫清翁《玄關訣》云：玄關者，求玄之關道、玄妙之機關也。有體有用。何謂體？寂然不動。何謂用？感而遂通，不動有時候。神氣交媾之初，絪絪縕縕，渾渾淪淪，是為一關，所謂四大五行不著處是也。神氣交媾之際，昏昏默默，杳杳冥冥，又是一關，所謂無聲無息，無內無外是也。及至靜極生動，而用乃出焉，混混續續，兀兀騰騰，真氣從規中起，是又一關，所謂念頭起處為玄牝是也。念頭起外，醉而復蘇，有一個靈覺，當下覺悟，又是一關，所謂時至神知是也。此時以靈覺為用，如線抽傀儡，機動氣流，微微逼過尾閭，是又一關，所謂斡轉魁斗罡運斗杓，正此時也。沐浴卯門，又一關；飛上泥丸，又一關；歸根復命，沐浴酉戶，又一關；大休歇，大清靜，空空忘忘，還於至靜，又一關。玄關之體用如此，千經萬論，皆在是也。

紫清翁《爐鼎訣》云：《四百字》宜熟玩「此竅非凡竅」一首，道盡鼎器之妙。「此竅」二字，分內外兩個看。「非凡」者，贊詞也。乾坤合之為外竅，神氣藏於其中為內竅。神氣交而坎離生，坎離交而元精產。此精不是尋常精，乃是白虎首經至寶也，得之者立登仙界。此就還丹言，若小

丹所用，則試與人言曰：「此竅非凡竅，陰陽共合成，名為二氣穴，內有真陽生。」可曉然矣。仙家有三秘：火候、藥物、爐鼎，此詩盡爐鼎之妙矣。

紫清翁《動機論》云：孔子曰：「幾者動之微。」又曰：「夫乾，其動也真。」孟子以真養，是以微動之直，養而至大，塞乎天地之間也。直，剛氣也，即乾爻之一也，即初九也，即顏子得一之一也，直與一，一也。動在人之竅中，十二時皆有，總要靜以存之，方能動以察之耳。無味之中尋有味；無事之中尋有事，其在斯乎？

陸潛虛者，明嘉靖間回翁度之，其《論調息法》云：如何是勿忘？曰：守自然。如何是勿助？曰：順自然。如何守？曰：依息。如何順？曰：平息。依息則息能通息矣，平息則息能勻矣。問：守與順是二乎？是一乎？曰：知所以守，則知順之矣。知所以順，則知守之矣。是二是一，原是不錯，由博返約，惟在凝神，切勿用意。如用意，則非真意。真意從靜中生。鴻濛初判，無有染著，乃克用之。故要死過來乃知生。不知生亦不知死，生死是動靜深機。

潛虛翁《又論調息法》云：凡調息以引息者，只要凝神入氣穴。神在氣穴中，默注陰蹻，不交而自交，不接而自接。所謂隔體神交理最詳，古仙已言之確矣。所謂離形交氣，別有口傳也。所謂男不寬衣，女不解帶，敬如神明，愛如父母，皆此凝神聚氣而已。故曰，道歸自然。《參同》曰：「自然之所為兮，非有邪偽道。」此之謂也。

潛虛翁《三論調息法》云：今夫水與水合，火與火合，風與風合，雲與雲合，常理也。調息者，以氣合氣，何待強為？只要凝神入氣穴，神光下照陰蹻脈，不期而會者，一氣之感通，自然而然也。屯卦曰：「以貴下賤，大得民也。」

咸卦曰「止而悅，男下女，是以亨。」《易》於交接之道，蓋已言之的矣。但調息之法，有法功，有器用，丹道始終不離。

先生曰：「吾與涵虛於談七返九還金液大丹之道，涵虛曰：據先生言，是皆刀圭妙用耳。他日見涵虛，作《戊已二土篇》，深合元意，爰錄而傳之。學人欲了長生，捨此不能通神也。」

涵虛曰：《悟真篇》云：「離坎若還無戊已，雖含四象不成丹。只緣彼此懷真土，遂使金丹有返還。」此四句詩，極盡和內丹頭之妙。蓋以火中生木汞，水裏產金鉛。木火金水，含四象於坎離之間。此時離中有已，坎中有戊，二土為媒，四象可合也。或謂真意屬土，土有戊已，得非有二意乎？曰：似也。然非也，名為意則一，號為土則二，以一意分作兩意，乃有二土之可名，始有內外之可別，然必知動知靜焉。原夫戊土者，外藥也，陰裏真陽也，以動為主，故取坎之期，惟偵其動。知動者意也，即以知動之時為一土；已土者，內藥也，陽裏真陰也。以靜為主，故填離之後，致養於靜，知靜者意也，即以知靜之時為一土。此一意分為兩意，而可名為二土者也。又以兩意合為一意，斯無二土之可拘，並無內外之可執，然必能動能靜焉。原夫已土者，內丹也。亦可變為戊土。以離日而映坎月，種鉛得鉛。只見戊而不見己，靜能入乎動也。戊土者，外丹也，亦可化為己土。以坎陽而補離陰，種汞得汞。只見己而不見戊，動能並乎靜也。此兩意合為一意。而不拘為二土者也。然則彼此懷真土。亦各懷其一土乎！亦共懷其一土乎？聰明活潑人自了然也。金丹返還之道，非此真意不行。匪惟和合四象，並能驅使四象，何也？蓋以木中藏火，投之水鄉而火發，木載金

太極拳祖師張三豐內丹養生

升，汞去復來，火得金而返也；水裏生金，烹以火功而水沸，金隨木上，鉛去復回，金得火而為還也。金火返還之術，即是七返九還金液大丹。人欲大丹成就，捨此真意奚由哉？紫陽曰：「赤龍黑虎各西東，四象交加戊己中。」陶仙謂：「龍從火出，青龍變為赤龍；虎向水生，白虎更名黑虎。」只這「龍虎赤黑」四字，已具四象。交加者，攢簇也。愚按作丹之士，欲使四象攢簇，必令五行相輳。其所謂「戊己中」者，不是離中、坎中，乃是中宮、中央也。東西同隔，刀圭合之，二物變為四象，四象團入一村，一村聚會五行，五行聚而丹乃結，故下二句曰：「復姤自茲能應用，金丹誰道不成功！」復姤運用，十月火符也。進火於復，退符於姤，運用抽添，自然中度，金丹乃可成矣。丹家「戊己」為「刀」，「二土」為「圭」者，結字肖形，正示人以打合之意。但二土為圭，人所共知，戊己為刀人所鮮知者。潛虛云：「有一士人，會意而解，刁（音捏）己字，丿（音撇）戊字，前無所本，似為得之。」涵虛云：「非無本也。琴譜以數字攢一字，一字取一畫，合左右按彈之法，備見於一字之中，此即以琴為本者也。」刁者己之頭，丿者戊之旁，戊己二土，以「刀圭」兩字合之，蓋望人將離己坎戊之二土合為一處也。仙家隱語，往往如是。

第七章

張三豐修煉道家內丹養生法要

第一節　安樂延年法

玉書曰。大道無形。視聽不可以見聞。大道無名。度數不可以籌算。資道生形。因形立名。名之大者。天地也。天得乾道而積氣以覆於下。地得坤道而括質以載於上。覆載之間。上下相去八萬四千里。氣質不能相交。天以乾索坤而還於地中。其陽負陰而上升。地以由索乾而還於天中。其陰抱陽而下降。一升一降。運於道。所以天地長久。真源曰。天地之間。親乎上者為陽。自上而下。四萬二千里。乃曰陽位。親乎下者為陰。自下而上。四萬二千里。乃曰陰位。既有形名。難逃度數。且一歲者。四時、八節。二十四氣。七十二候。三百六十日。四千三百二十辰。十二辰為一日。五日為一候。三候為一氣。三氣為一節。二節為一時。四時為一氣。一歲以冬至節為始。是時也。地中陽升。凡一氣十五日，上升七千里。三氣為一節。一節四十五日。陽升共二萬一千里。二節為一時。一時九十日。陽升共四萬二千里。正到天地之中。而陽合陰位。是時陰中陽半。其氣為溫。而時

當春分之節也。過此陽升而入陽位。方曰得氣而升，亦如前四十五日立夏。立夏之後。四十五日夏至。夏至之節。陽升。通前計八萬四千里。以到天。乃陽中有陽。其氣熱。積陽生陰。一陰生於二陽之中。自夏至之節為始。是時也。天中陰降。凡一氣十五日下降七千里。三氣為一節。一節四十五日。陰降共二萬一千里。二節為一時。一時九十日。陰降共四萬二千里。以到天地之中。而陰交陽位。是時陽中陰半。其氣為涼。而時當秋分之節也。過此陰降而入陰位。方曰得氣而降。亦如前四十五日立冬。立冬之後。四十五日冬至。冬至之節。陰降。通前計八萬四千里以到地。乃陰中首陰。其氣寒。積陰生陽。一陽生於二陰之中。自冬至之後。一陽復升。如前運行不已。周而復始。不失於道。冬至陽生。上升而還天。夏至陰生。下降而還地。夏至陽升到天，而一陰來至。冬至陰降到地，而一陽來至。故曰夏至、冬至。陽升於上。過春分而入陽位，以離陰位。陰降於下。過秋分而入陰位，以離陽位。故曰春分、秋分。凡冬至陽升之後。自上而下。非無陰降也。所降之陰。乃陽中之餘陰。止於陽位中消散而已。縱使下降得位。與陽升相遇。其氣絕矣。凡夏至陰降之後。自下而上，非無陽升也。所升之陽乃陰中之餘陽。止於陰位中消散而已。縱使上升得位。與陰降相遇。其氣絕矣。陰陽升降上下。不出於八萬四千里。往來難逃於三百六十日。即溫涼寒熱之四氣。而識陰陽。即陽升陰降之八節。而知天地。以天機測之。庶達天道之緒餘。若以口耳之學。較量於天地之道。安得籌算而知之乎。

　　比喻曰。道生萬物。天地乃物中之大者。人為物中之靈者。人同天地。以心比天。以腎比地。肝為陽位。肺為陰位。心腎相去八寸四分。其天地覆載之間比也。氣比陽而液

比陰。子午之時。比夏至、冬至之節。卯酉之時。比春分、秋分之節。以一日比一年。以一日用八卦，時比八節。子時腎中氣生。卯時氣到肝。肝為陽。其氣旺。陽升以入陽位，春分之比也。午時氣到心。積氣生液。夏至陽升到天。而陰生之比也。午時心中液生。酉時液到肺。肺為陰。其液盛。陰降以入陰位。積分之比也。子時。液到腎。積液生氣。冬至陰降到地。而陽生之比也。週而復始。運行不已。日月循環。無損無虧。自可延年。真訣曰。天地之道一得之。惟人也。受形於父母。形中生形，去道愈遠。自胎完氣足之後。六欲七情。耗散元陽。走失真氣。雖有自然之氣液相生。亦不得如天地之升降。且一呼元氣出。一吸元氣入。接天地之氣。既入不能留之，隨呼而復出。本宮之氣。反為天地奪之。是以氣散難生液。液少難生氣。當其氣旺之時。日用卯卦。而於氣也。多入少出。強留在腹。當時自下而升者不出。自外而入者暫住。二氣相合，積而生五臟之液。還元愈多。積日累功。見驗方止。道要曰。欲見陽公長子。須是多入少出。從他兒女相爭。過時求取真的。

　　金誥曰。所謂大道者。高而無上。引而仰觀。其上無上。莫見其首。所謂大道者。卑而無下。免而俯察。其下無下。莫見其基。始而無先。莫見其前。終而無盡。莫見其後。大道之中而生天地。天地有高下之儀。天地之中而有陰陽。陰陽有始終之數。一上一下。仰觀俯察。可以測其機。一始一終。度數推算。可以得其理。以此推之。大道可知也。真源曰。即天地上下之位。而各天地之高卑。即陰陽終始之期。而知天道之前後。天地不離於數。數終於一歲。陰陽不失其宜。宜分於八節。冬至一陽生。春分陰中陽半。過此純陽而陰盡。夏至陽太極而一陰生。秋分陽中陰半。過此

純陰而陽盡。冬至陰太極而一陽生。升降如前。上下終始。雖不能全盡大道。而不失大道之體。欲識大道。當取法於天地。而審於陰陽之宜也。比喻曰。以心腎比天地。以氣液比陰陽。以一日比一年。日用艮卦比一年。用立春之節，乾卦比一年。用立冬之節。天地這中。親乎下者為陰。處下而上。四萬二千里。乃曰陰位。冬至陽生而上升。時當立春，陽升於陰位之中。二萬一千里。是陽難勝於陰也。天地之中。親乎上者為陽。自上而下。四萬二千里。乃曰陽位。夏至陰生而下降。時當立秋。陰降於陽位之中。二萬一千里。是陰難勝於陽也。時當立夏。陽升而上。離地六萬三千里。去天二萬一千里。是陽得位而陰絕也。時當立冬。陰降而下。離天六萬三千里。去地二萬一千里。是陰得位而陽絕也。一年之中。立春比一是之時。艮即丑寅時卦也。腎氣下傳膀胱。在液中微弱。乃陽氣難升之時也。一年之中。立冬比一日之時。乾〔即戌亥時〕卦也。心液下入。將欲還元，復入腎中。乃陰盛陽絕之時也。人惟陰陽不和。陽微陰多。故病多。真訣曰。陽升立春。自下而上。不日而陰中陽半矣。〔艮卦丑寅氣微〕陰降立冬。自上而下。不日而陽中中陰半矣。〔乾卦戌亥氣散〕天地之道如是。惟人也。當艮卦氣微。不知養氣之端。乾卦氣散。不知聚氣之理。日夕以六欲七情。耗散元陽。使真氣不旺。走失真氣。使真液不生。所以不得如天地之長久。故古人朝屯暮蒙。日用二卦。乃得長生在世。朝屯者。盡取一陽在下。屈而未伸之義。其在我者。養而伸之。勿使耗散。暮蒙者。蓋取童蒙求我。以就明棄暗。乃陰間求陽之義。其在我者。昧而明之。勿使走失。是以口出當用艮卦之時。以養元氣。勿以利名動其心。勿以好惡介其意。披衣靜坐。以養其氣。絕念忘情。微作導引。

手腳遞互相伸縮三五下。使四體之氣齊生。內保元氣上升以朝於心府。或咽津一兩口。總摩頭面三二十次。呵出終夜壅聚惡濁之氣。久而色澤充美。肌膚光潤。〔艮卦養元氣〕又於口入當用乾卦之時。以聚元氣。入室靜坐。咽氣撮外腎。咽氣者。是納心火於下。撮外腎者。是收膀胱之氣於內。〔乾卦聚元氣〕。使上下相合。腎氣之火。三火聚而為一。以補暖下田。無液則聚氣生液。有液則煉液生氣。名曰聚火，又曰太乙含真氣也。早朝咽津摩面。手足遞互伸縮。名曰散火。又名曰小煉形也。道要曰。花殘葉落深秋。玉人懶上危樓。欲得君民和會。當時宴罷頻收。

　金誥曰。太元初判而有太始。太始之中而有太無。太無之中而有太虛。太虛之中而有太空。太空之中而有太質。太質者。天地清濁之質出。其質如卵。而玄黃之色。乃太空之中。一物而已。陽升到天。太極而生陰。以窈冥抱陽而下降。陰降到地。太極而生陽。以恍惚負陰而上升。一升一降。陰降陽升。天地行道。萬物生成。真源曰。天如覆盆。陽到難升。地如磐石。陰到難入。冬至而地中陽升。夏至到天，其陽太極而陰生。所以陰生者。以陽自陰中來，而起於地。恍恍惚惚。氣中有水，其水無形。夏至到天。積氣成水。是曰陽太極而陰生也。夏至而天中陰降。冬至到地。其陰太極而陽生。所以陽生者。以陰自陽中來而出於天。杳杳冥冥。水中有氣。其氣無形。冬至到地。積水生氣。是曰陰太極而陽生也。比喻曰。以身外比太空。以心腎比天地。以氣液比陰陽。以子午比冬夏。子時乃曰坎卦。腎中氣生。午時乃曰離卦，心中液生。腎氣到心。腎氣與心氣相合。而太極生液。所以生液者。以氣自腎中來。氣中有真水。其水無形。離卦到心。接著心氣。則太極而生液者如此。心液到

腎。心液與腎水相合。而太極復生於氣。所以生氣者。以液自心中來。液中有真氣。其氣無形。坎卦到腎。接著腎水。則太極而生氣者如此。可比陽升陰降。至太極而相生。所生之陰陽。陽中藏水。陰中藏氣也。真訣曰。腎中生氣。氣中有真水。心中生液。液中有真氣。真水真氣。乃真龍真虎也。陽到天而難升。太極生陰。陰到地而難入。太極生陽。天地之理如此。人不得比天地者。六欲七情。感情喪志。而耗散元陽。走失真氣。當離卦腎氣到心。神志內定。鼻息少入。遲出。綿綿若存。而津滿口咽下。自然腎氣與心氣相合。太極生液。及坎卦心液到腎。接著腎水。自然心液與腎氣相合。太極生氣。以真氣戀液。真水戀氣。與真水本自相合。故液中有真氣。氣中有真水。互相交合。相戀而下。名曰交媾龍虎。若火候無差。抽添合宜。三百日養就真胎。而成大藥。乃煉質焚身。朝元超脫之本也。道要曰。一氣初回元運。真陽欲到離宮。捉取真龍真虎。玉池春水溶溶。

金誥曰。天地者。大道之形。陰陽者。大道之氣。寒濕熱涼。形中有氣也。雲霧雨露。氣中有象也。地氣上升。騰而為雲。散而為雨。天氣下降。散而為霧。凝而為露。積陰達則露為雨、為霜、為雪。積陽過則霧為煙、為雲、為霞。陰中伏陽。陽氣不升。擊搏而生雷霆。陽中伏陰。陰氣不降。凝固而生雹霰。陰陽不合。相對而生閃電。陰陽不匹配。亂交而生虹霓。積真陽以成神。而麗乎天者星辰。積真陰以成形。而壯乎地者土石。星辰之大者日月。土石之貴者金玉。陰陽見於有形，上之日月。下之金玉也。真源曰。陰不得。陽不生。陽不得。陰不成。積陽而神麗乎天而大者。日月也。日月乃真陽而得真陰以相成也。積陰而形壯於地。而貴者金玉也。金玉乃真陰，而得真陽以相生也。比喻曰。

真陽比心液中真氣。真陰比腎氣中真水。真水不得真氣不生。真氣不得真水不成。真水真氣比於離卦。和合於心上肺下。如子母之相戀。夫婦之相愛。自離至兌。兌卦陰旺陽弱之時。比日月之下弦。金玉之在晦。不可用也。日月以陰成陽。數足生明。金玉以陽生陰。氣足生寶。金玉成寶者。蓋以氣足而進之以陽。日月生明者。蓋以數足而受之以魂。比於乾卦進火。煉陽無衰，火以加數。而陽長生也。

真訣曰。離卦龍虎交交媾。名曰採藥。時到乾卦。氣液將欲還元。而生膀胱之上。脾胃之下。腎之前。臍之後，肝之左。肺之石。小腸之右。大腸之左。當時脾氣旺而肺氣盛。心氣絕而肝氣弱。真氣本以陽氣相合而來。陽氣既弱。而真氣無所戀。徒勞用工。而採合必於此時。神識內守。鼻息綿綿。以肚腹微脅。臍腎覺熱太甚。微放輕勒。腹臍未熱。緊勒漸熱。即守常。任意放志。以滿乾坤。乃曰勒陽關而煉丹藥。使氣不上行。以固真水。經脾宮。隨呼吸而搬運於命府黃庭之中。氣液造化。時變而為精。精變而為珠。珠變而為汞。汞變而為砂。砂變而為金。乃曰金丹。其功不小矣。道要曰。採藥須憑玉兔。〔採藥，心氣。玉兔，腎水。〕成親必藉黃婆。等到雍州相見。〔雍州，乾卦〕奏傳一曲陽歌。

第二節　長生不死法

金誥曰。陰陽升降。不出天地之內。日月運轉。而在天地之外。東西出沒。以分晝夜。南北往來。以定寒暑。晝夜不息。寒暑相推。積日為月。積月為歲。月之積日者。以其

魄中藏魂。魂中藏魄也。歲之積月者。以其律中起呂。呂中起律也。日月運行。以合天地之機。不離乾坤之數。萬物生成。雖在於陰陽。而造化亦資於日月。真源曰。天地之形。其狀如卵。六合之內。其圓如球。日月出沒。運行於一天之上。一地之下。上下東西，周行如飛輪。東生西沒。日行陽道，西生東沒。月行陰道。一日之間。而分晝夜。冬至之後。日出自南而北。夏至之後。日出自北而南。冬之夜乃夏之日。夏之夜乃冬之日。

一年之間。而定寒暑。日月之狀。方圓八百四十四里。四尺為一步。二百六十步為一里。凡八刻二十分為一時。十二時為一日。一月三十日。共三百六十時。計三千刻。一十八萬分也。且以陽行乾。其數用九。以陰行坤。其數用六。魄中魂生。本自旦日。蓋九不對六。故三日後。魄中生魂。凡一晝夜。一百刻六十分。魂於魄中。一進七十里。六晝夜進四百二十里。而魄中魂半。乃曰上弦。又六晝夜。進四百二十里。通前共進八百四十里。而魄中魂全。陽滿陰位。乃曰月望。自十六日為始。魂中生魄。凡一晝夜。一百刻六十分。魄於魂中一進七十里。六晝夜，共進四百二十里。而魂中魄半。乃曰下弦。又六晝夜。進四百二十里。通前共進八百四十里。而魂中魄全。陰滿陽位。月中尚有餘光者。蓋六不盡九。故三日後。月魄滿宮。乃日月晦。月旦之後。六中起九。月晦之前。九中起六。數有未盡。而生後有期。積日為月。積月為歲。以月言之。六律六日。以六起數。數盡六位。六六三十六。陰之成數也。以日言之。五日一候。七十二候。八九之數。至重九以九起數。數盡六位。六九五十四陽之成數也。一六一九合而十五。十五一氣之數也。二十四氣。當八節之用。而見陰陽升降之宜。一六一九。以四為

用。合四時而倍之。一時得九十。四九三百六。變為陽之數。二百一十六。陰之數。一百四十四。計三百六十數。而足滿周天。

比喻曰。陰陽升降在天地之內比心腎氣液。交合之法也。日月運轉在天地之外。比肘後飛金晶之事也。日月交合。比進火加減之法也。陽升陰降。無異於日月之魂魄。日往月來。無異於心腎之氣液。冬至之後。日出乙位。沒庚位。晝四十刻。自南而北。凡九日東生西沒。共進六十分。至春分晝夜停停。而夏至為期。晝六十刻。夏至之後。日出甲位。沒辛位。晝六十刻。自北而南。凡九日東生西沒。共退六十分。至秋分晝夜停停。而冬至為期。晝四十刻。晝夜分刻。準前後進退。自南自北。月旦之後。三日魂生於魄。六日兩停。又六日魂全。其數用九也。月望之後。魄生於魄。六日兩停。又六日魄全。其數用六也。歲之夏至。月之十六日。乃日用離卦之法。人之午時也。歲之冬至。月之旦日。乃日用坎卦之法。人之子時也。天地陰陽升降之宜。日月魂魄往來之理。尚以數推之。交合有序。運轉無差。人之心腎氣液肝肺魂魄。日用雖有節次。年月豈無加減乎。真訣曰。坎卦陽生。當正子時。非始非終。艮卦腎氣交肝氣。未交之前。靜室中披衣握固。正坐盤膝。蹲下腹肚。須臾升身。前出胸而微偃頭於後。後閉夾脊雙關。肘後微扇一二，伸腰。自尾閭穴。如火相似。自腰而起。擁在夾脊。慎勿開關。即時甚熱氣壯。漸次開夾脊關。放氣過關。仍伸面腦後緊偃。以閉上關。慎勿開之。即覺熱極氣壯。漸次開關入頂。以補泥丸髓海。須身耐寒暑。方為長生之基。

次用還丹之法。如前出胸伸腰，閉夾脊，蹲而伸之。腰間火不起。當靜坐內觀。如法再作。以火起為度。自丑行

之。至寅終而可止。乃曰肘後飛金晶。又曰抽鉛。使腎中氣生肝氣也。且人身脊骨二十四節，自下而上三節。與內腎相對。自上而下三節。名曰天柱。天柱之上。名曰玉京。天柱之下。內腎相對，尾閭穴之上。共十八節。其中曰雙關。上九下九。當定一百日。遍通十八節而入泥丸。必於正一陽時。坎卦行持。乃曰肘後飛金晶。離卦採藥。乾卦進火燒藥。勒陽關，始一百日飛金晶入腦。三關一撞。直入上宮泥丸。自坎卦為始。至艮卦方止。自離卦採藥。使心腎氣相合。而肝氣自生心氣。二氣純陽。二八陰消。薰蒸於肺。而得肺液下降也。包含真氣。日得黍米之大，而入黃庭。方曰內丹之材。即百日無差藥力全。凡離卦採藥用法。依時內觀，轉加精細。若卦進火燒藥。勒陽關，自兌卦為始。終在乾卦。

如此又一百日。以肘後飛金晶。自兌卦至震卦方止。離坎採藥之時。法如舊。以配自坤至乾卦行持。即二百日無差聖胎堅。勒陽關法。自坤卦至乾卦方止。如此又一百日足。泥丸充實。返老還童。不類常人。採藥就。胎仙完。而真氣生。形若彈圓。色同朱橘。永鎮丹田。而作陸地神仙。三百日後行持。至離卦罷採藥。坤卦罷勒陽關。即行玉液還丹之道。故自冬至後。方曰行功。

三百日胎完氣足，而內丹就。真氣生。凡行此法。方為五行顛倒。三田返覆。未行功以前。先要匹配陰陽。使氣液相生。見驗方止。次要聚散水火使根源牢固。而氣行液住。見驗方止。次要交媾龍虎。燒煉丹藥。使採補還丹，而鍛鍊鉛汞。見驗方止。十損一補之數足。而氣液相生。見驗方止。上項行持。乃小乘之法。自可延年益壽。

若以補完堅固，見驗方止。方可年中擇月。冬至之節。

月中擇日。甲子之日。日中擇時。坎離乾卦。三時為始。一百日自坎至艮。自兌至乾。二百日後。自坎至震。自坤至乾。凡此下功。必於幽室靜宅之中。遠婦人女子。使雞犬不聞聲。臭穢不入鼻。五味不入口。絕七情六慾。飲食多少。寒熱有度。雖瘃寐之間。而意恐損失。行功不勤。難成乎道。如是三百日看應驗如何。

玉書曰。真陰真陽。相生相成。見於上者。積陽成神。神中有形。而麗乎天者。日月也。見於下者。積陰成形，形中有形。而麗乎地者。金玉也。金玉之質。隱於山川。秀媚之氣。浮之於上。與日月交光，草木受之以為禎祥。鳥獸得之以為異類。

真源曰。陽升到天。太極生陰。陰不足而陽有餘。所以積陽生神。陰降到地。太極生陽。陽不足而陰有餘。所以積陰生形。上之日月。下之金玉真陽有神。真陰有形。其氣相交。而上下相射。光盈天地。則金玉可貴者。良以此也。是知金玉之氣。凝於空則為瑞氣祥煙。入於地則變醴泉芝草。人民受之而為英傑。鳥獸得之而生奇異。蓋金玉之質。雖產積陰之形。而中抱真陽之氣。又感積陽成神之日月。真陽之下射而寶凝矣。

比喻曰。積陰成形。而內抱真陽。以為金玉，比於積藥。而抱真氣。以為胎仙也。金玉之氣入於地。而為醴泉芝草者。比於玉液還丹田也。金玉之氣凝於空。而為瑞氣祥煙者。比於氣煉形質也。凡金玉之氣沖於天。隨陽升而起。凡金玉之氣入於地。隨陰降而還。既隨陰陽升降。自有四時。可以液還丹田。氣煉形質。比於四時加減。一日改移也。

真訣曰。採補見驗。年中擇月。月中擇日。日中擇時。三時用事。一百日藥力全。二百日聖胎堅。三百日真氣生。

胎仙圓。謹節用功。加添依時。三百日數足之後。方行還丹
煉形之法。凡用艮卦飛金晶入腦。止於巽卦而已。此言飛金
晶三百日後也。離卦罷採藥。坤卦罷勒陽關。只此兌卦下手
勒陽關。至乾卦方止。既罷離卦。添入咽法煉形。咽法者。
以舌攪上腭兩頰之間。先咽了惡濁之津。次退舌尖以滿玉
池。津生不漱而咽。凡春三月。肝氣旺而脾氣弱。咽法日用
離卦。凡夏三月。心氣旺而肺氣弱。咽法日用巽卦。凡秋三
月。肺氣旺而肝氣弱。咽法日用艮卦。凡冬三月。腎氣旺而
心氣弱。咽法日用震卦。〔飛金晶法咽亦不妨〕凡四季之
月。脾氣旺而腎氣弱。人以腎氣為根源。四時皆有衰弱。每
四時季月之後十八日。咽法日用兌卦。仍與前咽法並用之。
獨於秋季。止用兌卦咽法。而罷艮卦之功。以上咽法。先依
前法而咽之。如牙齒玉池之間。而津不生。但以舌滿上下而
閉玉池。收兩頰。以虛咽而為法。止於咽氣。氣中自有水
也。咽氣如一年。〔三十六次至四十九次為數〕又次一年。
〔八十一次〕又次一年。〔一百八十一次〕為見驗。乃玉液
還丹之法。行持不過三年。灌溉丹田。沐浴胎仙。而真氣愈
盛。若行此玉液還丹之法。而於三百日養就內丹。真氣繞
生。艮卦飛金晶。一撞三關。上至泥丸。當行金液還丹之
法。自頂中前下金水一注。下還黃庭，變成金丹，名曰金
丹。行金液還丹。當於深密幽房。風日凡人不到之處。燒香
疊掌。盤膝坐。以體蹲而後升。才覺火起。正坐絕念忘情內
觀。的確艮卦飛金晶入頂。但略昂頭偃項。放令頸下如火。
方點頭向前。低頭曲項。退舌尖進後。以抵上腭。上有清冷
之水。味若甘香。上徹頂門。下通百脈。鼻中自聞一種真
香。舌上亦有奇味。不漱而咽，下還黃庭。名曰金液還丹。
春夏秋冬不拘時候。但於飛金晶入腦之後，節次行此法。自

艮至巽而已。晚間勒陽關法。自兌至乾而已。凡行此法。謹節勝前。方可得成。究竟止於煉形住世。長生不死而已。不能超脫也。

金誥曰。積陽成神。神中有形。形生於日。日生於月。積陰為形。形中有神。神生於金。金生於土。隨陰陽而生沒者。日月之光也，因數生光。數本於乾坤。隨陰陽而生降者。金玉之氣也。因時起氣。時本於天地。

真源曰。日月之光。旦後用九。晦前用六。六九乾坤之數。金玉之氣。春夏上升。秋冬下降，升降天地之時。金生於土。玉生於石。石生於土。見於形而在下者如此。日中金鳥。月中玉兔。月待日魂而光。見於神而生上者如此。比喻曰。日月，比氣也。腎氣比月。而心氣比日。金玉，比液也。腎液比金。而心液比玉。所謂玉液者。本自腎氣上升而到於心。以合心氣。二氣相交。而過重樓。開口不出。而津滿玉池。咽之而曰玉液還丹。升之而曰玉液煉形。是液本自腎中來而升於心，亦比土中生石、石中生玉之說也。所謂金液者，腎氣合心氣而不上升，薰蒸於肺。肺為華蓋。下罩二氣。即日而取肺液。在下田自尾閭穴升上。乃曰飛金晶入腦中。以補泥丸之宮。自上腹下降而入下田。乃曰金液還丹。既還下田復升。遍滿四體，前復上升。乃曰金液煉形。是亦金生於土之說也。凡欲煉形飛金晶者，當在靜室中，切禁風日。遙焚香。密啟三清上聖。臣所願長生在世。傳行大道。演化告入。當先自行煉形之法。欲得不畏寒暑。絕啖穀食。逃於陰陽之外。咒華乃咽之。

真訣曰。背後尾閭穴。曰下關。夾背曰中關。腦後曰上關。始飛金晶以通三關。腎比地，心比天。上到頂。以比九天。玉液煉形。自心至頂。以通九天。三百日大藥就。胎仙

圓。而真氣生。前起則行玉液煉形之舊道。後起則行飛金晶之舊道。金晶玉液。行功見驗。自坎卦為始。後起一升入頂。以雙手微閉雙耳。內觀如法。微咽於津。乃以舌抵定牙關。下閉玉池。以待上腭之津。下而方咽。咽畢復起。至艮卦為期。春冬兩起一咽。秋夏五起一咽。凡一咽數。秋夏不過五十數。春冬不過百數。自後咽罷升身。前提以滿頭面、四肢、五指，氣盛方止。再起再升。至離卦為期。凡此後起咽津。乃曰金液還丹。還丹之後。而復前起。乃曰金液煉形。自艮卦之後。煉形至離卦方止。兌卦勒陽關。至乾卦方止。以後起到頂，自上而下。號曰金液還丹。金丹之氣前起。自下而上，曰金液煉形。形顯琪樹金花。若以金液還丹。未到下元而前後俱起。乃曰火起焚身。此是金液還丹煉形。既前後俱起。兼子焚身。凡行此等。切須謹節苦志。而無懈怠。以見驗為度也。道要曰。起後終宵閉耳。隨時對飲金波。宴到青州方住。日西又聽陽歌。

第三節　超凡入聖法

金誥曰。一氣初判。大道有形。而列二儀。二儀定位。大道有名。而分五帝。五帝異地。各守一方。五方異氣。各守一子。青帝之子。甲乙受之。天真木德之。九氣。赤帝之子。丙丁受之。天真火德之。三氣。白帝之子。庚辛受之。天真金德之。七氣。黑帝之子。壬癸受之。天真水德之。五氣。黃帝之子。戊己受之。天真土德之。一氣。自一氣生真一。真一因土出。故萬物生成在土。五行生成在一。真元之道。皆一氣而生也。玉書曰。一三五七九。道之分而有數。

金木水火土。道之變而有象；東西南北中，道之列而有位；青白赤黃黑，道之散而有質。數歸於無數，象反於氣象。位至於炁位。質還於炁質。欲道之無數。不分之則無數矣。欲道之炁象。不變之則炁象矣。欲道之炁位。不列之則無位矣。欲道之無質。不散之則無質矣。無數道之源也。氣象道之本也。無位道之真也。無質道之妙也。真源曰。道源既判。降本流末。悟其真者。因真修真。內真而外真自應矣。識其妙者。因妙造妙。內妙而外妙自應矣。天地得道之真。其真未應。故未免乎有位。天地得道之妙。其妙未應。故未免乎有質。有質則有象可求。有位則有數可推。天地之間。萬物之內。最貴惟人。即天地之有象可求。故知其質氣與水也。即天地之有數可推。故知其位遠與近也。審乎如是。而道亦不遠於人也。

比喻曰。天地有五帝。比人之有五臟也。青帝甲乙木。甲為陽。乙為陰。比肝之氣與液也。黑帝壬癸水。壬為陽。癸為陰。比腎之氣與液也。黃帝戊己土。戊為陽。己為陰。比脾之氣與液也。赤帝丙丁火。丙為陽。丁為陰。比心之氣與液也。白帝庚辛金。庚為陽。辛為陰。比肺之氣與液也。凡春夏秋冬之時不同。而心肺肝腎之旺有月。

真訣曰。凡春三月肝氣旺。肝旺者。以父母真氣。隨天度運而在肝。若遇木日。甲乙剋土。於辰戌丑未之時。依時起火煉脾氣。餘日兌卦時。損金以耗肺氣。是時不可下功也。坎卦時。依法起火煉腎氣。震卦時入室。多入少出。息住為上。久閉次之。數至一千息為度。當時內觀如法。一任冥心閉目。青色自見。漸漸升身以入泥丸。自寅至辰。以滿震卦。〔一千息以上尤佳，以息息漸微為度。如息住，不須連數〕凡夏三月心氣旺。心旺者。以父母真氣。隨天度運而

在心。若遇火日。丙丁剋金。於兌卦時。依法起火煉肺氣。
餘日坎卦時。損水以耗腎氣。是時不可下功也。震卦時。依
法起火煉肝氣。離卦時入室。依前行持。赤色自見。漸漸升
身以入泥丸。自巳至未。以滿離卦。〔一千息以上尤佳，其
說如前〕凡秋三月肺氣旺。肺旺者。以父母真氣。隨天度運
而在肺。若遇金日。庚辛剋木。於震卦時。依法起火煉肝
氣。餘日離卦時。損火以耗心氣。是時不可下功也。也巽卦
時。依法起火煉脾氣。兌卦時入室。依前行持。白色自見。
漸漸升身以入泥丸。自申至戌。以滿兌卦。凡冬三月腎氣
旺。腎旺者。父母真氣。隨天度運而在腎。若遇水日。壬癸
剋火。於離卦時。依法起火煉心氣。餘日辰戌丑未時。損土
以耗脾氣。是時不可下功也。兌卦時。依法起火煉肺氣。坎
卦時入室。依前行持。黑色自見。漸漸升身以入泥丸。自亥
至丑。以滿坎卦。道要曰。凡行此法。不限年月日時。一依
前法。以至見驗方止。其氣自見。須是謹節不倦。棄絕外
事。止於室中用意測其時候。用二個純陽小子。或結交門。
生交翻往復。供過千日。可了一氣。一以奪一。一百日見
功。五百日氣全。可行內觀。然後聚陽神以入天神。煉神合
道。入聖超凡。煉氣之驗。但覺身體極暢。常仰升騰。丹光
適骨。異香滿室。次靜中外觀。紫霞滿目。頂中下視。金光
罩體。奇怪證驗。不可備紀。

　　金誥曰。大道本無體。寓於氣也。其大無外無物可容。
大道本無用。運於物也。其深莫測。無理可究。以體言道。
道始有外內之辨。以用言道。道始有觀見之基。觀乎內而不
觀乎外。外無不究而內得明矣。觀乎神而不觀乎形。形無下
備而神得見矣。

　　真源曰。以一心觀萬物。萬物不謂之有餘。以萬物撓撓

一氣。一氣不謂之不足。一氣歸一心。心不可為物之所奪。一心運一氣。氣不可為法之所役。心源清澈。一照萬破。亦不知有物也。氣戰剛強。萬感一息。亦不知有法也。物物無物。以還本來之象。法法無法。乃全自得之真。

比喻曰。以象生形。因形立名。有名則推其數。有數則得其理。蓋高上虛無。無物可喻。所可比者。如人之修煉。節序無差。成就有次。沖和之氣。凝而不散。至虛真性。恬淡無為。神合乎道。歸於自然。當此之際。以無心為心。如何謂之應物。以無物為物。如何謂之用法。真藥熙熙。不知已之有身。漸入無為之道。以人希夷之域。斯為入聖超凡之容。

真訣曰。此法合道。有如常說存想之理。又如禪僧入定之時。當擇福地置室。跪禮焚香。正坐盤膝。散髮披衣。握固存神。冥心閉目。午時前微微升身。起火煉無。午時後微微斂身。聚火煉丹。不拘晝夜。神清氣合。自然喜悅。坐中或聞聲莫聽。見境勿認。物境自散。若認物境。轉加魔障。魔障不退。急急向前以身微斂。斂而伸腰。後以胸微傴。傴不伸腰。少待前後。火起高升。其身勿動。名曰焚身。火退魔障。自散於軀外。陰邪不入於殼中。始此三兩次已。當想遍天地之間。皆是炎炎之火。火畢清涼。了無一物。但見車馬歌舞。軒蓋綺羅。富貴繁華。人物歡娛。成隊成行。五色雲升。如登天界。及到彼中。又見樓臺簦翠。院宇徘徊。珍珠金玉。滿地不收。花果池亭。莫知其數。須臾異香四起。娛樂之音。嘈嘈雜雜。賓朋滿座。水陸俱陳。且笑且語。共賀太平。珍玩之物。互相獻受。當此之際。雖然不是陰鬼魔障。亦不得認為好事。蓋修真之人。棄絕外事。甘受寂寞。或潛跡江湖之地。或遁身隱僻之隅。絕念忘情。舉動有戒。

久受劬勞。而歷瀟灑。一旦功成法立。遍見如此繁華。又不謂是陰魔。將謂實到天宮。殊不知脫凡胎。在頂中自己。天宮中這內。因而貪戀認為實境。不用超脫之法。止於身中。陽神不出。而胎仙不化。乃日出昏衢之上。為陸地神仙。僅可長生不死而已。不能脫質升仙。而歸三島以作仙子。到此。可惜學人自當慮超脫雖難。不可不行也。道要曰。不無盡法。已減省故也。

金誥曰。道本無也。以有言者非道也。道本虛也。以實言者非道也。既為無禮。則問應俱不能矣。既為無象。則神聽俱不能矣。以玄微為道。玄微亦不離問答之累。以希夷為道。希夷亦未免視聽之累。希夷玄微尚未為道。則道亦不知其所以然也。

玉書曰。其來有始。而不知大道之始我也。其去有盡。百不知大道之終。何也。高高之上雖有上。而不知大道之上。無有窮也。深深之下雖有下。而不知大道之下。無有極也。杳杳莫測。名曰道隨物所得而列等殊。無為之道。莫能窮究也。

真訣曰。超者。超出凡軀。而入聖品。脫者。脫去欲胎。而為仙子。是神入氣胎。氣全真性。須是前功節節見驗正當。方居清靜之室。以入希夷之境。內觀認陽神。次起火降魔。焚身聚氣。真氣升在天宮。殼中清靜。了無一物。當擇幽居。一依內觀。三禮既畢。平身不須高升。正坐不須斂伸。閉目冥心。靜寂朝元之後。身軀如在空中。神氣飄然。難為制御。默然內觀。明明不寐。山川秀麗。樓閣依稀。紫氣紅光。紛紜為陣。祥鸞彩鳳。言語如簀。異景繁華可謂壺中真趣。而洞天別景。逍遙自在。宜然不知有塵世之累。是真空之際。其氣自轉。不須用法依時。若見青氣出東方。笙

簧嘹喨。旌節車馬。左右前後不知多少。須臾南方赤氣出。
西方白氣出。北方黑氣出。中央黃氣出。五氣結聚而為彩
雲。樂聲嘈雜。喜氣熙熙。金童玉女。扶擁自身。或跨火
龍。或乘玄鶴。或跨彩鸞。或騎猛虎。升騰空中。自下而
上。所遇之處。樓臺觀宇。不能盡陳。神祗官吏。不可備
說。又到一處。女樂萬行。官僚班列。如人間帝王之儀。聖
賢畢至。當此之時。見之旁若無人。乘駕上升。以至一門。
兵衛嚴肅。而不可犯左右前後。官僚女樂。留戀不已。終是
過門不得。軒蓋覆面。自上而下。復入舊居之地。如此上下
不厭其數。是調神出殼之法也。積是純熟。一升而到天宮。
一降而還舊處。上下純無滯礙。乃自下而上。或如登七級寶
塔。或如上三層瓊樓。其始也。一級而復一級。七級上盡。
以至頂中，軋不得下視，恐神驚而戀軀不出。既至七級之
上。則閉目便跳。如寐如寤。身外有身。形如嬰兒。肌膚鮮
潔。神采瑩然。回視故軀。亦不見有，所見之者。乃如糞
堆。又如枯木。僧愧萬端。軋不可頓棄而遠遊。蓋其神出未
熟。聖氣凝結而成。須是再入本軀。往來出入。一任遨遊。
始乎一步二步。次二里三里。積日純熟。乃如壯士展臂。可
千里萬里，而形神壯大。勇氣堅固。然後寄凡骸於名山大川
之中。從往來應世之外。不與俗類等倫。或行滿而受天書。
驂鸞乘鳳。跨虎騎龍。自東自西。以入紫府。先見太微真
君。次居下島。欲升洞天。當傳道積。行於人間。受天書而
升洞天。以為天仙。凡行此法。古今少有成者。蓋以功不備
而欲行之速。便為此道。或功驗未證。止事靜坐。欲求超
脫。或陰靈不散。出而鬼仙。人不見形。來往去住。終無所
歸。止於投胎就舍。而奪人軀殼。復得為人。或出入不熟。
往來無法。一去一來。由再入體軀。神魂不知所在。乃釋子

之坐化，道流之屍解也。故行此道。要在前功見驗正當。仍擇地築室。以遠一切。腥穢之物。臭惡之氣。往來之聲。女子之色。不止於觸其真氣。而神亦厭之。既出而復入。入而不出。則形神俱妙。與天地齊年。而浩劫不死既入而復出。出而不入。如蟬脫蛻。遷神入聖。此乃超凡脫俗。以為真人仙子。而在風塵之外。寄居三島之洲者也。道要曰。不無盡法。已滅息矣。

第四節　歸源論

三教鼎立。如一屋三門。中無少異。儒立人。極孝弟之道。報本反始。正心誠意。道德之源。此範圍形體之道。入世之法也。仙佛在聲臭之表。形氣之先。出世之法也。出世必基於入世。欲求出世之功。先講入出之道。儒其大宗矣。今之道人。傍教門以求衣食。其陋者只知領法派。帶徒弟。興旺廟宇。稍異者。讀清靜經。行清靜法。棲岩住壑。友寒猿伴。凍鶴木石草衣。守死一生。何其愚也。道流無知。俗人無目。但聞某人入山幾載。某人打坐幾年。便謂有道。彼豈知同類得朋。人須人度之事乎。離去家中。背卻倫常。陰寡陽孤。便成乖舛。與道背矣。須知至道在人類中而有在。氣血中而求。上陽子曰。三教聖人。非同類不為功。此其奇也。

天地之大德。曰生。道者。生之德也。生之德。陽氣也。有一分陰不仙。有一分陽不死。陰陽妙用。在於生殺。生殺為消長之機。復姤為起止之處。復見天地之心。姤有履霜之懼。否泰者。順逆也。地天曰泰。天地曰否。止而悅。

男下女。故不曰陽陰。而曰陰陽。不曰始終。而曰終始。始終是盡。終始無窮。造化深機。在於順逆而已。順生人物。逆成仙佛。共此一機。惟逆不易知耳。虛無生妙。有事至乎常。昔別君未婚。兒女忽成行。從前是無。忽然而有。無是有之根。有是無之始。天下萬事萬物。何一非自無而有。自有而無。自無而有曰造。自有而無曰化。生生不已。化化無窮。自一世界至千萬世界。無有不同。開闢以來。天地定位。日月中旋。煦沐萬物。至於今不二。

　　道者。其無極科。無極而太極。無極在渾然之表。太極兆將動之萌。亥子中間。所謂今年初盡處。明日未來時。究其機。無出乎動靜。靜極而動。動極而靜。一動一靜。互為其根。分陰分陽。玄牝乃立，玄牝立而萬化滋彰矣。山澤通氣。呼吸迴環。斗旋日運。無息停留。太極在天地。空談其理。太極在人身。實行其用。其用云何。活子是也。天地根。萬物母。真元始。真太極也。太極即道。道即藥。藥即丹。丹即一。契曰。一者以掩閉。世人莫知之。悟真曰。三五一都三個字。古今明者實然希。曰世人莫知。曰古今莫曉。其難遇難窺。如此其重且大也。迷徒學道。妄卻心思。迷卻耳目。以盲引盲。迷迷相指。直至老死。不知悔悟。執其說如銅澆鐵鑄。可憐此輩。非深孽重。無異戴盆。滔滔皆是。古今一轍。可為浩歎。吾為此悲。特著試金石一書。為志師之佐證。執此以辨真偽。如果日當空。魍魎自遁。二十四問能迎刃而解。則參同悟真徹矣。若一語模稜。便非真實。又以其言印之丹經。稍有不合。便非透底之學。蓋此事有一知。有半知。有全然不知。半知者。已為難得。又要問何以必通都大邑。何以必俗服了事。丹房如何置器皿。如何樣鼎。如何強弱選。如何合法換。如何度數。如何是火。如

何是藥。如何是丹。一有支吾。非其人矣。彼無師授。妄意猜度。多記丹經。騰其口說。冠替是飾。犬羊之韓享。耳亟宜遠之。

不因師指。此事難知。斯事最重師友。第一在尋真師。第二在覓良友。真師難遇。古今同歎。邪師妄人。遍地皆是。初學志士。此為第一件要緊大事也。此處一錯。走入歧途，則終身難見天日矣。道人千萬。儘是旁門。無有一是。經曰。真訣必要真仙授。世人說者有誰真。又曰。道法三千六百門。人人各執一苗根。誰知真正玄微訣。不在三千六百門。蓋神機秘密。上天所寶。五濁凡流。一身罪垢。何由得遇。遇亦不聞。聞亦不信。信亦不切。何為不信。緣淺福薄，千般克阻。不令其知。太上開清靜之門。接引後進。使之修靜養心。解除夙孽。不婚不官。脫其世綱。數世之後。垢淨孽除。志念不差。始令獲遇真師。得聞至訣。再能精進不怠。德備性全。天愛人敬。可望行矣。行必法財具備。侶地周全。護衛嚴密。然後以清靜心。行無為法。克日可成。甚易易也。但恐煉心不死。自投地獄。雖有神聖。無如之何。經曰。君子得之固窮。小人得之輕命。謂此也。可不慎哉。世人動言修道。曰修則是長遠之事。再世之因。當稱曰煉。便是現在世之事。凡我後學。立德立功之腎。但願人人成仙。個個作祖。精心切究。我身未有之前。性在何處。命在何處。一太虛耳。賴父母媾精。托造化以成形。命斯立矣。性亦寄焉。性者。太虛無垠。一靈炯炯。無中之真有也。命者。先天至精。一氣氤氳。有中之真無也。神氣相交。有無互入性命分。各言其體性命合。始行其用。性無命不立。命無性不全。始以性而修命。終以命而全性。性命雙修。陰陽合一。五行全。四象備。奠三才。符二氣。龍虎

交。鉛汞配。老嫩分。子午契。火候無差。功成頃刻。易莫
於此矣。雲水天涯。芒芒大地。誰是至人。難辨真偽。托耳
於凡庸。罔不背謬。余足跡半天下。聞見多矣。強不知以為
知。虛裝道貌。或曰。我是邱祖第幾派嫡嗣。或曰。我得某
真人秘傳口訣。誇耀求售。搖唇鼓舌。使耳食之夫。驚喜若
狂。深中其毒。牢不可破。吁可歎也。難莫存於此矣。

　　天愛學道之人。唱道真言。謂初立念時。便有神聖窺其
心。若志願真切。神聖喜之不勝。仙之求人。甚於人之求
仙。信矣。奈世人隨波逐浪。不肯苦志。雖曰學道。無異凡
流。利欲薰心。種成惡孽。輪迴六道。去而復來。來而復
去，為男為女。為孤貧。為物類。遇刀兵水火之災。受饑寒
疾痛之苦。遭冤獄虎蛇之凶。皆在仙佛悲憫之中。自作自
受。天何容心。必欲如是哉。佛言有生皆是苦。至哉言乎。
今欲超登彼岸。脫離苦海。有何法術延生續命。令枯骨重榮
乎。城郭千年如故。不見化鶴歸來。杯土嶙峋。空悲往昔。
有志之士。良可悲矣。欲界民人心如亂絲，貪念。忿念。色
慾念。貨財念。高已卑人念。妨人利已念。時刻毋寧。造就
惡孽。生世坎坷。輕重受報。神聖悲憐。憫其迷昧。救之不
能。勸之不得。乃立一斂心之法。使之邀福求嗣。朝山拜
廟。結香會。為壇墠。頂禮慈雲。誠敬肫虔。塵念頓息。污
染不難。種彼福田矣。昔無一是。今暫不非。雖有惡人。齋
戒沐浴。亦可以事上帝。其謂是乎。

　　仙經佛典。慈心救世。更為咒語。使誦者不解其辭。無
意義可味。無文理可思。用以拔其孽識。截其知見。欲障除
而心天現。真理出而萬念空。驅除雜念。洗心之妙法也。佛
云。真實稀有。謂真有此秘密。難知稀有之事也。又曰。若
說是事。諸天及人皆當驚疑。上陽子曰。人之驚疑。器識鄙

淺云何。諸天亦復驚疑。則必有可驚可疑之事者。世人偏不
於驚疑二字究心。自信其耳目。謂入山是道。清靜是修頑心
淺識。亦惡知有聖神之奇事哉。

草木蘊一年之精。發而為華。因華乃實。然則地之海
潮。女之月信。無以異矣。木無不華之果。女無不血之胎。
是血即人之華也。

果核亦具天地陰陽之象。左大右小。中含一仁。三才之
理具矣。芽蘗萌生。根騎兩半。一樹萬千花實。入土而萬千
其株。桃則成桃。李則成李。各從其類。各有其氣也。物理
即天地之理。達人觀化。可悟玄機。

孔子罕言仁。仁之道大。人也者。天地之仁也。合而言
之道也。二人為仁。即陰陽也。鼎立才萬物皆備。不亦大
乎。輪倒退。車前趨。進退之理。消長之機。有成必毀。有
盈必虧。任他奇巧萬變。有能不法天象地。外規矩方圓。而
製器成能者乎。夫道亦法天象地而已矣。

至道在人身。至理存天壤。理充於兩間道隱於血氣。世
人再不於形形色色中求玄妙。單要去虛無寂靜理覓真玄。豈
不聞人在氣中。氣在人中乎。鍾離祖曰。道氣在人身中。不
在天地。然不遇真師。何從而得此息。

哉生明。金也。金之色白。始生魄水也。水之色黑。非
金水分形之顯念乎。陽魂陰魄。互為定宅。上弦金半斤。下
弦水半斤。兩弦合其精。乾坤體乃成。

大道無言。有說皆糟粕耳。蓋虛無莫測。有何形象之可
述哉。惟彼羲皇。畫此一畫。並無言說。蓋已剖露天心。太
極之端倪見矣。然此特顯諸仁耳。其用尚藏。今之丹經。顯
用者也。開明性命。指出心天。無為道之體。有作道之用。
明體達用。真青雲之士也。世不多得矣。

善言天者。必驗於人。善言理者。必徵諸事。天道人道。原是一貫。倫紀肇修。立功立德。斯為凝受之本。不同於泛泛矣。曷觀之金鎖鑰乎。金鎖龠者。金丹之鎖龠也。乃於金丹發揮只結尾一句。於人道則娓娓二千言。又秦元君奉元皇帝君命。著坤寧經。教女人修仙。凡二十四章。其言金丹只一章。言性天者二章。餘皆言閨帷懿範。痛改前非。讀者。不達根本修持。謂其不言道而言事。余曰。千里之行。始於足下。此真所以訓道也。天聖至慈。不肯以泛泛待人。深顧從此進步。庶幾其成。真正必由之路。世人視為閑言。夫元皇授命。豈有閑言哉。覺世之言切飾偽之心誣宜乎。其不人也。

非常之事。必待非常之人。仙者。非常之事也。欲求天仙者。當立一千三百善。聖有明訓。舊心不改。寸功未積。是自誣也。世間富貴。非薄福者可承。矧此超跡蒼霄之事。萬神聽命。不有豐功偉行。其何以服鬼神乎。易以天地似。故不違。魏公因之以明丹道。作參同契。為萬古凡經之祖。悟真曰。陰符寶字愈三百。道德靈文滿五千。今古上升無限數。盡從此處達真詮。

一貫相傳。再無不有達參同悟真者。今之道流。冥行妄說。捫心自問。能無愧乎。不肯尋師。所謂惜一時之屈。甘罔極之庸。只顧口舌欺人。不念欺心自誤。虛度歲月。甘分老死。上陽子深叱此輩。為教中罪人。敢言修行一事哉。其辭若憾。其實深憐之也。

推類結字。形於粗淺。因文揣事。義極精微。古道字是首行。今為首之首。下之順生之象也。仙經聖語。言順而不言。逆教人即順以求逆。究生身之根。成長生之果。生仙是造化。生人亦是造化。聖凡雖殊。造化則一。易與天地准。

故能彌綸天地之道。天地至精。形而為兩曜。兩曜橫則為朋。豎則為易。疊則為丹。丹之為字。日頭月腳中一點為黍珠。一畫乃得一也。漢以前謂之道漢以下謂之丹。丹之義。至深切矣。合乾坤。運日月。採烏兔之真精。成水火之妙用，一闔一闢。往來不窮。通科晝夜。法天象地。藥如是成。丹如是結矣。世法象金丹者凡四。

一大士象。左為龍女獻珠。右為善財合掌。女本陰也。而居左。陰中含陽也。男本陽而居右。陽中含陰也。凡珠在龍女身邊。非善財，不可得。紅孩兒火也。金圈手足。禁之也，鞠恭致敬。以士居中。真性為主也。

二劉海戲蟾。蟾者。海底金蟆。能吐月。錢者。內方外圓。有乾坤象。非則海底之金必不可得。海蟾仙翁姓劉。名操。五代時為燕相。燕王劉守光之叔也年。六十餘受度於純陽呂祖。今繪形如小兒。返老還童也。

三方朔偷桃。西王母之桃。此桃三千年一開花。朔始也。一元也。桃為王母之丹。不死之藥也。被東方朔盜去。北坎之金。復還南離而成乾矣。

四道祖立教。一教分三。一為道人。岩棲觀虔清靜之基也。二為道士。有妻室兒女之歡。陰陽之象也。三為張天師。勢而有力護法之象也。三者離則俗士三人。三者合則金丹大道。

抱朴子曰。覽金丹之道。使人不欲復視方書。誠以九丹金液。道之至重。神霄所秘。世無有能知者。又曰學道者。如憂家之貧。如愁位之卑。安有不得哉。今余亦曰。不患不知。患不苦求。不患不行。患不積德。陰馬之士。天眷必深舍此則求之無門。學人勉之。

道生天地。其大無垠。道生人物。其數無極。古之神

聖。著經說法。以人身一小天地。天地一大宗師。澄其心如秋水。空其心如太虛。效法天地。非效法也。直似之耳。有乾坤之對待。有日月之光明。月有圓缺。海有潮汐。有冬夏二至。有春秋二分。有四時。有八節。有二十四氣。有七十二候。歲周一天。無或舛錯。攢歸片刻之內。納之一息之中。成天下之璵璵。謂非學之至大者乎。

經曰。只要專心。效法天。陰符曰。觀天之道。執天之行。盡矣。天之道從何觀。天之行從何執。不言而品物亨。四時成。觀之無門。執之無所。雖有聖智。莫測其處。此師恩之所以重於罔極也。

道無窮極。無終始。無來去。無跡可窺。無理可測。在形色之中而不有。居沖漠之表而不無。造化之主。萬象之君。生天地而天地不知其功。育萬物而萬物不知其德。偽這而不居。功成而絕跡。無得而稱。強名曰道。所謂無始之始。是曰元始。元始之道。是曰元炁。即先天也。謂其先於天地而有也。易曰：先天而天勿違。天且勿違。其大至矣。學道者。其求得此。先天元始之炁。謂這得一。一得而萬事畢矣。其得一何也。曰極也。陰極則陽。陽極則陰。清極則濁。濁盡則清。天一之生。至清至潔。天命之性。純淨無疵。性命分。則屬兩家。性命合則成一氣。神從中主。氣運兩頭。運在其中矣。

賢人和養性之功。至人明造命之道。人之賦形稟性命而生。失性命而死。性命之於人重矣。學性命之學。非學之至乎。一身之尊。心為主。心有真體。非肉團也。真心無心。無生滅。無去來。有生滅去來者。皆孽識耳。聖人教人拔盡識根。以超生死。教人性命雙修，以成仙佛。謹將諸經之言性命。分而列之。使人易徹。德全功備。馴至其極。造化神

工。無出此矣。

第五節　重陽祖師十論

一、論打坐

王重陽云。坐久則身勞。既不合理。又反成病。但心不著物。又得不動。此是真定正基。用此為定。心氣調和久益輕爽。以此為念。則邪正可知。若能心起皆滅。永斷覺知。入於忘定。倘任心所起一無收制。則與凡夫原來不別。若惟斷善惡。心無指歸。肆意浮游。待自定者徒自誤耳。若遍行諸事。言心無所染，於言甚善。於行極非。真學之流。特宜戒此。今則息妄而不滅照。守靜而不著空。行之有常，自得真見。事或有疑。且任思量。令事得濟。所疑復悟。此亦生慧正根。悟已則止。必莫有思。思則以智害性。

為子傷本。雖騁一時之俊。終虧萬代之業。一切煩邪亂想。隨覺即除。若聞毀譽善惡等事。皆即拔去。莫將心受。受之則心滿。心滿則道無所居。所有見聞。如不見聞。即是非善惡不入於心。心不受外。名曰虛心心不遂外。名曰安心。心安而虛。道自來居。

二、論虛心

經曰人能虛心。虛非欲道。道自歸之。內心即無住著。外行亦無所為。非淨非穢。故毀譽無從生。非智非愚。故利害無由擾。實則順中為常。權則與時消息。苟免諸累。是其智也。若非時非事。役思強為者。自為不著。終非真學。何

耶。心如眼。纖毫入眼。眼即不安。小事關心。心必動亂。既有動病。難入定門。

修道之要。急在除病。病若不除。終難得定。有如良田。荊棘不除。嘉禾不茂。愛欲思慮。是心荊棘。若不剪除。定慧不生。此心由來依境。未慣獨立。乍無所托。難以自安。縱得暫安。還復散亂。隨起隨滅。務令不動。久久調熟。自得安閒。無論晝夜。行住坐臥。及應應接物。當須作意安之。若未得安。即須安養。

莫有惱觸少得安閒。即堪自樂。漸漸馴狎惟益清遠。且牛馬家畜也。放縱不收。猶自生梗。不受駕御。鷹鸇野鳥。為人羈鞿。終日在手。自然調熟。心亦如是。若縱任不收。惟益粗疏。何能觀妙。

三、論不染

或曰。夫為大道者。在物而心不染。處動而神不亂。無事而不為。無時而不寂。今獨避動而取安。離動而求定。勞於控制。乃有動靜。一心滯於住守。是成取捨兩病都未覺。其外執。而謂道之階要。何其謬耶。

答曰。總物而稱大。通物之謂道。在物而不染。處事而不亂。真為大矣。實為妙矣。然吾子之見有所未明。何者。子徒見貝錦之輝煌。未曉如抽之素絲。才聞鶴鳴之沖天。拒識先資於穀食。蔽日之干。起於毫末。神凝至聖。積習而成。今徒知言聖人之德。而不知聖人之所以德也。

四、論簡事

修道之人。莫若簡事。知其閉要。識其輕重。明其去取。非要非重。皆應絕之。猶人食有酒肉。衣有羅綺。身有

名位。財有金玉。此皆情欲之餘好。非益生之良藥。眾皆旬之。自致亡敗。何迷之甚也。

五、論眞觀

夫真觀者智士之先覺。能人之善察也。一寢一寐。俱為損益之源。一行一言。堪作禍福之本。巧持其末。不若拙守其本。觀本知末。又非躁競之情。收心簡事。日損有為。體靜心閑。方可觀妙。然修道之身。必資衣食。事有不可廢。物有不可棄者。須當虛襟以受之。明目而當之。勿以為妨。心生煩躁。若因事煩躁。心病已動。何名安心。

夫人事衣食。我之船舫也。欲度於海。必資船舫。因何未度。可廢衣食。虛幻實不足營為。然出離虛幻。未能拒絕。雖有營求。莫生得失之心。有事無事。心常安泰。與物同求不同貪。同得而不同積。不貪故無憂。不積故無失。跡每同人。心常異俗。此言行之宗要。可力為之。

六、論色惡

前節雖斷緣簡事。病有難除者。但依法觀之。若色病重者。當知染色都由想耳。想若不生。終無色事。當知色想外空。色心內忘。妄想心空。誰為色主。經云：色者想耳。想悉是空。何關色也。若見他人為惡。心生嫌惡者。猶如見人自戕。引頸承取他刀。以害自命。他自為惡。不干我事。何故嫌惡。為我心病。不但為惡者不當嫌。即為善者亦須惡。何也。皆障道故也。

業由我造。命由天賦。業之與命。猶影響之逐形聲。既不可逃，又不可怨。惟有智者。善觀而達識之。樂天知命。故不憂貧病之苦也。經云。天地不能改其操。陰陽不能回其

蘖。由此言之。真命也。又何怨焉。

喻如勇士逢賊。揮劍當前。群凶奔潰。功勳一立，榮祿終身。今之貧病惱亂我身。則寇賊也。立刻正心。則勇士也。惱累消除。則戰勝也。湛然常樂。則榮祿也。凡有苦事來迫我心。不以此敵之。必生憂累。如人逢賊。不立功勳。棄甲背軍，逃亡獲罪。去樂就苦。何可憫哉。若貧病交侵。當觀此苦由我有身。患何由托。經曰。及吾無身。吾何有患。

七、論泰定

泰定者出俗之極也。致道之初基。習靜之成功。持安之畢事。形如槁木。心若死灰。無取無捨。寂滅之至。無心於定。而無所不定。故曰泰定。

莊子曰。宇泰定者。發乎天光。宇心也。天光慧也。心為道之區域。虛靜至極。則道居而慧生。慧出本性。非是人有。故曰天光。但以貪愛濁亂。遂至昏迷。性迷則慧不生。慧既生矣。寶而懷之。勿以多知而傷於定。非生慧難。慧而不用難。自古忘形者眾。忘名者寡。慧而不用。是忘名也。天下希及之。故為難。貴能不驕。富能不奢。為無俗過故。得長守富貴。定而不動。慧而不用。故得深證真常。

莊子曰。知道易。勿言難。知而不言所以天。知而言之所以人。古之人天而不人。又曰古之治道者。以恬養智。智生而無以知為也。謂之以智養恬。智與恬交相養。而和理出其本性也。恬智則定慧也。和理則道德也。有智不用而安且恬。積而久之。自成道德。自然震雷破山而不驚。白刃交前而不懼。視名利如過隙。知生死如潰瘤。用志不分。乃凝於神。心之虛妙。不可思議。

八、論得道

夫道者神異之事。靈而有性。虛而無象。隨迎不測。影響莫求。不知其然而然。至聖得之於古。妙法傳之於今。道有深力。徐易形神。形隨道通。與神合一。謂之神人。神性虛融。體無變滅。形以道通。故無生死。隱則形同於神。顯則神同於氣。所以踏水火而無害。對日月而無影。存亡在已。出入無間。身為澤質。猶至虛妙。況其靈智益深益遠乎。生神經雲。身神並一。則為真身。又西升經雲。形神合同。故能長久。

然虛無之道。力有淺深。深則兼被於形。淺則惟及於心。被形者神人也。及心者但得慧覺。而身不免謝。何者。慧是心用。用多則心勞。初得小慧。悅而多辯。神氣漏泄。無靈光潤身。遂至早終。道故難備。經雲屍解。此之謂也。是故大人舍光藏輝。以斯全備。凝神寶氣。學道無心。神與道合。謂之得道。經云。同於道者。道亦得之。山有玉。草木以之不調。人懷道。形骸以之永固。資薰日久。變質同神。煉形入微。與道冥一。智照無邊。形超靡極。總色空而為用。捨造化以成功。真應無方。其惟道德。

九、坐忘樞翼

夫欲修道成真。先去邪僻之行。外事都絕。無以干心。然後內觀正覺。覺一念起。即須除滅。隨起隨滅。務令安靜。其次雖非的有貪著浮游亂想。亦盡滅除。晝夜勤行。須臾不替。惟滅動心。不滅照心。但凝空心。不凝住心。不依一法。而心常住。此法玄妙。利益甚深。自非夙有道緣。信心無二者不能。若有心傾至道。信心堅切。先受三戒。依戒

修行。敬終如始。乃得真道。

其三戒者。一曰簡緣。二曰除欲。三曰靜心。勤行此三戒。而無懈退者。則無心求道。而道自來。經曰。人能常清淨。天地悉皆歸。由此言之。簡要之法。可不信哉。然則凡心躁競。其來固久。依戒息心。其事甚難。或息之而不得。或暫停而旋失。去留交戰，百體流汗，久久行持，乃得調熟，莫以暫收不得。遂廢千生之業。少得靜已。則於行住坐臥之時。涉事喧鬧之所。皆須作意安之。有事無事。常若無心。處靜處喧。其志惟一。若束心太急。則又成疾氣。發狂癡。是其候也。心若不動。又須放任寬急得中。常自調適。制而無著。放而不逸。處喧無惡。涉事無惱。此真定也。不以涉事無惱。故求多事。不以處喧無動。故來就喧。以無事為真宅。以有事為應跡。若水與鏡。遇物見形。善巧方便。惟能入定。發慧遲速。則不由人。勿於定中急急求慧。求慧則傷性。傷性則無慧。不求慧而慧自生。此真慧也。慧而不用。實智若愚。益資定慧。雙美無極。若定中念想。則多感眾邪百魅。隨心應現。惟令定心之上。豁然無複。定心之下。曠然無基。舊孽日消。新業不造。無所纏疑。回脫塵網。行而久之。自然得道。

夫得道之人。心身有五時七候。心有五時者。一動多靜少。二動靜相半。三靜多動少。四無事則靜。遇事仍動。五心與道合。觸而不動。心至此地。始得安樂。罪垢滅盡。無復煩惱。身有七候者。一舉動順時。容色和悅。二宿疾普消。身心輕爽。三填補夭傷。還元復命。四延數千歲。名曰仙人。五煉形為氣。名曰真人。六煉氣成神。名曰神人。七煉神合道。名曰至人。若久學定心。身無五時七候者。促齡穢質。色謝歸空。自云慧覺。復稱成道。實所未然。

十、坐忘銘

常默元氣不傷。少思慧燭內光。不怒百神和暢。不惱心地清涼。不求無諂無媚。不執可圓可方。不貪便是富貴。不苟何懼君王。味絕靈泉自降。氣定真息日長。觸則形斃神遊。想則夢離尸殭。氣漏形歸壟上。念漏神趨死鄉。心死方得神活。魄滅然後魂強。博物難窮妙理。應化不離真常。至精潛於恍惚。大象混於渺茫。道化有如物化。鬼神莫測行滅藏。不飲不食不寐。是謂真人坐忘。　十論終。

重陽祖曰。心忘念慮。即超欲界。心忘緣境。即超色界。心不著空。即超無色界。離此三界。神居仙聖之鄉。性在清虛之境矣。

張三豐曰。此王重陽祖師十論也。無極大道。盡遇其中。空青洞天。向多有仙真來遊。遺留丹訣道言以去者。此亦度人覺世之心。重陽祖師之十論。亦本斯旨也。山中人得此訓言。又何必另尋瑤草。別採仙花。即此是長生藥。不老丹也。恭錄之。以示後之好道者。

第六節　運用周身筋脈訣

一、早功

日將出即起。面對太陽光。吸氣三口。即將口閉。提起丹田之氣到上。即將口閉之氣。與津液咽下。然後將身往下一蹲。兩手轉托腰眼。左足慢慢伸直三伸收轉左足。又右足伸直。三伸。收轉右足。將頭面朝天一仰。又朝地一俯。伸

起腰。慢立起。兩手不用。就拿開。

　　立起之時。將右手慢慢掌向上三伸。往下一聳。又左手慢伸起。將掌向上三伸。亦往下一聳。然後一步一步作一周圍。一步步完。將兩足在圈內一跳。靜坐一刻。取藥服之。

二、午功

　　正午先盤膝坐。兩手按膝。腰直起。閉目運氣。一口送下丹田。念曰。本無極之化身。包藏八卦有真因。清通一氣精其神。日月運行不息。陰陽甲乙庚辛。生剋妙用。大地回春。掃除六賊三屍。退避清真。開天河之一道。化玉之生新。圓明有象。淨澈無垠。養靈光於在頂。出慧照於三清。不染邪崇之害。不受污穢之侵。水火既濟，妙合地天人。學道守護。五方主令元神。四時八節。宰治之神。養我魄。護我魂。通我氣血。生育流行。天罡地煞。布出元精。二十四氣十二辰。妙應靈感。觀世音，太上老子元君。道祖呂真人。一一玉清真王長生大帝。化作太極護法韋陀。日月普照來臨。念七遍。

　　開目。運動津液。徐咽下。將左手按腰。右足伸出。右手按腰。左足伸出。伸出後。將兩足併合。往前一伸。頭身後一仰。立起將兩掌擦熱。往面一擦。擦到兩耳。左手按左耳右手按右耳。兩手中指下上。交各彈三下。往項下一抹到胸。左手擦心。右手在背腰中一打。然後兩手放開。頭身往下一勾。再以右手往前頭一拍。抬起腰身。左手腹中一抹。然後前足換後足。往膠跳三步。退三步。口中津液。作三口咽下。朝西吐出一氣。復面東吸進一氣。閉鼓氣一口送下。此導陰補陽也。

三、晚功

面朝北。身立住。左右手。捧定腹。兩足併。提起一氣運津液。待滿口。一氣咽下。兩手左右一伸如一字。掌心朝外豎起。將少蹲作彎弓之狀。左手放前對定心。右手抬過頭。掌朝上四指捻定。空中指直豎。右掌朝下捻大少指。中三平豎。兩手相對。如龍頭虎頸抱合之相。頭於此時側轉。面向東，往前一起一蹲。走七步。

立正。將兩手平放。以右手抱左肩。左手抱右肩。蹲下頭勾伏胸前。兩目靠閉膀中間。呼吸一回。將兩目運動。津液生起。以舌尖抵上腭。上下齒各四五下。將津液徐徐咽。兩手一抄。縱起一步。右手往上一抬。放下。左手往上一抬。放下。輪流三次。左足搭右足。往下一蹲。立起。右足搭左足。往下一蹲。立起。將腰扭轉一次。乃呵氣一口。收轉氣。兩手在膝蓋上各捻兩三下。左邊走至右邊。右邊走至左邊。共八十步。

此要對東北走。東北對西南走。完坐下。略閉神一會。將兩手對伸一下。站起再服晚藥。以清水漱淨口。仰眾到寅。再往。翻動睡之。此通養神功。劍魂聚魄也。

第七節　打坐淺訓

修煉不知玄關。無論其他。只此便如入暗室一般。從何下手。玄關者。氣穴也。氣穴者。神入氣中。如在深穴之中也。神氣相戀則玄關之體已立。

古仙云。調息要調真息息。煉神須煉不神神。真息之

息。息乎其息者也。不神之神。神乎其神者也。總要無人心。有道心。將此道心返入虛無。昏昏默默。存於規中。乃能養真息之息。得不神之神。

初學必從內呼吸下手比固呼吸。乃是離父母重立胞胎之地。人能從此處立功。便如母呼呼。母吸亦吸之時。好像重生之身一般。

大凡打坐須將神抱住氣。意繫住息。在丹田中宛轉悠揚。聚而不散。則內藏之氣。與外來之氣。交結於丹田日充月盛。達乎四肢。流乎百脈。撞開夾脊。雙關而上游於泥丸。旋復降下絳官而下丹田。神氣相守。息息相依。河車之路通矣。功夫到此。築基之效已得一半了。

總是要勤虛煉耳。調息須以後天呼吸。尋真人呼吸之處。古云。後天呼吸起微風。引起真人呼吸功然調後天呼吸。須任他自調。方能調得起先天呼吸。我惟致虛守靜而已。真息一動。玄關即不遠矣。照此進功築基。可翹足而至。不必百日也。

道德經致虛極守靜篤。二句可渾講。亦可析講。渾言之。只是教人以入定之功耳。析言之。則虛是虛無。極是中極。靜是安靜。篤是專篤。猶言致吾神於虛無之間。而準其中極之地。守其神於安靜之內。必盡其專篤之功。

人心者二。一真一妄。故覓真心者。不生妄念。即是真心。真心之性格最寬大。最光明。真心之所居最安然，最自在。以真心理事。千條一貫。以真心尋道。萬殊一本。然人要用他應事。就要養得他壯大。就要守得他安閒。然後勞而不勞。靜而能應。丹訣云。心走即收回。收回又放下。用後復求安。求安即生悟也。誰云鬧中不可取靜耶。

游方枯坐。固非道也。然不游行於城市雲山。當以氣游

行於通身關竅內。乃可不打坐於枯木寒堂。須以神打坐於此身妙竅中乃可。

學道以丹基為本。丹基既凝。即可回家。躬耕養親。做幾年高士醇儒。然後入山尋師。了全大道。彼拋家絕妻誦經焚香者。不過混日之徒耳。烏足道哉。保身以安心養腎為主。心能安則離火不外熒。腎能養則坎水不外溢。火不外熒。則無神搖之病。而心愈。安水不外溢。則無精涸之症。而腎愈澄。腎澄則命火不上沖。心安則神火能下照。神精交結。乃可以卻痛。乃可以言修矣。

凡人養神養氣之際。神即為收氣主宰。收得一分氣，便得一分寶。收得十分氣便得十分寶。氣之貴重。世上凡金凡玉。雖百兩不換一分。道人何必與世人爭利息乎。利多生忿恚。忿恚屬火。氣亦火種。忿恚一生。氣隨之走。欲留而不能留。又其甚者。連母帶子。一齊飛散。故養氣以戒忿恚為切。欲戒忿恚。仍以養心養神為切。功名多出於意外。不可存乾祿之心。孔子曰。學也。祿在其中矣。修道亦然。不可預貪效驗。每逢打坐。必要心靜神凝。一毫不起忖度希冀之心。只要抱住內呼吸做工夫。

煉心之法。自小及大。如今三伏大炎。一盞飯可也。再求飽不可也。一片涼可也。再求大涼不可也。數點蚊不足畏也。必求無蚊不能也。自微及鉅當前即煉心之境。

苦中求甘。死裏求生。此修之格論也。

學道之士。須要清心清意。方得真清之藥物也。毋逞氣質之性。毋運思慮之神。毋使呼吸之氣。毋用交感之精。然真精動於何時。真神生於何地。真氣運於何方。真性養於何所。是不可不得明辨。以哲者而細言之也。

凡下手打坐。須要心神兩靜。空空寂寂。鬼神不得而

知。其功夫只宜自孝自信。以求自得。所謂誠其意者。毋自欺也。誠於中自形於外。是以君子必慎其獨也。

打坐之中。最要凝神調息。以暇以整。勿助勿忘。未有不逐日長工夫者。

凝神調息。只要心平氣和。心平則神凝。氣和則息調。心平平字最妙。心不起波之謂平。心執其中之謂平。平即在此中也。心在此中。乃不起波。此中即丹經之玄關一竅也。

第八節　打坐歌

初打坐。學參禪。這個消息在玄關。秘秘綿綿調呼吸。一陰一陽鼎內煎。性要悟。命要傳。休將火候當等閒。閉目觀心守本命。清淨無為是根源。百日內。見應驗。坎中一點往上翻。黃婆其間為媒妁。嬰兒姹女兩團圓。美不盡。對誰言。渾身上下氣沖天。這個消息誰知道。啞子做夢不能言。急下手。採先天。靈藥一點透三關。丹田直上泥丸頂。降下重樓入中元。水火既濟真鉛汞。若非戊己不成丹。心要死。命要堅。神光照耀遍三千。無影樹下金雞叫半夜三更現紅蓮。冬至一陽來復始。霹靂一聲震動天。龍又叫。虎又歡。仙藥齊鳴非等閒。

恍恍惚惚存有無。無窮造化在其間。玄中妙。妙中玄。河軍搬運過三關。天地交泰萬物生。日飲甘露似蜜甜。仙是佛。佛是仙。一性圓明不二般。三教原來是一家。饑則契飯困則眠。假燒香。拜參禪。豈知大道在目前。昏迷契齋錯過了。一失人身萬劫難。愚迷妄想西天路。瞎漢夜走入深山。

天機妙。非等閒。洩漏天機罪如山。四正理。著意參打

破玄關妙通玄。子午卯酉不斷夜。早拜明師結成丹。有人識得真鉛汞。便是長生不老丹。行一日。一日堅。莫把修行眼下觀。三年九載功成就。煉成一粒紫金丹。要知此歌何人作。清虛道人三豐仙。

第九節　積氣開關説

　　其端作用。亦如前功。以兩手插金鍬。用一念歸玉府。全神凝氣。動俾靜忘。先存其氣。自左湧泉穴。起於膝脛。徐徐上升三關。約至泥丸。輕輕降下元海。次從右湧泉穴。俾從右升降。作用與左皆同。左右名運四回。兩穴雙升一次。共成九轉。方為一功。

　　但運穀道輕提。踵息緩運。每次須加九次。九九八十一次為終。其氣自然周流。其關自然通徹。倘若未通。後加武訣。逐次搬行。先行獅子倒坐之功。於中睜睛三吸。始過下關。後乃飛金精於肘後。掇肩連聳。自升泥丸。大河車轉。次撼崑崙。擦腹搓腰八十一。研手摩面二十四。拍頂轉睛三八止。集神叩齒四六通。

　　凡行此功。皆縮穀閉息。每行功訖。俱要漱咽三分。方起搖身。左右各行九紐。此為動法。可配靜功。互為運行。週如復始。如此無間。由是成功。

　　上士三晝夜而關通。中士二七以透徹。下士月餘關亦通。功夫怠惰。百日方開。若骨痛少緩其功。倘睛熱多加呵轉。一心不惰。諸疾無侵。其時泥丸風生。而腎氣上升。少刻鵲橋瑞香。而甘露下降。修丹之士。外此即誣。若非這樣開道。豈能那般升降。而練己配合也哉。

第八章

張三豐太極拳真訣

第一節　太極拳論

　　一舉動。周身俱要輕靈。尤須貫力。氣宜鼓蕩。神宜內斂。毋使有凹凸處。毋使有斷續處。其根在腳發於腿。主宰於腰。形於手指。由腳而腿而腰。總須完整一氣。向前退後。乃得機得勢。有不得機得勢處。身便散亂。其病必於腰腿求之。上下前後左右皆然。凡此皆是意。不在外面。有上即有下。有前即有後。有左即有右。如意要向上。即寓下意。若將物掀起而加以挫之之力。斯其根自斷。乃壞之速而無疑。虛實宜分清楚。一處逢自有一處虛實。處處總此一虛實。周身節節貫串。無令絲毫間斷耳。長拳者。如長江大海。滔滔不絕也。十三勢者。掤攦擠按採挒肘靠。此八卦也。進步退步。右顧左盼中定。此五行也。掤攦擠按。即坎離震兌正四方也。採挒肘靠。即乾坤艮巽四斜角也。進退顧盼定。即金木水火土也。

附：淸山陰王宗岳太極拳經

　　太極者。無極而生。陰陽之要也。動之則分靜之則合。

無過不及。隨屈就伸人剛我柔謂之走。我順人背謂之粘。動急則急應。動緩則緩隨。雖變化萬端。而惟性一貫。由著熟而漸悟懂勁。由懂勁而階及神明。然非用力之久。不能豁然貫通焉。虛靈頂勁。氣沉丹田。不偏不倚。忽隱忽現。左重則左虛。右重則右杳。仰之則彌高。俯之則彌深。進之則愈長。退之則愈促。一羽不能加。蠅蟲不能落。人不知我。我獨知人。英雄所向無敵。蓋由此而及也。斯技旁門甚多。雖勢有區別。概不外壯欺弱。慢讓快耳。有力打無力。手慢讓手快。是皆先天自然之能。非關學力而有為也。察四兩撥千斤之句。顯非力勝。觀耄耋能禦眾之形。快何能為。立各平準。活似車輪。偏沈則隨。雙重則滯。每見數年純功。不能運化者。率自為人制。雙重之病未悟耳。若欲避此病。須知陰陽。粘即是走。走即是粘。陰不離陽。陽不離陰。陰陽相濟。方為懂勁。懂勁後。愈練愈精。默志揣摩。至從心所欲。本是捨已從人。多誤捨近求遠。斯為差之毫釐。謬以千里。學者不可不詳辨焉。

第二節　學太極拳須斂神聚氣論

太極之先。本為無極。鴻濛一炁。混然不分。故無極為太極之母。即萬物先天之機也。二炁分。天地判。始成太極。二炁為陰陽。陰靜陽動。陰息陽生。天地分清濁。清浮濁沉。清高濁卑。陰陽相交。清濁相媾。氤氳化生。始育萬物。人之生世。本有一無極。先天之機是也。迨入後天。即成太極。故萬物莫不有無極。亦莫不有太極也。人之作用。有動必靜。靜極必動。動靜相因。而陰陽分。渾然一太極

也，人之生機，全恃神氣。氣清上浮，無異上天。神凝內斂，無異下地。神氣相交。亦宛然一太極也。故傳我太極拳法。即須先明太極妙道。若不明此。非吾徒也。

太極拳者。其靜如動。其動如靜。動靜循環。相連不斷。則二炁既交。而太極之象成。內斂其神。外聚其氣。拳未到而意先到。拳不到而意亦到。意者。神之使也。神氣既媾。而太極之位定。其象既成。其位既定。氤氳化生。而演為七二之數。太極拳總勢十有三。掤攦擠按採挒肘靠進步退步右顧左盼中定。按八卦五行之生剋也。其虛靈。含拔、鬆腰。定虛實。沈墜。用意不用力。上下相隨。內外相合。相連不斷。動中求靜。此太極拳之十要。學者之不二法門也。

學太極拳為入道之基。入道以養心定性。聚氣斂神為主。故習此拳。亦須如此。若心不能安。性即擾之。氣不外聚。神必亂之。心性不相接神氣不相交。交則全身之四體百脈。莫不盡死。雖依勢作用。法無效也。欲求安心定性斂神聚氣。則打坐之舉不可缺。而行功之法不可廢矣。學者須於動靜之中尋太極之益。於八卦五行之中求生剋之理。然後混七二之數。渾然成無極。心性神氣。相隨作用。則心安性定。神斂氣聚。一身中之太極成。陰陽交。動靜合。全身之四體百脈。周流通暢。不粘不滯。斯可以傳吾法矣。

第三節　太極行功說

太極行功。功在調和陰陽。交合神氣。打坐即為第一步下手功夫。行功之先。猶應治臟。使內臟清虛。不著渣滓。則神斂氣聚。其息自調。進而吐納。使陰陽交感。渾然成為

太極之象。然後再行運各處功夫。

　　冥心兀坐。息思慮。絕情欲。保守真元。此心功也。盤
膝曲股。足跟緊抵命門。以固精氣此身功也。兩手緊掩耳
門。疊指背彈耳根骨。以祛風池邪氣。此首功也。兩手擦面
待其熱。更用唾沫偏摩之。以治外侵。此面功也。兩手按耳
輪。一上一下摩擦之。以清其火。此耳功也。緊合其睫。睛
珠內轉。左右互行。以明神室。此目功也。大張其口。以舌
攪口。以手鳴天鼓。以治其熱。此口功也。舌抵上腭。津液
自生。鼓漱咽之。以潤其內。此舌功也。叩齒卅六。閉緊齒
關。可集元神。此齒功也。兩手大指。擦熱揩鼻。左右卅
六。以鎮其中。此鼻功也。既得此行功奧竅。還須正心誠
意，冥心絕欲。從頭做去。始能逐步升登。證悟大道。長生
不老之基。即胎於此。

　　若才得太極拳法。不知行功之奧妙。挈置不顧。此無異
煉丹不採藥。採藥不煉丹。莫道不能登長生大道。即外面功
夫。亦決不能成就。必須功拳並練。蓋功屬柔而拳屬剛。拳
屬動而功屬靜。剛柔互濟。動靜相因。始成為太極之象。相
輔而行。方足致用。此練太極拳者。所以必先知行功之妙
用。行功者。所以必先明太極之道也。

第四節　太極行動歌

　　兩氣未分時。渾然一無極。陰陽位既定。始有太極出。
人身要虛靈。行功主呼吸。呵噓呼四吹。加嘻數成六。六字
意如何，治臟不二訣。治肝宜用噓。噓時睜其目。治肺宜用
四。四時手雙托。心呵頂上叉。腎吹抱膝骨。脾病一再呼。

呼時把口噓。仰臥時時嘻。三焦熱退鬱。持此行內功。陰陽
調胎息。大道在正心。誠意長自樂。即此是長生。胸有不死
樂。

第五節　太極拳歌

十三總勢莫輕視。命意源頭在腰際。變轉虛實須留意。
氣遍身軀不少滯。靜中觸動動猶靜。因敵變化示神奇。勢勢
揆心須用意。得來不覺費工夫。刻刻留心在腰間。腹內鬆淨
氣騰然。尾閭中正神貫頂。滿身輕利頂頭懸。仔細留心向推
求。屈伸開合聽自由。入門引路須口授。工夫無息法自休。
若言體用何為準。意氣君來骨肉臣。想推用意終何在。益壽
延年不老春。歌兮歌兮百卅字。字字真切義無遺。若不向此
推求去。枉費工夫貽歎息。

掤攦擠按須認真。上下相隨人難進。任他巨力來打我。
牽動四兩撥千斤。引進落空合即出。粘連黏隨不丟頂。

第六節　太極拳十三行功心解

以心行氣。務令沉著。乃能收斂入骨。以氣運身。務令
順遂。乃能便利從心。精神能提則起。則無遲重之虞。所謂
頂頭懸也。意氣須換得靈。乃有圓活之趣。所謂變動虛實
也。發動須沉著鬆淨。專主一方立身須中正安舒。支撐八
面。行氣如九曲珠。無往不利。（氣遍身軀之謂）運動如百
煉鋼。何堅不摧。形如捕兔之鵠。神如捕鼠之貓。靜如山

岳。動若江河。蓄勁如開弓。發勁如放箭。曲中求直。畜而後發。力由脊發。步隨身換。收即是放。斷而復連。往復須有摺疊。進退須有轉換。極柔軟。始能極堅硬。能呼吸。然後能靈活。氣以直養而無害。勁以曲蓄而有餘。心為令氣為旗。腰為纛。先求開展。後求緊湊。乃可臻於縝密矣。又曰。先在心。後在身。腹鬆。氣斂入骨。神舒體靜。刻刻在心。切記一動無有不動。一靜無有不靜。牽動往來氣貼背。斂入脊骨。內固精神。外示安逸。邁步如貓行。運動如抽絲。全神意在精神。不在氣。在氣則滯。有氣者無力。無氣者純剛氣若車輪。腰如車軸。

一、行功十要

面要常擦	目要常揩	耳要常彈	齒要常叩	背要常暖
胸要常護	腹要常摩	足要常搓	津要常咽	腰要常揉

二、行功十忌

忌早起科頭	忌陰室納涼	忌濕地久坐	忌冷著汗衣
忌熱著曬衣	忌汗出扇風	忌燈燭照睡	忌子時房事
忌涼水著肌	忌熱火灼膚		

三、行功十八傷

久視傷精	久聽傷神	久臥傷氣	久坐傷脈	久立傷骨
久行傷筋	暴怒傷肝	思慮傷脾	極憂傷心	過悲傷肺
至飽傷胃	多恐傷腎	多笑傷腰	多言傷液	多睡傷津
多汗傷陽	多淚傷血	多交傷髓		

第七節　太極七十二圖勢

（一）

太極拳祖師張三豐內丹養生

16 13 10

17 14 11

18 15 12

（二）

25

22

19

26

23

20

27

24

21

234

（四）

39

37

40

38

（五）

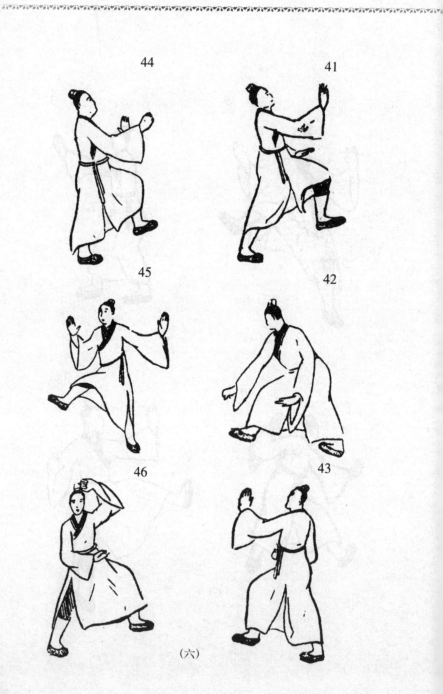

44

41

45

42

46

43

(六)

50

47

51

48

52

49

（七）

59

56

53

60

57

54

61

58

55

(八)

（九）

太極拳祖師張三豐內丹養生

77

74

71

78

75

72

79

76

73

（十）

86

83

80

87

84

81

88

85

82

（十一）

太極拳祖師張三豐內丹養生

95　　92　　89

96　　93　　90

97　　94　　91

(十二)

104

101

98

102

99

105

103

100

（十三）

第九章

張三豐內丹養生真訣

第一節　煉丹火候說二篇

一、煉丹火候說　上

　　夫功夫下手。不可軌於有為。有為都是為後天。今之道門。多流此弊。故世間罕傳真。亦不可著於無為。無為便落頑空。今之佛門。多中此弊。故天下少佛子。此道之不行由於道之不明也。初功在寂滅情緣。掃除雜念。除雜念是第一著築基煉己之功也。人心既除。則天心來復。人欲既淨。則天理長存。每日先靜一時。待身心都安定了。氣息都和平了。始將雙目微閉。垂簾觀照。心下腎上。一寸三分之間。不即不離。勿忘勿助。萬念俱泯。一靈獨存。謂之正念斯時也。於此念中。活活潑潑。於彼氣中。悠悠揚揚。呼之至上。上不沖心。吸之至下。下不沖腎，一闔一闢。一來一往。行之一七二七。自然漸漸兩腎大蒸。丹田氣暖。息不用調而自調。氣不用煉而自煉。氣息既和。自然於上中下。不出入入。無來無去。是為胎息。是為神息。是為真橐籥。真

鼎爐。是為歸根復命。是為玄牝之門。

天地之根。氣到此時。如花方蕊。如胎方胞。自然真氣薰蒸營衛。由尾閭穿夾脊。升上泥丸下鵲橋。過重樓。至絳宮。而落於中丹田。是為河車初動。但氣至而神未全。非真動也。不可理他。我只微微凝照。守於中宮。自然無盡生機。所謂養鄞鄂者此也。行之一月二月。我神益靜。靜久則氣益生。此為神生氣。氣生神之功也。

或百日。或百餘日。精神益長。真氣漸充。溫溫大候。血水有餘。自然坎離交媾。乾坤會合。神融氣暢。一霎時間。真氣混合。自有一陣回風。上沖百脈。是為河車真動。中間若有一點靈光。覺在丹田。是為水底玄珠。土內黃芽。爾時一陽來複。恍如紅日初升。照於滄海之內。如霧如煙。若隱若見。則鉛火生焉。方其乾坤坎離未交。虛無寂滅。神凝於中。功無間斷。打成一團。是為五行合配。

至若水火相交。二候採取。河車逆轉。四候得藥。神居於內。丹光不離。謂之大周天。謂之行九轉大還丹也。此時一點至陽之精。凝結於中。隱藏於欲淨情寂之時。而有象有形。到此地位。息住於胎。內外溫養。頃刻無差。又謂之十月功夫也。

二、煉丹火候說　下

夫靜功在一刻。一刻之中。亦有煉精化氣。煉氣化神。煉神還虛之功。夫在內不獨十月然也。即一時一日。一月一年。皆然坐下。閉目存神。使心靜息調。即是煉精化氣之功也。迴光返照。凝神丹穴。使真息往來。內中靜極而動。動極而靜。無限天機。即是煉氣化神之功也。

如此真氣朝元。陰陽反覆。交媾一番。自然風恬浪靜。

我於此時。將正念止於丹田。即是封固火候。年月日時。久久行此三部。功夫不但入圜十月也。故曰。運之一刻。有一刻之周天。運之一時一日一月一年。即有一時一日一月一年之周天也。然一刻中。上半刻為溫。為進火。為望。為上弦。為朝屯。為春夏。下半刻為涼。為退符。為晦。為下弦。為暮蒙。為秋冬。一時則有上四刻。下四刻之分。即一日一月一年皆同。此之謂攢簇陰陽五行。一刻之功夫。奪一年之氣候也。到此乃是真空真靜。或一二年至十年百年。打破空虛與太虛同體。此為煉神還虛之功也。

前功十月既滿。須時時照顧嬰兒。十步百步。千里萬里。以漸而出。倘或放縱不禁。必致迷而不返。仙經曰。神入氣成胎。氣歸神結丹。所謂一點落黃庭是也。但人雜念少者得丹早，雜念多者得丹遲。此法簡易。奈人不肯勇猛耳。若能恒久行持。必然透金貫石。入水蹈火。通天達地。再行積行累功。服煉神丹妙藥。必然形神俱妙。白晝飛升。全家拔宅。此又在功德之淺深如何耳。

設或不服神丹。只顧陽神沖舉。回視舊骸，一堆塵土。夫亦白日羽翰萬劫長存。可與宇宙同泰者矣。

第二節　服食大丹說

三清俸祿。玉皇廩給。非先聖賢哲。焉能受得如許。旌陽葛仙翁。殷真君等八百餘家。俱是成道之後。方煉服食。以度群逸仙云。內丹成。外丹就。此言人得正傳。先積精累氣。收積內外法財。養得氣滿神全。金光出現。晝夜常明。如是則吾身內丹成。而吾身外丹亦發相矣。

　　凡看書不可按圖索驥。學者於晝夜常明之時。藥苗已生方可採吾身外之藥。配吾身中之雌雄。以得金丹入口。周天火候發見。頃刻湛然。撒手無礙。才是金蟬脫殼。默朝上帝。中遇仙輿。受其天祿。萬神朝禮。能折天補地。摘星握月。驅雷轉斗。呼風喚雨。舉意萬神使。觀天地如手掌相似。這福德勝三輩天子。智慧勝七輩狀元。到這般時候。方可煉服食金丹。此丹如黍米一粒。落於地則金光爛天。方名神丹。若不通神敢說是外丹服食。此理奧妙。天機深遠。金種金。銀種銀。外邊無有別靈神。此黃白之術。不是凡間金銀。為母遏氣。果得正傳能產。先天大藥。認得黃芽白雪。稱為黃白。方可為母遏氣。以煉神丹。但是金銀水藥。都屬後天。且又不知真陰真陽同類。萬萬無成。慨世學者。真假不辨。不遇正人。都是盲修瞎煉。實修性命之士。若未遇真師。且潛心看書。夫古聖丹書。不空說一字。妄言一句。只是後人不識邪正。又不知聖賢書中。都是隱語譬喻。遭遇庸師。執認旁門毒藥人心。又無通變。似是而非。自高自是。聲音顏色。拒人千里之外。則高人望望然去之。況仙聖乎。

　　學者未遇正人時。當小心低意。積功累行。遇魔勿退。遭謗勿嗔。重道輕財。一遇正人。篤志苦求。抉破一身內外兩個真消息。忽然醒悟諸書，才不為人迷惑。若是志人君子。實心為命。掃盡旁門，重正心猿。重立志氣。低心下意。經魔歷難。苦求明師。窮取生身受氣。

　　初初者是元始祖氣。此氣含著一點真陽真陰。夫真陽真陰。產於天地之先。混元之始。這顆靈明黍米寶珠。懸在虛空。明明麗麗。但未有明師指破的人。如在醉夢相似。離此一著。都是旁門。此靈明寶珠。於虛空之中。包含萬象。潛藏萬有。發生萬物。都是這個。

第三節　聖母靈胎訣

　　聖母產靈胎。勿泄真鉛氣。升降是黃輕。黃輕能制汞。黃婆能養砂。真鉛可作匱。火數要分明。定養一七日。硃砂作銀團。直到三十配。紫粉神符匱。養練功成滿。要合真鉛數。化為紫金霜。點化無窮歇。我獨得其訣。莫與匪人說。謹慎守定心。不敢輕漏泄。銀鉛為根本。砂汞是子孫。轉轉升降同。節節無差別。鉛中有天地。鉛生五彩光。池煎聖母決。裏外是黃金。皆是鉛中㐀。將來產子孫。結送入丙丁。鍛鍊分剛決。養足三七火。母子自分別。聖母金砂養。子入悶鼎烈。五日分造化。插骨真白雪。火數四大圍。直到消足色。我得過關法。方可澆淋接。汞見立時乾。成寶永不滅。赤銅點成銀。黑鉛變白雪。仔細要推詳。字字無差別。我得師傳授。秘密真口訣。鉛汞雖在外。全在池中月。直到九九數，次物純陽絕，八石總不同。草木皆差別。得此真正金。切勿輕漏泄。

【第一轉】

　　先用二八鉛母。次用對停陰煉。入陽池內加大火。若火數欠少。則金花不發現。子灰不成功。夫全在於此。煎煉既久。發盡金花。鉛沉銀浮。待看凝神定汁。鉛生五彩。方才住火。冷定將池起出。打破將鉛又對母八兩。入池煎煉一次。如此九九足數。母似金色。任意養砂匱子。

【第二轉】

　　將聖母研作小塊。入盒內伏氣三日。三方火半斤。補全神氣會合先天足。日取出。摘去母以藥作匱。方可超凡入

聖。

【第三轉】

結聖胎產子之法。將靈母盒內取出卷鼎。進汞四兩。先將水池放得平正。早晚添水。水怕乾。火怕寒。此二不均。則聖胎不結。初火半斤。周圍一日。次日加火半斤。共該一斤。養六日一周。訣曰。火令鉛製汞。汞使鉛來迎。上火下水。日足取出。子母相盜。靈胎自結。號曰聖子。雖識真鉛真汞。不知火候難成。二物欠火。則聖胎不結。蓋火性緩。斯能融物。鼎要紫紅。聖胎自結。若火數微。水數勝。則鉛汞不交。凡結胎之鼎不可太紅。太紅者。恐傷聖母。訣曰。火大傷其母。火小子不成。正是銀與汞。合子與母戀。實為吞盜之妙。既結子已成收母。入靈藥盒內。補全神氣聽用。

【第四轉】

將靈子配金汞四兩。每兩進好赤金五分。同前悶鼎內。提上明爐底。火要一候足。一大火臥倒。冷取出入匱養之。

【第五轉】

地天泰卦。伏氣之法。顛倒薰蒸。而有神功。先將聖母剪碎入卷爐中。以鐵線略絞住。安靈子如法封固。行顛倒之法。上火下水。薰蒸三日。冷定取出。乃將聖靈入匱補全神氣聽用。

【第六轉】

訓子煉神之法。將伏氣靈子入悶鼎內，鍛鍊二次。打成錠子。取出。斫如三四分。小塊。同藥拌勻。復入卷鼎內。底火一香。溫養一候。冷定取出靈子。再用母照前伏氣日足。消之不折則靈矣。

【第七轉】

行過關之法。四兩入藥。八兩共入悶鼎。懸爐內。鼎先

要微紅。方將風匣慢扇三百六十之數足。冷取出看是紫色。是目下過關之妙。

【第八轉】

將過關靈子四兩。接汞二兩。入悶鼎明爐養火一候。又煉一候。打一大火取出。復入卷鼎爐。復母一候。又靈藥養一候。再配成戊土過關。乃為超凡入聖也。

【第九轉】

聖子六兩。接生汞四兩。伏母烹。薰蒸過關。如前。至此汞不返還矣。

九轉之後。升黃輕。其法以靈子一斤。加砂一兩六錢。入水火鼎內。底火升三七日。上用錫壺一把。摘水。日足冷出。盞上生出。一以靈芝。名曰黃輕。又曰。大丹之藥一分。乾汞二兩。中間水銀一錢。點銅三兩成寶。上以碗盛。水懸布溏滴之。

第四節　製鉛秘訣

黑鉛者乃玄天之神水。生於鴻濛之前。產於天地之先。中含五彩。內蘊先天。作金丹之鼻祖。為造化之樞機。內藏真汞。變化水銀。故曰先天真水銀。木體原無創造。緣煉丹之士。不知根本。斯鉛出山。內有銀精。被土人採而煎煉。摻和銅鐵。鍛成汁後。入灰池煎出白金。仍將鉛底熔化成鉛。傾銷成塊。販賣客商。經二番爍爍。安得復存先天之真烹耶。若先天真烹泄盡。只留一味枯體。安能制伏硃砂。必須採出山真鉛。安入造化爐中。神火鍛鍊。化成黃汁。補足先天之體。如此得鉛。方遂修丹之士。才是丹門中藥物。

書曰。火不正而違天。藥不正而背元。因斯鉛難得。後賢無奈。借用凡鉛。只得以同類之物。補其真氣。故取坎鉛。傾成薄片。煎如掌大。再以上等無名異打開。內含紫青色者為妙。名曰土精。乃日月雨露精華所結。將此藥末。與薄鉛層層開隔。鋪於大盆中。不拘三五十斤。上亦以盆扣定。鐵線十字紮緊。封固於空室內。周圍下穀糠六七斗。如此火煉。三日冷定取出鉛。如黑漆之形。內含五彩之色。才堪制伏硃砂。書曰。若要鉛靈。須憑火煉。斯言得之矣。

第五節　製銀秘訣

銀者金精。鉛者水基。水者道樞。其數為一。母藏子腹。子隱母胎。金水同宮。日月合璧。此是真胎產於黑鉛之中。故曰黑中有白。謂虎向水中生也。欲作丹房之金鼎。必須出山之銀為鼎器。招攝先天真陽之炁。日月純粹之精。有中生無。無中生有。煉白返赤。作金丹之梯航。夫婦交孕。勝人間之鴛枕。本無製造。因斯難得。後賢無奈。借用凡銀。以法煉成金鼎。制伏砂汞然後賴母仗砂。往往無成者何也。因不知斯銀之出處根苗。而妄用之故耳。蓋緣斯銀在也。挽和銅鐵。傾銷萬遍。真炁走失。精華枯竭。止存頑質。安得有靈。必須以法制之。方堪作用。

書曰。聖人無奈缺真鉛。窮取凡鉛鼎內煎。又曰。黑鉛相伴白鉛煎。二炁交加銀煉鉛法。以制鉛中斤。凡銀八兩。共入白玉池中。逍遙爐內。如法煎煉。壬真癸盡。三開三合之際。急宜著意取起。以作丹房之鼎器。

書曰。鉛中癸水。憑火燒乾。銀內陰魔。仗鉛載退。銀

吞鉛中之陽炁鉛克母內之陰精。銀中陽滿而陰癸自消。陽內陰絕而陽花自現。九九功完。兌金始淨。中含金橘而若絳桃。又曰。若無採藥臨爐訣。百煉千燒母不黃。凡我同志。留心於此篇之中。內藏真機。要知藥生之時。急急採之。如夫婦交感。種子之道一同。如經水未來或經水過期。月信不準。而行交感。安有受胎之理。知者細觀池內採取先天真一之炁。看月新月初生之景。陽光將萌之時。急以外藥真精。投入母腹之內。先天後天。互相包裹。排火周天倒池退符。去火冷定取山。似金橘而裹金砂。若明月而含紅日。

　　書曰。今年將盡處，明日未來時。即採藥之火候也。外藥固中之物。天魂地魂是也。各為父精而非雜物。書曰。陽精不與陰精合。費盡家財總不成。老則望遠。嫩則無用。高明忌之。

第六節　　製砂秘訣

　　砂者南離之火。外陽而內陰。中含真汞。號曰天流。遇火是飛。逢金則伏。外陽者。南方朱雀之象。丙丁之位。內陰者。東方青龍之象。甲乙之位。欲製者。畏水中之金公。故砂有飛走之患。鉛有制伏之力。其水逢金而必尅。火遇水而絕煙。砂汞銀鉛。互相克制。水火既濟。金木交並。會中宮而生真土。名曰戊己。乃青龍白虎。兩弦真炁。結而為圭。實乃烏肝兔髓也。因初起難得此真砂。故聖人借用凡砂。入陰陽池鼎。以法製之。化為真土。轉製砂汞。以為金丹。乃凡中取聖之玄妙也。

　　製砂之法。先以黑鉛投踵息聖土池中。煎煉癸盡壬真。

金花初綻。庚方月現。一道蛾眉。以紅入黑。取坎填離。顛顛倒倒。片向時間。結為夫婦。聚為魂魄。金木通靈。水火既濟。四候溫養。二候得藥。而成刀圭之黍米。離實為乾。坤虛成坤。化作乾坤之鼎。乾育震男。坤生兌女。中宮交會而生真土。土產真金。號曰舍利。為點化之靈田。智士若能知此坎離之交。金木之並。採藥之真。則砂可制而汞可伏也。書曰聖人無別藥。一味水中金。今人以凡金凡銀而煉砂汞。是以女妻女。不知道者也。又不知水中之金為真金也。此金有氣無質。安肯等閒住於雜物之上哉。

第七節　製汞秘訣

汞者震木也。乃東方甲乙之象。居角亢之位。生於離也。有氣有質之物性善飛走。變化莫測。號曰青龍。其體滑似水。惟土可剋。其色青屬木。惟金能伐。若若能降伏此龍。立可點化五金。堪以濟貧助道之資。其所畏者。坎宮之戊土。所懼者水中之真金。故聖人有汞傳金氣之說。水銀烹金精之論。名雖有二。實是一理。緣初起難得此金。汞故借凡砂永以法製之。古云。水銀死時水銀死。正此謂也。

製之之法。以汞投。入踵息池中。重樓疊疊。仔細封完三方底火薰蒸三十六時。陽文陰武。抽退汞中之陰癸。盜出坎戶之真金。其輕而上浮者。為聖汞。重而下濁者為胎銀。其靈者能補砂中不足之元神。能去砂中陰濁之塵垢。濁者能點銅鐵為金。能養活砂成銀。此又分派之應驗也。

書曰。若要聖母生聖嗣。先將去奪先天。又有辛金之鼎。傳庚金之祖氣。以金製汞。以汞投金。傳金之汞。盜金

之精。如能產出精華轉製凡砂。亦名過關砂之流焰。賴此而息。離之真火。仗此通靈。乃丹家之要法。煉道之樞機。味之味之。

第八節　金精陽氣論

金精者。鉛中之乾金。陽氣者。砂中之陽神也。乃金火二物是也。紫陽翁言水銀烹金精。硃砂煉陽氣。人皆言是一串話頭。畢竟分解不清。且有烹金精之說。而無煉陽氣之方。使學者如盲人尋路。豈知南北東西。瞎摸胡猜。以為渾然之說也。余謂金精陽氣。乃兩般之做手。實一樣之功夫。理則一同。法則二端。知者大丹可造。迷者遠隔於山。

法曰。水銀烹金精。人以活水銀入黑鉛之中。謂之水銀烹金精。可笑之甚。水銀者。謂黑鉛中之銀真水銀。是也。乃先天真一之氣。氣質無形之物。實難擒捉。故以辛金為鼎。招攝歸中。煉白返赤。化為黃酥。

名曰。水銀烹金精之玄是也。乃以辛而烹庚金。無形而住於有形。二五妙合。同類相招。人皆未解也。硃砂煉陽氣。今人亦多不明白。只言水銀而硃砂。硃砂而水銀。一個道理。兩樣說話。教人如何下手。如聾聽管籥。那別宮商。苦哉苦哉。

法曰。金精既明。將製過水銀。同煎金精之母。關作一家。升出清汞。配玄元之火。與硃砂入鼎共烹。三日砂脫紅衣。內添汞髓。豈不是煉陽氣之稱乎。若非後天之辛精。將何以烹先天之水銀。非後天之木汞。將何以煉硃砂之陽氣乎。

第九節　金火論

金火乃丹家之至要。知金火二字。則萬事俱備一。舉而成。今之煉土。有言以白銀為金。砂皮為火。非也是不知道也。金者自水中而生。乃先天之真銀也。

此物生育天地萬物。至神至靈。難擒難縛。故聖人以白金為鼎。運行水火。招住白金鼎中。攢年簇月。煉至九陽凝成金鼎。金生火化為黃液能擒後天。聞氣而死。聖人東北金。火轉至天流。或製木汞。以金製汞。名曰水銀烹金精之玄。或有以汞投鉛，摶出鉛中之金。而煉砂制流。不知鉛中之金。乃為庚金。辛金不在其內。鉛中骨肉。何敢失也。又有砂中取火。而為真火非也。然砂中之火。乃為黃硫。實乃砂中之靈英，後天之有形。故將此物制砂制汞。乃生熟相制之意也。蓋丹道妙在真火。

書曰。真火無形。遇物而現，非有形之物。知者味之。

第十節　踵息煉氣篇

大哉先天一氣兮。中立玄牝。是謂橐籥。始於無極。至哉後天兩儀兮。七八生門。加倍無路。終於有情。天人一致。人仙兩途。歲月如流。光陰若霎。冥陽永隔。嗚呼。旁蹊易入。正道難臻。人道不修。仙道遠矣。真常有得要自功夫。其為妙用。行乎晝夜之間。少食寬衣。坐於靜室之內。手握心印。足踵地戶。舌柱上腭。唇齒相關。調踵息而綿

綿。合入合出。定身心而默默。內靜外澄。一念規中。萬緣放下。四門外閉。兩目內睹。想見黍米之珠。權作黃庭之主。方存性日在泥丸。仍安命月於丹府。似有如無。神凝氣結。如是良久。憩息天然。徐徐咽下。真氣緩緩。納入丹田。沖起命元。領督脈。過尾閭而上升泥丸。追動性元。引任脈。注明堂。而下降丹府。甘露乃送丹田。是則寂然不動。感而遂通。此則體交而神不交也。

龍虎交加。即安爐立鼎。調和鼎鼐。亦為變理陰陽。如此兩弦交並。動靜施功。共為一周天火候。次第勤行。週如復始。善使三關純熟。二氣和合。此神交而體不交也。舉動橐籥。往來意內。頻扇慢鼓。巽風上下。隨意升降。進而徐呼。退而猛吸。先扇四九。且止就定。仍行四六。內協輕提。就可咽氣。一泓仍要。括腹二八。如此共行三度。各用六次為周。或乃順而行之。或乃顛倒之妙。每次煉畢。仍行靜功。或後三元。上下九轉。恐氣未得上升。加以武機三訣。臨爐交煉。晝夜施功。靜運動機。常行尤妙。臨期潮候。月出庚方。可以扇動。凡鉛成就。不終一刻。但得三五度凡鉛。可延壽二三百歲。

行功之際。別有妙用。常飲仙家酒。休折臨落花。間撫沒弦琴。慢吹無孔笛。如是功夫。至玄至妙。但行緊急。有損無益。金丹大道。金在形交。玉液玄機。別無妙術。故曰。採藥容易。練己最難。務令性靈神融。心灰意定。功成百日。妙奪周天。還丹之道。無出於茲。栽接之功。不過如是。但勇猛易就。怠惰難成。誠為玉液練己之樞。真乃金水鑄劍之要。

【擇財助道】

必須善財。預儲完足。不令缺乏。若係孽財。必代受孽

報。審慎擇之。

【擇地立基】

必居依市。歷有勢有力之家。有勢無力。則浩大之費。無從取給。有力無勢。則外患多端。無由彈壓。或就鄉居。土宜紅黃。上無古墓。中有甘泉。旁有善鄰。不近於牛池糞窖。山川清淑。斯為福地。否則恐不克諧於事。此地之所以必擇也。

【擇侶同修】

必擇同心之侶。為生死之交。秉性純和。忠孝友悌。扶持丹室。勤勞不倦。朝夕防危。恐臨爐有失。一得丹時。如醉如癡。全在侶伴黃婆。小心調護。否則生殺之機頃刻矣。

【築立丹台】

所謂入室。室者修真之丹房也。室共三層。前一大廳。廳前敞地。左右門房。第二層中堂正室。左右廂各三間。左廚右庫。正中積財以備用。廚中供監齊天將牌位。正中三間。供祖師五祖七真十六天將神位。供桌上淨水。香燭花瓶。排列古器。用日月規。將時對準。並經書全集。早晚參拜。正中左右為行法護衛之居。中間隔斷。只留一孔。方尺許。以進飲食。後堂三間。左右廂各三間。正中三間。東青龍房。西白虎房。正中供上帝祖師牌位子午正向。左丹室。右神室。窗明几淨。四圍高牆。勿令人窺探。欄檻清幽。栽花卉。養鶴鹿。為靜慮散心之地。

【周天定時】

時者非年月日中之時。乃先天活子時也。修真之士。苦求還丹。必定其時。須擇鼎器。或三五六七者。自他所生之時算起。每一日十二時。每一月要三十日。每一年要十二月。又將閏月之數作算不除。以十二歲初年屬子。二年丑。

三年寅。四年卯。五年辰。六年巳。七年午。八年未。九年申。十年酉。十一年戌。十二年亥。此為年中周天也。調月周天。將十三歲第一個月為子。至十二個月為亥。此月中周天也。又言日中周天。卻將十四歲初一起每兩日半三十時當一月。記三十日總共三百六十時。為十二月。此日中周天也。再說時中周天。就丑年丑月初一日子時起。初三日巳時止。共三十時。此為時中周天也。所云三日月出庚者。此之謂也。雖然。是三日月出庚。又未得其真傳。以初三日為採藥之時。不知真龍配合也。若至初三日藥過時而生質矣。

譬如三十日為晦。初一日為朔。天上日月二精。每於晦朔兩氣相射。則太陰感陽光而有孕。如初二日月與日同出同沒。至初三日日落。月現一痕蛾眉於庚方。庚乃兌金。即乾金也。已歸西南。坤兌少陰之象矣。要求大藥。必於活三十日夜。活亥時後二候。活得一日。活子時前四候。共六候之內。得藥得丹也。

前四候之初驗鼎。唇紫面赤。眉間光潤。癸盡壬真。乃藥生之時。經曰。細審五分剛到二。魚鱗片片起貞祥。

第十一節　九轉龍虎金丹

【配合起手】

用真正老礦髓。即飽銀砂。形如綿軟。嫩白不夾石者。每兩出寶八錢。用十兩研細為末。內隱坎水。正一真鉛。此鉛中戊土。含月魄。先天真陽。太陰月華下弦之氣。是謂虎向水中生。顛倒玄機。而為黑汞。黑者玄武。銀者金精。太樸未散。是恍惚中物。不可見其質者。名為抽髓。

真正硃砂。形如豆大。精神光彩。無夾石者。每兩出汞八錢。用十兩成其顆粒。內隱離火。正一真汞。此砂中己土含日魂。先天真陰。太陽日精。上弦之氣。是謂龍從火裏出。顛倒玄機而為紅鉛。紅為朱雀。鉛是汞精。太樸未損。是杳冥中。居不可見其形者。名曰抽精。

山澤淨銀十兩。挫為細末。或為銀粉。用鹽礬梅湯。煮洗令淨。用白芨水。調稠於磁盒神室中。貼作胎胞匱並蓋盒。將礦研為細末先鋪匱底一層。然後層層與真汞並精彩硃砂間裝。真鉛末蓋頭。以胎胞蓋之。又用磁神室蓋覆封固合縫。又用護火外匱磁鼎。或罐量其大小。內裝底細末。將神室安放匱內。中間四圍匱底。用談末裝合勻滿。瓦蓋覆。仍封固嚴密。下地爐或灰缸。三方一鼎火。共一斤之數。卯酉抽添。養火七日夜。開看翻騰一次。封固復養。照前火候日夜足開看。取砂一粒。燒試成珠。無硫焰不折乃可。其燒試有焰。或折多者。再照前火候養七日夜。方可就與真鉛末混為一處。通研極細故曰鉛用髓。汞用精。精髓相合。丹必成。詩曰。鉛汞成真體。陰陽混太元。但知行二八。便可煉金丹。此謂二八金丹鉛汞是也。可為真父母。丹之祖也。又為四象五行真土。又為三家相見。到此方產嬰兒。子母相生。是為第一轉。

【第一轉土擒砂汞混元丹】

右將前銀末胎胞匱。不可損壞。仍將真鉛真汞末四抱一之數。於胎胞匱中下爐。依前火候三七夜足。取砂開看。青色可用。如紫紅者再養。務要養死。共水湊死砂若干。不可燒汞。研為細末。修養第二轉。

【第二轉日精月華龍虎丹】

將前銀末胎胞匱不用。又將前配真鉛真汞末。用白芨水

調稠於磁室中。貼作丹基祖匱乏乾。汞不可損壞。又用山澤真母二兩。客成一二分小塊。先鋪一兩在匱底。又將前養死混元丹砂研為細末。

於母丹基祖匱內。四抱一之數。仍用金箔與丹砂層層間隔。再將碎銀塊一兩蓋鼎。將盒如法固濟令乾。仍入護火匱內。照前火候三七夜足。開盒取砂。燒試不折。透青黑者收。再養一二次。共得砂若干。不可澆汞。亦研為細末。修養第三轉丹砂。

【第三轉神汞金液返還丹】

右將丹基祖匱內汞。不可損壞。另收。轉輾用之。不離此匱。仍將混元丹砂末。白芨水調稠。貼於磁神室中作匱。又將養死日精月華丹砂。研為細末。四抱一之數。又用金箔拌養。層層間裝。如法固濟。仍入護火匱內。照前火候三七夜足。取砂一錢。燒試成珠。硃裏汞五分。虛養三日夜足取出。砂汞一錢五分。點茆一兩成寶。試之有驗。餘不澆汞。研為細末。修養第四轉丹砂。

【第四轉玉房金汞靈砂丹】

將前日精月華丹砂末。用白芨水調稠。貼於磁神室中作匱。令乾。將神汞金液返還丹砂。研為細末。二抱一之數。金箔拌養。硃砂封固令乾。仍入護火匱內。照前火候。養日夜足。務令砂死。每死砂一兩。澆硃裏汞五錢。虛養三日夜足取出。每砂一錢。可點銅錫一兩五錢。入鉛池煎成至寶。將匱出餘砂。或烹煉返粉。每丹三分。可點銅錫一兩。卻將養死汞鎔汁。鑄成神鼎一雙。形如雞子樣。將來乾汞餘砂末研細。修養第五轉丹砂。

【第五轉朝種暮收玉田丹】

將前金液返還丹砂末。白芨水調稠。貼入丹鼎神室內。

作匱乏乾。將養死玉房金液靈丹砂。研為細末。用金箔拌養
丹砂。層層間裝。照前固濟令乾。入護火匱內。照前火候三
七日夜足。取出。每砂一兩。燒砂裏汞五錢。虛養三七夜
足。又用金箔拌入丹基祖匱內。養火三日夜足。每砂一錢。
可點銅錫乾汞一兩。或烹煉丹泥。亦用生熟相接之法。又將
匱出砂汞為末攤平。如栽蓮養雌雄硫藥。養火一七日夜足。
摘出三黃為末。拌養靈砂粉霜。有晝夜之功。同造化餘末。
修養第六轉丹砂。

【第六轉靈芽遍體純陽丹】

將玉房金汞靈砂丹末。用白芨水調稠。貼入丹鼎神室作
匱。用麩金四兩。拌養好硃砂四兩。照前火候三七日夜足。
開看摘去麩金。將受過金氣丹砂。又用五轉養出朝種暮收玉
田丹砂。研為細末。與砂同金箔層層間裝。照前火候養三七
日夜足取出。硃砂四兩。澆金汞二兩。虛養三日足。又用養
死的雌雄硫末。拌養金汞金砂之丹三分。分作三次。點成上
色黃金。

又將匱出丹砂。或養砒鹵硼丹等藥真死。轉養第五轉丹
砂。隨類點化餘砂。如不點化。不用雌雄等藥。只用麩金拌
養氣足。又將前朝種暮收砂末。於鼎攤平。插數孔種入硃
砂。照前火候。養三七日夜足。其汞已成靈芽玉筍。取出點
化五金。俱成至寶。金砂為末。又能轉製九轉。可以服食。
修養第七轉丹砂。

【第七轉黃芽氣結精英丹】

將靈砂遍體純陽丹砂末。二抱一之數。於鼎神室中拌
養。無損壞好砂一二兩。照前火候養三七日夜足取出。每砂
一兩。澆硃裏汞一兩對停。虛養三日足。又用金箔拌砂汞。
入鼎丹基祖匱中。養火三日足取出。每砂一錢。點銅錫二

兩。乾汞一兩至成寶。匱出餘砂。養與前死雌雄末一處。研為細末。入磁水火鼎內。如法固濟令乾下爐。上水下火。升一炷香。候冷取出。

其天盤上著明窗金塵另收。每汞塵一分。搽摻水銀二兩。成赤色黃金。水火升幫墜底者。入耳鍋鎔汁。鑄金鼎神室一雙。轉養金砂。又將前養的玄黃氣結精英丹砂。配前養砒粉硼鹵膽礬等藥。照前入水火鼎。打出天盤。輕清者名為白雪粉霜。也有搽摻銅鐵之功。白者化銀。又將打餘砂為末。修養第八轉丹砂。

【第八轉霞綾紫府長生丹】

將前養的玄黃氣結精英丹砂末。二抱一之數。於金鼎神室中。拌養好砂三兩。照前火候養三七日夜足。將砂摘出。就打火金鼎黃土金箔貼一層令乾。對停燒金汞。虛養三日足。乃用前養雌雄末與砂。一處研為細末。照前入水火鼎。升出為黃礜紫粉。每分勻汞銀一兩。成上色赤金。有搽摻之功。如不加雌雄等藥升打。只用金鼎胎接養三日氣足。修養第九轉丹砂。

【第九轉脫胎神化靈寶丹】

將霞綾紫府長生丹砂末。於金鼎神室中。拌養好硃砂四兩。照前火候。養三七日足取出。養丹砂一二次澆硃裏汞對停。虛養三日。又用珍珠琥珀等為末拌勻。入金鼎慢火溫養。五日取出服食內摘丹一二兩。仍將第一轉丹硃末。每一兩加硃裏汞五錢。

入悶鼎先文後武打一火。待鼎冷定取出研碎。逐塊用金箔包之。入金鼎神室中。用霞綾紫府丹砂末。拌養七日足另收。又將第二轉起。至第八轉丹砂。照前配汞入鼎打出。逐塊用金箔包之。用長生丹砂拌養七日足。轉輾養畢。俱成通靈

之藥。點黃白數餅。供奉先師。用玄豹皮收貽。

第十二節　太丹起手秘訣（西江月三首）

　　若得水金十六。須將木火均勻。同歸丹鼎火溫溫。三十
時辰為準。不用水火升降。後有二八餘零。陰陽交泰即長
生。還向丹房問鼎。

　　【其一】

　　水金十六兩。即先天真一氣一斤。是戊己也。木火均勻
者。即精明好硃砂。以此二物。夫婦和合。同歸丹鼎室中。
文火溫養三十時辰。而砂熟成藥也。凡生砂色紅。熟砂色
黑。用火燒試成珠。方為死也。

　　採先天真土真鉛法。用一氣鉛四兩。又用好文母四兩。
入硬池熔化取起。煉於灰池內。將凝末凝之際。將製的鉛
銀。投母銀於內。久之生出藥來。嫩黃色收下。即先天真鉛
發生其面。取下研細末。入光明硃砂四兩封固。下灰缸三十
時辰足。其砂死矣。取出硃砂。將乏藥收起。如養過乏藥。
取來研細。復入鼎內。又養砂。每乏藥二兩。養砂五錢。其
力弱了。要四七方得砂熟。

　　【其二】

　　既有初子四兩。將來制立乾坤。形如雞子二弦分。腹內
空虛經寸。進退陰符陽火。擒收地魄天魂。鴻濛顛倒法乾
坤。便是登仙捷徑。

　　神室也如初子有一兩。入砂鍋中熔化。用荷葉急攪不
歇。久而盡成砂粉矣。候冷吹去灰。以白芨調和。用鵝卵殼
新筆塗刷。乾了又塗。塗完為度。又外用紙巾泥一層。待乾

入火一鍛。中轂以成灰子。銀已鑄成鼎矣。名曰神室大丹。至此點化近矣。將鼎頭鑽一孔指大。進光明神氣好硃砂四兩。封口入灰缸養五日。每日子時進火一兩五錢。至午退去殘火。又進一兩五錢。此頭一日行火也。次一日卯進酉退。如前抽換。第三日又從子時起火午落。第四日卯酉抽添。第五日或卯酉兼行。何也。蓋前四日子午卯酉火均。而此日恐少卯酉火故也。四方火換盡。火止砂盡靈矣。此砂一錢。可點茆一兩成寶。其茆初點黑色。入金鉛池煎過，即成雪花文銀也。

【其三】

黑成靈砂至寶，必造金液還丹。三人同志可修仙。一一須當備辦。做個神仙活計。莫同塵世交關，知心養成大還丹。勿得輕傳洩漏。

熟靈砂二兩。研為細末。用上好光明硃砂一兩。白芨水拌濕滾前砂末。曬乾再又滾。滾完為度。復入汞靈母匱內封固。下灰缸養火九日開看。而砂胎色鮮。此所為還丹也。砂本太陽流光。乃真火氣結而成。今養熟返其本色。夫丹靈而赤存。存有點赤返白之妙。故曰死水銀。能固活人。活水銀。能固死人。每水銀一斤。用此靈砂四兩。入悶鼎封固。打火二八。其汞死矣。每死汞一錢。點茆一兩。入鉛池煎過。即成白銀伏子的黃母形式。將黃酥母用鐵絲纏住。紙巾泥塗一錢厚焙乾。入鼎。庶子母不相侵犯。但金氣交而體不交也。

【黃母形式】

用先天礦石中煉出的仙銀。為真鉛。硃裏汞為真汞。一個養磁點銀成金。一個養鹵點鐵成銀。其神室重一斤。用死汞造神室祖匱。於後不可犯邪氣。此匱乃祖祖聖聖之秘。

我有一畝田。團團似月圓。煉出金光祖。荊牛不可牽。

第十三節　長命金丹

【煉神母訣】

銀一兩。鉛為伴。三足爐中憑火煉。陰消陽純火候足。
鉛花退盡銀自乾。金花浪裏層層滾。五色霞光紫霧現。鉛遇
癸生須急採。金逢望遠不堪嘗。金滿面。到此急急不住扇。
足用大火三炷香。池中清濁方為驗。急急投進砂神室。磁盒
扣住准三錢。周圍土固要牢堅。此時不可輕遲慢。起盞一餅
黃銀末。上戥重有一兩三。此為戊己真不錯。養砂乾汞立時
見。若能養砂十三兩。九九功成妙無邊。

用出山銀一兩。鉛砂九兩。先將銀鉛各一兩。入飛仙
池。用三足爐上下覆蓋如碗大。自然火煉之。待鉛花發現。
鴻濛將判。方投鉛一銖。凡煉鉛時。將前鉛九兩去一兩。落
八兩。分為十八銖。每銖四分四厘。餘鉛一兩。全前母入鉛
煉之。待鉛盡。鴻濛持勢。方投一銖。徐看徐投。池內鉛多
者。用棍校出。待鉛朱投盡。方加硬炭。三炷香為度。

看母純陽。如潭底之日。焦紅溶溶。再投死神火三錢。
復扣少時。神母成珠。此為黃酥也。二錢可養乾汞一兩。點
赤十兩。此黃酥一錢。養砂四兩。入鼎養七日。即將此砂補
髓添超脫。接轉無窮矣。死汞煉一斤。名曰真父母。將來養
硃砂。點金過北斗。

將前己土養死芽子一斤斫碎小塊。加金鉛末拌勻。入罐
封固。養火七日。打一火。抽去陰氣。取出入鍋。煉大火三
炷香。提下冷定。枯鉛在上。子銀在下。取出過關。入灰池
煎寶。為一轉之功。

【一轉過關死汞養砂】

過了鉛關轉轉成。神龍脫化自然靈。汞養硃砂砂脫汞。汞靈砂死大丹成。一轉丹砂死。多蒙老母恩。抽添憑未濟。水火別寒溫。訣曰用過關汞銀一兩。斫小塊。配硃砂八兩。入鼎封固。養火七日。取出入罐封固。打一火將升盞靈藥一錢。乾汞二兩。成寶子銀另收要用。將內真土作汞泉匱。以養硃砂。故曰汞死號黃芽。黃芽復養砂。死砂憑澆汞九轉不離砂。

【二轉丹砂變化】

二轉靈芽三轉砂。靈芽顛倒吞汞花。產下無數嬰兒出。個個拋金會種瓜。

二轉延硃砂。脫出真汞芽。真汞養砂死。通靈妙更佳。訣曰。將黃芽復養砂二轉。靈砂芽養砂八兩。即砂死鉛澆汞。每砂一兩。吞汞五錢。養火七日取出。加硼砂三錢。入鼎封固。打火三炷香取出分胎。子母前後。各收聽用。

【三轉烹白雪】

三轉通靈妙若神。不需超脫自然真。工夫到此知音少。試點紅銅變白銀。

三轉靈芽子。將來養硃砂。點銀如糞土。堪以濟貧家。訣曰。將三轉死砂脫出子銀。每一鼎只用二兩。加川粉二錢。銀作小塊。粉沾身裝悶鼎內。用水盆一個。內放新砂一塊。令水淹過一分。將鼎提上明爐底紅一指。三轉白雪養砂開鐵。將鼎提新砂上激冷。又燒又激冷。如此行七日。其汞俱成白雪。可以養砂八兩。倘汞或多。行煉老陽法。用天流一兩。銀硼五錢。仝研為末。與銀穿衣入罐封固。養火三日。打一火。與一轉二轉三轉以上。烹白雪工夫一般。此訣造化。不費人力。一轉汞銀須過關。即此死砂脫出子銀也。

二三不必過關。只用超脫之法。鑄成神室。灰缸養砂。火大恐傷神室。溫溫之法。三七日取出砂。似碧天五分。開鐵成寶。將此八兩。進汞四兩。養三七。接養四次。與砂銀一般。三分開鐵一兩成寶。養砂進汞四兩。其砂名玉金砂。

【四轉造玉金砂】

四轉靈芽變化多。擎來初出白雲窩。任教大地塵沙變。萬劫英靈永不磨。

四轉硃砂死。凡母脫青衣。製造無差失。還丹亦易為。訣曰。前澆汞玉金砂二斤。一斤鑄神室如雞子樣。餘一斤留煉白。或老陽栽接。養砂八兩。若加玄霜更妙。將砂入神室封固。又入磁鼎固濟如法。七日足。丹紫紅胎。色不變化。作紫粉一分。開鐵成寶。

【五轉紫粉養黃轝】

五轉靈芽多變通。消磨虎氣一團龍。誰知鼎內溫溫火。取出其中紫變紅。

五轉硃砂死。通玄合聖機。關嚴靈父發。脫化退青皮。訣曰。五轉硃砂變紫粉。入室養黃轝金胎。如養得黃。須用麩金為母。依四轉配合。用好砂八兩入神室。麩金鋪底蓋頭。如法固濟。溫溫七七日足取出。丹砂變成紫粉。號磨金砂。可作金母。以澆金汞須制伏。用黃連黃柏黃芩如雌黃之象。可澆金砂四兩。淋汞一兩。火候小心。澆一次仍歸祖金。內養二七日足。淋一次。此金砂一分。點五金。皆成黃金也。六轉金汞養金砂。將澆過紫金砂汞銀。鑄神室。餘銀作末。火養為金砂。又將金砂澆淋。汞養金汞雲。

【六轉金汞養金砂】

六轉工夫氣轉靈。霞光射出鬼神驚。明珠萬斛應無價。留得些兒養性情。

六轉硃砂死。精靈實可誇。有人能到此。立地是仙家。訣曰。將紫汞鑄成神室。名曰金鼎。餘金作末。二抱一養七日足。皆成金砂。再將金砂淋汞。養金蠶。變金液。依前配合封固。照前四轉。大功日足一分。乾汞四兩。即成紫金。

【七轉紫金養金蠶】

朝種胡麻暮即收。功成七轉復何憂。等閒莫與時人說。獨對嫦娥笑未休。

七轉金砂死。光明普照通。學人能到此。點盡泰山銅。訣曰。將前六轉金汞。鑄神室一個上下二釜。照前二抱一。養砂配合封固。養七日取出。澆汞五錢。仍養七日。進汞養畢。朝種暮收一分。乾汞六兩。俱成黃金。

【八轉金蠶養黃輿】

子產孫兮孫復孫。紅鉛黑汞魄歸魂。好將玉鑰開金鎖。跳出長生不二門。

八轉硃砂死。稱名號大丹。點金等岱岳。推許濟貧寒。訣曰。用七轉金蠶一斤。澆千葉雌八兩。入神室固濟。養火三日。其火即伏。又進磁雌半斤。乃入神室。養火三日。此汞盡成黃輿。此藥一分。點五金皆成黃金。

【九轉黃輿養神符】

九轉工完妙更玄。一粒能教汞立乾。造化豈知全在我。任教滄海變桑田。

九轉靈砂死。火功已到乾。其中玄妙理。莫與世人傳。訣曰。將八轉黃輿一斤。每兩加玄霜二錢。神室封固。養火三日取出。用陽城罐一個。入藥四兩。如法固濟上水下火。一火冷開看升盞靈藥。紫氣金丹。收入瓷器。楮汁為丸。如黍米大。絹袋懸井七日。以去火毒。拜祭天地神明祖師。用井花水吞一粒。永為陸地神仙。

第十章

張三豐水石閒談

第一節　閒談

　　張子曰：世人謂讀書十年，養氣十年。他把讀書、養氣分為兩節事件，便不是聖賢學問。夫讀書所以研理，養氣所以煉性，性理功夫就在讀書、養氣並行不悖之中。宣聖云。學而時習之。此便是研煉性理，純一不已處。

　　張子曰：陶淵明北窗高臥，自謂羲皇上人。此便是他清風峻節，守志前朝氣象。特其出語高超，而人不覺耳。

　　張子曰：道人願士子早完功名之願，盡乎人事。即進撒手。人能功成勇退，便為得時。所患者溺入功名場中，戀戀不休，則愚人也。

　　張子曰：涵養中有大學問，和平處有真性情。諸子須要容人之所不能容，忍人之所不能忍，心修愈靜性大愈純。

　　張子曰：功名無大小，總要及時進退。何以能知其時？凡於功名中平心一想。曰吾之功名不過止於是也，即止之。便可得其時也。抑或有不盡頭處，然寧不及，毋求太過。淮陰侯不如子房公、元微之不如白香山。皆其求盡之心蔽之

也。向使子房、香山亦有求進之心,則子房固不難再列台輔,香山亦可轉宰相,然安知其終不與淮陰、微之同一鮮終而已哉?故知進退者,乃能稱為哲人。

張子喟然歎曰:茫茫歲序,逐景漂流,吾見人寰中求名求利之輩,轉瞬而拾青紫,數歲而擁豐資者,千百人中不數人。即有其人,高爵大權,難壓閻羅尊者,黃金白玉難買無常不臨。又或有居富而壽、居貴而安者,終歸白楊墓下,秋風瀟瀟,涼氣慘人。其子孫不肖,又看轉眼荒涼,有何益也。況乎大富大貴,聚富驟貴,多畏人妄加橫逆,譏罵指摘,倘或不行善事,被人詛咒,有隨口而凋零,有隨口而窮困者,人人快意,個個權心。其實天報昭彰,非人口之轉移也。人能看得破,撒得開,自然不羨人富,不羨人貴。求吾安命之理,守我修真之道。人競囂囂,我獨默默。人皆煩惱,我獨清涼。又安問人之達與不達、窮與不窮,為旁觀之不平也哉!

張子曰:人壽一事,上人有定,下人有定,中人無定。中人少善少惡,天欲延之不可,天欲迫之又不可,於是任他自生自死於其中。保則生,不保則死。故修身尚焉。修身而兼以積功累行,以企於長生久視者尚焉。若下等人,多過多惡,即修身亦不得長生,如其身上之精氣而削之剝之,死之罰之而已矣。上等則不然,以上等而修長生,長生可證也;即不願修長生,然其正氣撐空,亦得聯班神道;否則轉投入世,亦必生入仁善之家。天理若此,有何難曉哉!

張子曰:自古忠貞節烈,殺身成仁之時,便有七返還丹景象。當其一心不動,一志不分,浩然之氣立其中而生其正,任他刀鋸鼎鑊,都視為妖魔試我,毫不動搖,我只收留義氣,聚而不散,凝而至堅。火侯至此。則英雄之光氣互萬

年而不滅也。仙家入室臨爐，就要有此手段。

張子曰：人當親在，須要及時盡孝為佳。否則親容一去。因時追感傷情，有不可言者。今日當秋山林中，有守制者聽吾道來：「又是秋商露滿林，碧雲天外望親心。黃蘆白草霜中老，淚灑泉台幾尺深！」試誦此詩，能弗慘然。

張子曰：人於孝道，務宜各盡天良，不能一樣，即是一樣。同歸於「孝」字中乃可。欲免門閭之望，就宜歸家奉養；欲求顯揚之義，就宜矢志皇路；欲要保身為孝，就宜寡慾清心，徒托空談無益也。二三子顯揚未能，歸家時少，到不如寡慾清心，體曾、孟兩賢之訓為善也。若不清心寡慾，只是妄想名而名不成。妄想利而利不就。妄想一切而一切不可得。形神憔悴，父母之顏狀未衰，人子已有老憊之態，是欲言孝而孝亦不久，反令父母惟其疾之憂，多遠遊之慮。不幸而人子一死，反添父母傷悲，反使父母埋葬，由此思之，孝在何處？不將為畢世之罪人也乎？吾道以清心寡欲為本，實屬保身之方，再加以色和顏順，身敬文誠，則於孝有得矣。

張子曰：儒生作茂才後，多落處館一派，須知就館穀以奉養，亦儒家之方便門也。然孔、孟貽後人以詩書，原不教人漁利，至後世而有此修金之事，則即此物以奉親，正所謂小用小效者耳。然不可貪心無厭，為子孫作安閒之計，以詩書為利藪，乃不為聖賢之罪人也。

張子曰：人欲盡忠孝，立大節，必先要清心養氣。若無真心真氣，必不能盡忠孝、立大節也。蓋忠孝者本乎真心，大節者原乎真氣。欲得真心真氣，又當以靜為主，乃能存得起真心，養得起真氣。

張子曰：人要尋內快活，勿尋外快活。孔子之樂在其

中，內快活也。若徒願乎其外，是欲求外快活，而反生其煩惱也。

張子曰：儒生家多得泄精症者，雖緣心火不純，亦因徹夜談笑，永夜讀書，引丹田之氣盡縱於口角之間，致使精失其伴。遂有此泄精症耳。善保身者，談笑宜少，讀書宜和。

有一後生得慵軟之病。張子曰：汝宜爾此冬晴，運小石砌小塢，摧山鋤删枯草，未餒則止。日日如此，悠游運動，若園丁然。則通身氣血活而不滯也。

張子曰：豪傑之士，做好人，行好事，只求其心之所安，並不存借善邀福之念。明明上帝，亦只有福善禍淫之道，以待常人而不舉以待豪傑也。夫為善而得福，豪傑之所宜有，而非豪傑之所盡有。願其轟轟烈烈，善作善為，以留於天壤，而千載不蔽，其神食馨香於冥漠者，亦何莫非天之所以報豪傑也。吾看古來忠臣孝子、義士仁人，夭折患難之間而慨然也，而恍然也。

張子曰：讀書立品，儒者急務，而保身之道，足包立品於其中。保身者必去驕奢淫佚，掃蕩邪行。故保身可包立品也。夫保身之道，自曾子傳之，至孟子而光大其說。養心寡慾，持志守氣，此保身之圭臬也。而修真之道，即以此為正法門。但人心蒙蔽，聞保身而以為常談，聞修真而以為奇異。欲求知修真悟道者，已難之矣。

張子曰：一日無孔、孟之學，天下無好人；一日無莊、老之學，英雄無退步。

王居士云：以茹素為除葷。張子曰：葷與素不同也。道家戒五葷。方書謂蔥、韭、薤、蒜、芸苔，此五者辛臭散氣。故字從「艸」「軍」，猶言草中之兵。並主克伐者也。

養氣者忌之。釋家重茹素，以其戒殺放生。故凡畜類之肉，皆屏而不食。世人以朔、望等日茹素，而平時仍嗜肥甘，素猶不素也。吾為茹素除葷者計，曰善口不如善心，體君子遠庖之訓可也。養氣即能養腹，遵至人臭味之戒可也。

張子謂忍辱、受辱二道士曰：凡人外營亦必內營，內修醇厚，外福亦加。忙中偷得一分閑，即得一分調養；靜裏讀得一日書，即得一日好處。若只向外邊奔馳。則刊落本原，愈見其薄矣。

張子謂卓庵曰：保身以安心養腎為主，心能安則離火不外熒。腎能養則坎水不外湍。火不外熒，必無神搖之病。而心愈安；水不外湍。必無精泄之患，而腎愈澄。腎澄則命火不下沖，心安則神火能下照，精神交凝，結為胎息，可以卻病，可以延年。

三月三日，山中諸子浴乎錦水之湄。風乎青林之下，聽子歸啼，忽有木葉墜地，摺疊如函，啟視之，則有如魚子蘭者封裹其內。問之土人，曰：社宇珠也。問有何用？曰：弗知也。適張子戴笠逍遙而來，與二三子言曰：汝欲知杜宇珠之故乎？蜀王入山之後，蜀人思之，故王命子歸賜蜀民以珠。子歸者，蜀王之鳥使，原名謝豹。王曰：「子歸吾國，慰我人民。」故謝豹又名謝報。杜宇命之報謝。云其珠或赤或黃，或青或紫，五色無定，可辟人家鬼祟。遇鬼祟者，暗舉此珠投之即散，但不可令人知覺，默念：「蜀王蜀王，珠配珠光，投鬼鬼去，殺鬼鬼亡，我持靈珠，作作生芒，無陰不盡，陰盡回陽，吾奉九元帥命，急急如律令敕。」又云：以珠之多少。卜年之豐歉，甚靈。

張子曰：人當靜養身體，素位而行，隨遇而安，則心性和平，神氣沖淡。

張子謂受辱曰：汝教小子須嚴約束，否則性氣一壞，長大來汝又恨他，是自愛之而自棄之也。

張子偕云石、卓奄輩，冬寒時節，走亂山中，遇見鬼語啾啾。問之土神，則皆人之祖靈父魂。陰森肅殺，墳墓蕭條，棺槨頹壞，衣冠骸體俱受寒侵，憐之者能無骨悚心酸，此古人所以有省墓送寒衣之事也。

張子謂山中人曰：夏日宜早起用功，日出後覓微涼處收心靜坐，切勿向日中大熱時去睡，睡而不昏猶可，睡而昏者，精液化汗而出，可惜可惜。

張子曰：吾昨遊兩界山，見有老嫗坐崖而笑，笑已又哭，心異為妖狐，既乃落崖而斃，趨前視之，已為雷擊，蓋千年狸狐也。吾不知其何為，詢之火車靈官，云曾食人，故擊之耳。夫兩界山當青天白日之地，尚有此物，況深僻荒崖哉。

張子喟然曰：世人朝夕奔波。總云不得已，其實有何不得已，惟心中有不得已。故嘗言不得已耳。且今不得已，而將來必已，老矣死矣，此之謂已，何不得已之有哉！諸子有明哲知幾者，從此已之。

張子謂調理勞瘵者曰：夫人治病要心靜。要和平，要心緩，不可希圖速效。服藥不加病，即是速效。然後一日微好，二日微好，三日漸好，雖屬遲緩，比那逐日添病、轉眼即亡者，又不啻有天淵之隔。

張子遊岳雲之上，止吟風之館，而與諸生言曰：今日山清人靜，心遠地偏，洵是難得風景，諸子各賦新詩，再命涵虛子一彈再鼓，以助吟興，不亦樂乎？人即不能鼓琴，亦須善學聽琴，以消其一切涊涊濁濁之私慾，糊糊塗塗之妄想。靜聽琴音，如遊太古，聲籟俱沉，曠然遐思，超然絕俗，泛

冷然喜，悠然深，如我亦在鼓琴之間，忘乎塵事。與虞、周相遇，與孔、孟相見，伯牙、子期又其後焉，乃為上等幽人，否則俗人耳、淺人耳，何足共居！吾極愛此金秋之氣，至清至肅，安得提一壺酒、一張琴、一枝笛，登陟乎高峰之頂，笑玩大地山河，煙濛濛，雲淡淡，看日暖暖之村墟，波渺渺之長川。彼時笛聲起乎林梢，琴聲發乎石上，酒氣通乎紅泉碧嶂之間，山禽自鳴，空翠灑落，真快事也，不知諸子亦有此興趣否？

張子謂老年道士曰：汝輩到今日年紀，須要死心塌地做功夫，俗事以「莫管他」三字為主，則萬念冰消。凡人身上皆有竅，竅中皆有生氣，若無生氣，安能保護形軀？只是有氣發生而人不知靜察耳。今為汝說八句閒話，以當暮鼓晨鐘。人要懂點竅。知點幾，留點神，下點氣，你便想得穿，看得破，做得事，成得人。此是無心之談，即是汝等當用心學問，定為心，靜為神。雖有竅而心不定於其中。何從知幾乎？

張子謂山居道流曰：回翁招人間道，其中有無限婆心，在人固恐難成，此千古學問之同病，然而沖天有志，道亦不阻英雄也。人怕軟弱不振，若打起精神，祖師亦必默助。

張子謂山中隱者曰：人在山中稱隱，須要知山林之樂。夫山林之樂，又不在乎山林也，在有以樂乎山林者，而後山林助其樂。與山林相安於空空靜靜、幽幽雅雅、淡淡恬恬之中，此之謂能樂山林之樂者也。

張子曰：人要立刻能閒，乃為高手。若云且慢，待我摒擋數日，然後來緩緩尋究，此便是庸夫口角。愚人心腸。

張子謂圓陽子曰：子能割恩愛，撤紅塵，今日可定汝終身矣。以後平平蕩蕩，永無危險，人生至此樂哉！好天氣，

好山水，好亭台，好朋友，好風景，從今日起，從今日受。從今日領悟，可也。

張子曰：仙家地理，須合丹道同悟。即如圓陽子怡雲山莊住宅一區，坐落在兩山之間，不吞不吐，若開若合，用倚粘之法，結平安之宅，真乃黃庭下、關元上之大中極也。此等天機，何人知道？

張子曰：山靜恰宜談至道，心清雅愛藝名香，此當前妙景也。吾偶拈此二語，圓陽為我積之。

張子謂道流曰：人要在家出家。在塵出塵，在事不留事，在物不戀物，方是道家種子。不必拘於無事，亦不泥於想事也。

張子戴涼葉斗篷，逍遙雲外。一日聞踏歌之聲自煙中來，諸生聽之，蓋傷大道之難傳，黃冠之徒混日月也。其歌云：「光陰快快，學道遲遲。流水空山，獨步尋思。只怕眼前光景，霎時間喉中氣斷，夢夢無知。縱生前夢夢無知，醒來後尚有那走肉行屍。怕只怕無常到了，骨冷堪悲。那會兒劫劫輪迴，全然不曉得雨打花枝。」

張子以韓仙漁鼓，按節傳情。唱《塵海蒼涼之曲》曰：「飛龍子，在天遊。開口不離忠孝，往來盡是瀛洲。欲傳道，把人求，歎因緣處處不偶，歎人生幾個回頭。風前燭，水上舟，容易熄，往下流。勢利家園誰個久？兒孫交好盡成仇？轉眼便落無常手。荒煙蔓草埋髑髏。樵人伐木往來走，牧童磨壞碑石頭。問野人此是誰家墓道，幾句不知不知，鬼淚啾啾！噫嘻乎。騎鶴仙人歸去休。」

張子出清微天界，入淡遠山中，弟子數人，烹泉款洽。先生曰：吾今以《混元仙曲》戲贈圓陽，眾生為我歌之，添作林佳話也。是時李山椎敲喚龜之竹，楊居士推招鳳之琴，

劉野人按行雲之板，遂為先生唱曰：「圓陽道士真遊戲，道
訪拋官如敝屣。八年失偶夢孤棲。夜涼鐵枕寒鴛被。看容
顏，白了髭鬚。論年華，猶餘生意。我勸你早覓黃婆，娶個
姣妻。男下女顛倒坎離，雄做雌調和神氣。天臺仙子的溫柔
婿，張果老兒的美麗妻，美麗妻，溫柔婿，洞房中不知天
地。性情交感，命共眉齊。渾渾淪淪，那時才見你真心；恍
恍惚惚，那時才見你真意。這道情，是你初步仙梯。笑呵
呵，傳與你，三豐道人走筆題。」曲終，見亭前月白。樓外
天青。環坐石壇，相視而笑。

第二節　詩談

　　張子曰：《書》曰：「詩言志。」注曰：「在心為志，
發言為詩。」是知志也者，乃人心中之靈性；詩者，特靈性
之流露也。神仙七返九還，煉此虛靈妙性。以成萬古不死之
谷神，見於日月光氣之外則有象，隱於日月光氣之中則無
形。神之所至，發為詩歌不同，靈性有各異也。吾嘗與諸仙
往來曠野，出沒煙霞。每見群真妙句，輒心記而筆存之。以
入於《水石閒談》之類。

　　呂翁詩提筆甚高，發生最朗，遊行之句，美不勝收。今
錄數首，以見生先靈性不與人同也。《七夕遊岳雲仙院》云：
「始罷縓山宴，重來古寺遊。疏風梧葉院。細雨豆花秋。遠
嶂雲初斂，長天霧乍收。新涼今若此，玉笛倚高樓。」《過
武昌城樓》云：「武昌城郭故依然，楚國人家近水邊。檻外
大江淘日夜，閣中長劍倚雲天。詞人坐嘯南樓月，漁父歌回
四寒煙，吹笛老翁閒更甚，朗吟一曲響千年。」

《同韓清夫遊匡盧六絕句》云：「雲外盧山九疊青，閑窗對嶂讀《黃庭》。個中有景何人識？拋卷翻身入翠屏。」「雨後新篁綠浸人，徑趨深處避紅塵。韓笙呂笛雙雙度，一樣仙音兩化身。」「陶然何處不陶然，在地逍遙似在天。瀑布倒流三百丈，一時清氣滿崖邊。」「信口歌成信手題，剔殘苔蘚翠高低。忽聞梵鼓來煙際。林木蔥蘢過虎溪。」「一字詩成一字飛，天邊黃鶴載余歸。堂前有客難留我，心似閑雲入翠微。」「喚起眠龍出海門，須臾天際雨翻盆。長空寶劍又飛去，請看東南樹影昏。」俱清朗可愛。

性靈與回翁相近者，莫如韓清夫先生。有《閑吟》一首云：「靜抱沒弦琴，細吹無孔笛。一彈天地清，一吹天地闊。一吹再一彈，都是神仙曲。」《和呂祖》云：虎在門前鶴在盧，瑤笙宛轉笛相如。我來不是雲山客，湘水之流曲折書。」語皆雄闊。

藍采和自號長嘯先生，有《答人問仙居》絕句云：「踏踏歌殘便上升，岳山長嘯古先生。問余近日居何處，天上神仙住玉京。」

嘗見韓、藍、曹、何《關中踏歌聯句》云：「乾坤若大似瓊壺，拍板閑吟一丈夫。風雨長安春已暮。落花滿地步于于。」真得把袂逍遙。一唱三歎之樂。

崑崙麻姑自號碧城仙子，其詩以風姿勝人。有《題岳雲壇三絕句》云：「跨鳳驂鸞下石城，笑看雲外月光清。崑崙萬里天風送，搖曳瓊環玉佩聲。」「足履青雲過海山，瑤笙在手意閑閑。雲中現出金霞帔，一路清吟到此間。」「岳雲壇上訪回翁，子弟兩三敲道筒。風聲蕩漾雲聲細，樓閣明燈照夜紅。」又有《步虛》三首云：「我本崑崙女散仙，曾看海水變桑田。神通八極閑遊戲，環佩聲搖碧落邊。」「鬌頭

高插羨金華，拜別西池阿母家。裊裊天風吹袖帶，步虛全仗紫雲車。」「醞釀長生酒不難，只憑手內有靈丹。阿儂本是天仙子。醉共嫦娥宿廣寒。」

　　碧城仙姑常師藐姑神人，一日，師徒步虛，降錦江亭上。神人題詞云：「看江潮，勢蒼莽，搖得山雲淡蕩。隔河燈影有無中，一幅新詞來筆上。意徘徊，開野望，這亭兒甚清爽。」姑和之云：「水茫茫，山莽莽，山水軒前浩蕩。雨餘蛙鼓鬧堂堂，一路潮聲月初上。月中來，雲邊望。晚風涼意清爽。」

　　清逸仙人在唐稱詩中大家，性靈飄逸，嘗降於世。其《修禊節降雙清閣》云：「讀書邁千古，攜劍干諸侯。瑣瑣不中意。大醉隱糟邱。黃唐原不遠，秦漢如急流。忽忽眼前事，渾然無所愁。青山行吟老，頗愛謝宣樓。題詩十萬首，付與天地留。我自有真宰。浩乎歸瀛洲。今日談修禊，茫茫付一甌。海仙執簡召，隨風過十州。東行三神山，群真同邀遊。一飲五千斗，撐腸文字流。無何有之鄉，長嘯去海頭。」《洞天歌》云：「海山尋靈藥，靈藥不自海山求；乾坤運槖籥。槖籥不是乾坤輈。金丹原是吾家物，神仙要英雄作。夜來飲酒王母前，雲道蟠桃今已熟。太白長嘯安期歌，一時群仙莫我何！吾將跨虬遊六合，虛空寥寥無雪跡。大風自北來，吹起寒雲疊疊開。安得酒如雨，從空飲之無盡取；安得酒如泉，坐地飲這眼朝天。狂吟拍手聳方肩，問我何人李青蓮！」

　　東坡先生仙才，與太白並峙。乘風嘯月，靈性長存。有《江南送秋》詩云：「片片秋雲遠，茫茫秋水多。青山紅樹外，征雁渺關河。薊北寒愈峭，江南氣已和。小陽春甫到，迎送兩相過！」《題韓清夫小像》云：「御殿承香吏，分胎

吏部家。閒心忘富貴，總角趣煙霞。缽種長生果，園栽不老花。八仙同壽考，萬劫抱丹砂。首叩藍關馬，胸藏赤火鴉。千秋賢叔侄，儒道兩無涯。」《自題笠屐圖》云：「山人故態本狂奴，醉寫田間笠屐圖。好句有時堪作畫，閒心無日不提壺。樓頭賞月邀禪客，谷口沖煙訪釣徒。自去自來隨自得，一聲長嘯入林樞。」《過東峰》云：「不到東峰久，江山仍似前。芭蕉落滿地，雪意好參禪。」《遊湖口占》「細細疏煙瑟瑟波，水心亭外畫般多。瑤笙十里誰家舫？聽得紅兒唱棹歌。」「風斜斜雨細葛衫輕。三兩銀刀出水明。我愛芰荷香不斷，竹西深處有人行。」《詠磨刀雨》云：「荊州灑遍雨如膏，意為英雄礪寶刀。最是武昌城下水，千秋嗚咽捲雷濤。」《詠白菜》云：「清於雪水白於霜，老圃天寒一味香。卻笑山僧長茹素，和脂煮出不能嘗。」《自贈》云：「平生不作愁眉事，今日東坡作散仙。解向江山留勝跡，長將姓字掛雲煙。」《游清道心山房》六言云：「氣慧神清道在，山空人靜琴幽。一榻茶煙裊裊，三分酒意悠悠。」又《些些語》詞云：「清陰繞，繞落花，窗外鳥聲小。鳥聲小，修竹一枝斜處好。翠羽嚶嚶啼徹曉，剛眠一覺。」清麗綿芊之筆，不減當年靈性。非真仙不能也。

　　邵堯夫儒仙也，嘗見共顯化士林。作《觀易吟》云：「庖犧大聖人，畫卦傳萬古。陰陽變化機，乾坤為易祖。吾隱安樂窩，天地乃同伍。窺破聖賢心，恬淡自得所。」渾渾灝灝，置之《擊壤》篇中，仍然無異。

　　白玉贍仙家才子也，名山碑版，留詠甚多。每遇高人逸士，必贈以詩。其題《居易堂》云：「林下風瀟瀟，窗前竹密密。難得素心人，共話新秋夕。把酒醉茅堂，焚香讀《周易》。瓊山到此來，賓主與無極。」又贈《圓陽山人》云：

「歸山隱跡話長生，日逐閑雲自在行。處處回光來返照，朝朝對境要忘情。掃除塵土勞人夢，署起乾坤散客名。莫道幽居研煉苦。遊心冥漠自空清。」

張紫瓊饒州人也，元初得道，詩多秀勁之作。《自贈》六言云：「心如雪夜鐘聲，貌似雪天梅格。白雲深處閑行，那識仙家曠逸！」《詠胎息云》：「非助忘妙吸呼，修行要解這功夫。調停二炁生胎息，再向中間設鼎爐。」

邱長春《清秋過岳樓》云：「浩浩天風吹滿樓，峰中雲氣湧林邱。雨聲響處檐鈴雜，方丈蕭然一院秋。」饒有俊逸之致。

張紫陽《自壽》詩云：「海籌萬古計芳辰，得道年來八百春。分個孩兒騎鶴去，虛空粉碎見全身。」非上真不能也。

希夷老祖元氣渾淪，有《答人問姓》五絕對云：「一氣陶今古，陰陽造化奇。問余名與姓，睡漢老希夷。」

吾師火龍先生，不甚喜作詩。以其淡於名譽也。今記其《偶吟》一絕云：「道號偶同鄭火龍，姓名隱在太虛中。自從度得三豐後。歸到蓬萊弱水東。」

飛霞仙子余十舍女也。服神丹飛代。嘗降雲南紫宵觀，留題一絕。款落「飛霞」而去。詩云：「久住瑤池碧玉樓，忽乘彩鶴下靈邱。世人欲問飛霞姓，曾抱金丹侍沐侯。」

陸潛虛淮海人也，嘉靖中遇呂祖得道，平生著述甚富，有《老子元覽》二卷，《陰符經測疏》一卷，《參同契測疏》一卷，《金丹就正篇》一卷，《紫陽四百字測疏》一卷，《方壺外史》八卷，《南華副墨》八卷。近日同門中有白白子者，注《道德經》名《東來正義》，潛虛題之云：「一注正將道奧開，重看風氣自東來。彈琴度笛真名士，說法談經大辨才。我坐方壺習滄海。君登圓嶠壓蓬萊。今朝共

坐江亭上。口講《南華》作笑諧。因白白子亦作《圓嶠外史》、《道竅談》、《悟真參同雜解》諸書故也。

第三節　乩談

　　或問：乩沙之術小伎也，而好者紛紛，談者赫赫，其術果何自耶？其皆可信耶？否耶？張子曰：昔回翁欲與涵三諸子發明此妙，而終未竟其說也，吾今物明之。乩者，稽也。稽以考信也。《說文》曰：「卜問疑也。」故偏旁從「占」。正旁從「乚」。「乚」，古稽字也。《爾雅・釋言》：「隱」占也。注曰：「隱」度也。疏曰：「占者視兆以驗吉凶，必先隱度也。」吾謂占語成而猶待隱度，則與不占同，何必占？然亦有義隱在其中矣。天仙神仙，不喜與人言禍福，只勸人修身俟命，故言訓詞則無隱，言丹道則無隱，他若救人開方亦無隱，以外一切如問吉凶成敗，則無不隱。其隱之意者，仍是推託他，不與之言也。否則明指其禍福，將應護福者，以為可喜而自狂，或轉福而成禍矣。又應受禍者，以為可畏自迫，反懼禍而邀福矣。夫福者豈可邀哉？惟作善可降祥耳。其隱語也，猶言不待語而易明也，抑且隱之義猶不止此。仙家自道成之後，步日月無影，透金石無聲，凡人不能見，故於乩沙中草寫龍蛇，千言萬態，以示其不滅。然乩假術也，自古真人皆斥為方士之行，今又何為降其筆？蓋因近日成風，公卿士庶每多信好其術，神仙以度人覺世為功，故即借其乩以默相天下人，以此即假成真耳。但學乩沙者有二等，一勝一敗。上等以德行勝，誠感勝，因緣勝，即不善乩，仙家猶欲往度之，況其知乩乎？即其乩而引

誘之，不用符章，自然高真降室也。下等以險惡敗，虛誑敗，貪欲敗，彼即善乩，仙家不近之，況其冒瀆乎？隨其乩而簸弄之，妄用符咒，反教引鬼入室也。吾輩自跳出五行以來，雖天地猶不能約束，陰陽猶不能陶鑄，即欲請之，亦必禮之，於符咒乎何用！呵呵！此術士之所以欺愚人，仙家之所以惡術士也。今吾即乩言乩，即以是為乩訓焉。

或又問：請乩之道，固當以德行、誠感、因緣，而不以符咒也，然南宮仙道又有以符咒役使神道者，何故？曰：南宮一派雖則動用符咒，然此乃高真傳授，與世人救厄除害者。此等秘祿，非人間梨棗所有。即能得之，亦必推心利物，乃為功行宏深，苟或私心妄用，天帝亦加以霹靂而殂其命，奪其術矣。故雖南宮符咒，也要心恭誠。乃有靈效。若彼乩廝符咒，則未可同日語也，況加以不恭不誠乎！諸子於此可以自明矣。

張子曰：上天原無福善禍惡之心，則降祥降殃，人自召之；上天若有福善禍惡之心，則降祥降殃，人自知之。素行善而獲福，此必然之理也，即有禍焉，亦暫矣；素行惡而得禍，此必然之事也，即有福焉，亦暫矣。何必捨己外問哉！乃吾見蚩蚩者氓，祈於神則求籤問卦，禱於仙則扶鸞請乩，若以神與仙為必知禍福者。迨其後驗則信之，不驗則凝之，其疑與信者，仍一愚人之故態也。夫神仙固知禍福，然亦何必以人心之所已知者，而重言復語之哉！其求神與仙而驗者有故，善人問福而福至，惡人畏禍而禍臨，若有與之相合者，然非籤與卦、鸞與乩之靈也；其求神與仙而不驗者亦有故，善人問禍，無禍可加。惡人問福，無福可賜。若有與之相左者，然亦非籤與卦、鸞與乩不靈也。天下龜筮算數，皆如是耳，人何不可自知哉！吾生平不喜人求籤問卦、扶鸞請

乩，止願人個個修德，時時內省而已矣。

　　張子曰：神仙有度人之願，假乩筆而講道談元者有之；神仙有愛人之量，假乩筆而勸善懲惡者有之；神仙有救人之心，假乩筆而開方調治者有之。若云判斷禍福，則有人之善惡在，吾前章宣示已明，不復再論。獨異者寰宇之中，聞有設乩求地理，請乩論天心之輩者，此皆方士遺風，上界正神察其奸詐，未有能逃天罰者。

第十一章

天口篇

（前言）

先民有言：「聖為天口。」愚非聖，安能代天立言？特以維皇上帝，陰騭下民。發聵振聾，本照臨之美意！勸善規過，亦普度之良因。舌端艾艾期期，不辭根鈍：天下林林總總，懇聽吾言。爰作訓體文若干篇，名曰《天口》，蓋以報碧翁崇褒之意云爾。洞玄真人臣張三豐書。

一、正教篇

古今有兩教，無三教。奚有兩教？曰正曰邪。奚無三教？惟一惟道。一何以分？分何以三？蓋自有孔、老、牟尼，乃至有孔、老、牟尼，雖至有孔、老、牟尼，仍非有孔、老、牟尼。孔固儒也，老固道也，牟尼固釋也，然有所分，故究無所分，故以無所分，故必有所合，故不孔亦不老，不老亦不牟尼，牟尼、孔、老，皆名曰道。孔之絕四，老之抱一，牟尼之空五，皆修己也；孔之仁民，老之濟世，牟尼之救苦，皆利人也：修己利人，其趨一也。彼世人之別為孔、老、牟尼者，蓋以名分不察實也，抑以形分不按理也。見為孔、老、牟尼，即非孔、老、牟尼，雖非孔、老、

牟尼，還是孔、老、牟尼。孔、老、牟尼，皆古聖人。聖人之教，以正為教，若非正教，是名邪教。儒家楊墨，道家方士，釋家妖僧，亦三教也。雖分三教，仍一邪也。是故分三教者愚，分邪正者智。

二、儒書篇

六經而外，立言可法者，必推孔門，不談出世，不講玄經，蓋恐人落身崖塹，無實行也。孔、顏存心，只望人隱居求志，行義達道。道在濟人，山林無非朝市；道在修己，朝市不染山林。故出言實多玄義，而解人之索甚難。

《大學》第二節，孔子之修身也；為仁用四勿，顏子之煉己也。功夫末純，不離陋巷，功夫已熟，不忘國家。故能隱中求行，行中達隱，隱處有孔、顏，行處亦有孔、顏，乃至無行無隱而非有孔、顏，神明在我，變化從心，真大道也。孔子傳曾子，曾子傳子思，《中庸》一部，道妙深明，悟玄之家，竊取成真者，恒河沙數。

子思而後，厥推孟子，持心養氣，勿助勿忘，充天塞地，至大至剛，人人得度，默默取將，浩然之妙，口訣難言，辟邪輔正，楊、墨掀翻。吾願爾士庶，不須三島求真，只向《四書》領取，以顏、曾、思、孟為明師，以子臣弟友為功行，以身心性命為汞鉛，以義精仁熟為升舉。修道時莫貪用道，養道時莫貪行道，得道時便可顯道。道不可顯，飄然而返，傳之名山，源流自遠。

三、禪旨篇

于意云何而名為釋？牟尼云：「吾好釋，故以釋開教，取釋去萬緣之意。」于意云何而又為佛？大士云：「吾好

佛，故以佛設教，取覺悟眾生之意。」如是我聞，釋主離世；如是我聞，佛主醒世。全經數百藏，無非超脫塵垢，警悟沉迷。是故牟尼清淨，復得大士清淨，牟尼總其清淨，大士普其清淨，非有所執其清淨，非有所壞其清淨，非有所吝其清淨，乃至無清淨、非清淨，非清淨、亦清淨，是大清淨，是滿清淨。人能唄誦潮音，必得清淨心，必得般若心。但得般若，便忘般若，若不忘般若，即非般若。既非般若，不名般若，非非般若，乃是般若。得般若者，是謂之釋，是可成釋，是有釋釋，是釋非有釋釋，是釋自有釋釋；是謂之佛，是可成佛，是有佛佛，是佛非有佛佛，是佛自有佛佛。牟尼如是也，大士如是也，即沙門比丘亦如是也。不如是能成釋不？不也。不如是能成佛不？不也。何以故？即釋是釋，非釋即非釋；即佛是佛，非佛即非佛。何以故？釋外無釋，取釋為釋；佛外無佛，取佛為佛。何以故？釋釋釋意，並無釋意，乃已釋意；佛佛佛念，並無佛念，乃實佛念。不釋而釋者上乘，不佛而佛者大乘。釋佛之經藏，即釋佛而成藏，是謂正法眼藏。

四、玄音篇

玄學以功德為體，金丹為用，而後可以成仙。仙品有五，實言之則只四。一曰人仙。人仙者，煉元精而補元氣，已培修仙之本，然能養健，不離生死，此人中仙也。一曰地仙。地仙者，煉元氣而結內丹，已無漏通之患，然可陸行，不離塵埃，此地中仙也。一曰神仙。神仙者，煉元炁而化元神，已有神通之妙，水火無害，又名水仙；煉神還虛，即天仙也。是故天仙而下為神仙，神仙而下為地仙，地仙而下為人仙，人仙而下，則有鬼而無仙也。鬼者純陰，仙者純陽，

人得半陰半陽，則不離乎生死，缺陰之半則成仙，缺陽之半則成鬼。故人在可仙可鬼之中，亦暫在可仙可鬼之中，欲逃出可仙可鬼之中，即當住天仙、神仙之中。

回頭識岸，撒手離塵，丹經萬言，總在自己，認己為他，即落旁門。前聖遺書，亦須善玩，非金非石，非汞非鉛，非爐非鼎，非女非男，非日非月，非坤非乾，非公非母，非龍非虎，非烏非兔，非牝非牡。玄在何處？玄在玄處。妙在何處？妙在妙處。我有真傳，不敢妄言；人有真情，亦不閉門。廣積陰功，始為仙品；廣行方便，始是仙基；廣修因果，始是仙根。若得是人而求吾道，吾願與說最上乘法，指點微言，必如撥雲霧而見青天，長嘯而去①。

【注釋】：

①原評：此篇指陳仙品，明明朗朗，惟望人積陰功而求真傳，則神仙之道實不難至也。點校者按：「至」抄本作「致」於義為長。

五、五德篇

人生有五德，吾嘗以譬天地之五行。人身之五經：仁屬木也，肝也；義屬金也，肺也；禮屬火也，心也；智屬水也，腎也；信屬土也，脾也。是知五德之不可少一，猶如五經之不可絕一，即如五行之不可缺一。人皆曰木不可少也，而何以無仁也？無仁者，必無養育之念，其肝已絕，而木為之槁枯矣！人皆曰金不可少也，而何以無義也？無義者，必無權宜之思，其肺已絕。而金為之朽鈍矣！人皆曰火不可少也，而何以無禮也？無禮者，必無光明之色，其心已絕，而火為之衰熄矣；人皆曰水不可少也，而何以無智也？無智者，必無清澄之意，其腎已絕，而水為之昏涸矣；人皆曰土

不可少也，而何以無信也？無信者，必無交孚之情，其脾已絕，而土為之分崩矣。是知為人者，必先有心之五德，而後有身之五經。仁不絕肝氣生，義不絕肺氣平，禮不絕心氣明，智不絕腎氣靈，信不絕脾氣醒。德包乎身，身包乎心，身為心用，心以德明。是身即心，是心即身，是五德即五經。德失經失，德成身成，身成經成，而後可以參贊天地之五行。

六、孝行篇

桂宮列楹聯，百行孝為先。文祖能行孝，馨香萬萬年。故其於一身，成道即成仙，成仙即成聖，成聖即兼賢。光明開日月，愛慕通地天。世人欲希孝，孝真百行原。虞舜百揆敘，孝在明揚前。周文百度貞，孝居令聞先。曾子貴三道，事親獨大焉。閔子冠四科，事母獨殷然。古來多孝子，略略為敷宣。莫作孝典看，須作孝則觀。或為米之負，或遺羹之甘，或瞻雲之白，或表衣之斑，或哭杖力減，或懷橘味鮮，或禱竹生筍，或感石流泉，或念烏反哺，或祈魚躍淵，或捧安陽櫬，或廢《蓼莪》篇，或思而罷宴，或奉而刻顏；此皆賢哲流，豈無德功言！就其百事好，不若孝纏綿。惟孝始能友，移孝可作忠，惟孝型於妻，以孝信乎朋，一孝包五倫，須知孝可風。至孝孝在心，愛慕見天真；中孝孝在身，奉養宜殷勤。口中雖講孝，能道要能行。面上徒妝孝，欺人並欺親。孝德無窮盡，一念得一分，分分而寸寸，寸寸格天神。孝孝復孝孝，肫肫復肫肫，我作此《孝經》，經中之大經。

七、淫惡篇

桂宮題楹帖，萬惡淫為首。所以惡報多，不如淫報醜。

天刑件件奇，天罰樣樣有。或誘他人妻，己妻為人誘；或摟他人女，己女為人摟；或以奸殺身；或以奸絕後；或傾家業財；或奪功名壽；或生子孫賤！或隨誑騙走：淫報極紛紛，筆談難縷縷。此惡放過誰，伊胡不回首！漫曰淫者盈，罪滿報方臨，即淫即有報，天鑒不容情。一條淫鬼案，可歎真可歎！勸汝世間人，莫把淫戒犯。未見不可思，既見不可亂。處女不可戲，節婦不可玩。遇人妻妾女，當作姊妹看。勿汙婢與奴，勿狎①妓與旦。紅粉一時花，精神一刻散。保身須出坑，離苦須過岸。即汝妻與妻，閨情亦宜節。欲生端相兒，須立敬避格。或逢聖神誕，或逢日月食，或當祀灶期，或當忌辰日，或遇陰晦交，或遇雷電疾，必分被與床，或分床與室。天神察其恭，求福福自錫。天仙重其操，訪道道可獲。再能免諸惡，更是大豪傑。

【注釋】：

①狎：原誤作「狹」，從抄本改。

八、施報篇

富貴之家積善易，欲求善報則不易，非不報善也，必衡其量而報之；貧賤之家積善難，而得善報則不難，非獨報善也，亦衡其量而報之；至於非富非貴、非貧非賤者，積善獲報，亦稱量予之也。以助金論，富貴助金，百金十功；貧賤助金，十金十功。以濟人論，富貴濟人，百人十善；貧賤濟人，十人十善；非富非貴、非貧非賤者，自當以中人定論也。富貴而藉口中人不可，藉口貧賤尤不可，前人聚後人消矣，前人強後人弱矣。雖然，富貴而行善得當，寥寥數百金，亦必有大報也，但當擴而充之耳；貧賤而強學中人不可，強學富貴尤不可，奉養缺罪過生矣，凍餒深妻子怨矣，

雖然，貧賤而行善得當，茫茫家道傾，必即有大報也，但當權而用之耳。天固不負善人也，倘有居富貴而吝貲財，以善多而報少，以善速而報遲，遂不留心作善者，其招禍必不常，其逢凶必不少，望族轉瞬而冰消，侯門再過而灰燼，均此類也；居貧賤而談功果，以善少而報少，以善遲而報遲，遂敢輕心視善者，其招禍必更奇，其逢凶必更甚，慘澹刀兵之際，流離病疫之間，皆由此也；其處非富非貴、非貧非賤者，亦是此例。何也？身居富貴者，有積善之勢，有積善之權，人生處此，即有善而無報，亦分內事，衣豐食豐，聲有名有，但得常常若此，享其安榮，及其子孫，是亦善報矣，乃敢薄善而不為，以望報肆其狂貪，故上天轉移其權而與善士，絕不肯稍留餘情；居貧賤者，無積善之勢，無積善之權，人生處此，遇小善而即行，似非奇事，惜字惜物，愛人愛物，但得常常若此，結土成山，結水成海，必得善報矣，乃敢非善而不為，以望報昏其心志，故上天益加其窮，以誅惡類，絕不肯稍存私覆。善報如是，惡報如是。非富非貴、非貧非賤者，請試觀之；爾富爾貴、爾貧爾賤者，請試思之①。嗟乎！施報之理，惟聖賢看之甚明，惟仙佛處之甚大，豪俠之士或有過情者，然世人能如豪俠亦足矣。吾也少好施與，幸上九清，故於天人報應，洞徹頗詳。此豈玄微之說哉！雖天心亦皆如是也。然天何言哉！

【注釋】：

①原評：安得此公道之害。

九、盈虧篇

天下國家之事，嘗有消長晦明，一盈一虧。常人目為天運，達士歸之人心，理固正也，詞固醇也，吾何議論之云

云。然世有未盈則虧，欲虧不虧者，此情此故，吾當興興發明，以為世勸。國家之氣勢，安極始危，乃有一傳而生事變，再世而歎危亡者①。謂為虧歟，何以尚有中興？謂非盈歟，何以忽萌大難②？蓋不親賢才，則奸雄壞政；不敦詩禮，則子孫奢狂。人事承平之會，當存履險之思③。思想預防，君子宜儆惕焉，以盡上天之歷數，然天亦無盡數之時也，人日持盈，萬萬年亦可至耳。國家之氣機，亂極始治，乃有運將衰而復盛，勢稍降而復升者。謂不虧歟，何以幾鄰累卵？謂已虧軟，何以復享安磐？蓋臨崖勒轡，即可免其顛危；觸景回頭，自可綿其世祚。人情宴飲之微，尚難存盡歡之想，即小征大，君子宜猛省焉，以挽上天之劫數，然天亦無劫數之見也，人日畏虧，平平者自可久耳。咦！天心在人事中矣，人何不勉於善哉！

【注釋】：

①原評：為國家言而一身可推矣。

②原評：停頓有處。

③原評：犍接。

十、毀譽篇

人何以故而毀我？人何以故而譽我？彼何以故而毀人？彼何以故而譽人？望人譽而功不至，斯毀之矣；防人毀而過能悛，斯譽之矣。是故毀譽我者無其漸，我招毀譽有其漸，毀譽人者無其因，人招毀譽有其因。吾愛天下人不求譽，而行可譽之事；吾惡天下人不畏毀，而行可毀之端；吾恥天下人不知毀譽，而湮沒以終，湮沒以終，人不毀而自毀也。生前以有過自毀者，人必譽之；生平以有功自譽者，人必毀之。雖然，譽人而過乎其實，標榜之風必起矣；毀人而過乎

其實，求全之輩可誅矣。世人勉之戒之。

十一、修短篇

　　誰合修，誰合短，皇天下觀，原無別眼。欲教民物共長生，大塊芸芸必充滿。是故仁則壽，惡則譴；功則壽，過則減；養則壽，戕則損①。仙佛聖賢劫可免，以歌當話招流返。

【注釋】：

①原注：音散。

十二、窮達篇

　　達之人兮無窮愁，愁之人兮少德修。榮枯兩途兮一春一秋，吾亦兩居兮隱顯自由。人命忙忙兮其馳如箭，達何足歡兮窮何足歎！境可縛兮非英雄，命可安兮且閑玩。讀書養道兮浩氣猶龍，顏瓢點瑟兮孔許其同，原襟宓琴兮吾亦可從。廬中龍兮上雲霄，湖上驢兮自逍遙。雲之出兮為霖雨，流之退兮訪松喬。抑或無心仕進兮嚴竿王樵①，何必自苦兮悶死蓬蒿！

【注釋】：

①原注：即王質。

十三、人品篇

　　人品近似之界，不可不明。有人焉，正氣自存，離群特立，人以為傲也，吾以為毅；有人焉，謙光自處，與世無殊，人以為流也，吾以為和；有人焉，優游自適，率乎天真，人以為惰也，吾以為安；有人焉，嘯詠自如，由乎天命，人以為狂也，吾以為達；有人焉，鄭重持身，豐裁峻

節，人以為驕也，吾以為嚴；有人焉，渾厚立己，性格堅蒼，人以為拙也，吾以為樸；有人焉，義利分明，一私莫著，人以為矯也，吾以為介；有人焉，襟懷卓異，一塵不親，人以為僻也，吾以為高；有人焉，雍和滿著，不識文詞，人以為俗也，吾以為儒；有人焉，清淨為緣，不知經懺，人以為愚也，吾以為覺；有人焉，飲食無異，寒暑不災，人以為怪也，吾以為仙。賢否錯出之間，有相似而實不同者，不可不細觀也。勿有薄人心，厚己心，輕人心，重己心，無人心，有己心，則至人之精神出矣。舜居深山中，其所以異於人者幾希，及其聞一善言，見一善行，而舜如赤城之標，朱光在天上矣。

十四、快活篇

有安城老叟言於危城公曰：「吾聞生太平之世，為太平之人，無上無下，居易居仁，子亦知快活之事乎？請為子小賦而陳之。紅埃滾滾，苦海滔滔。循吾分，守吾操；養吾浩，全吾高。保太和兮淡世慮；滅爭競兮少氣淘。耐清寒兮增學養；忘嗜欲兮住林皋。出為好官兮無罪戾；入為達士兮免牢騷。訓兒孫兮戒淫賭；教婦女兮肅庭戶。耕不歉乎官租；學不荒乎德圃。飲社酒兮治聾；為天民之巨拇。龐龐兮貌古；落落兮神全。任是非之雜沓；斯怨尤之胥捐。能放生而戒殺；亦養性兮延年。與鄉老兮談格言；招後輩兮講功過。將成己而成人；化千個而萬個。鋪野席於茅堂；推山翁為上座。池栽君子之蓮；籬種陶公之菊。山香處土之梅；潤滿幽人之竹。隨遇而安，樂乎不樂？今吾子兩道愁眉，一腔死血。足踏市朝，身拋泉石。入而不安；出而無益。既好貪兮又好爭；既好穿兮又好吃。與塵世而同磨；看夕陽之轉

滅。」危城乃愀然曰：「噫！仙叟之教我者，至於斯夫！謹受訓。」深揖而退。

十五、能讓篇

養和之室，積厚之家，西壁東堂，宜書格語。譬如吃虧一條，人多不平。不知吾能忍讓，即是為自己養和，為子與孫積厚之事。今將聖神賢士至理名言，約書幾句，以為人勸。有云「便人乃自便，宜人乃自宜，我便人不便，我宜人不宜」者；有云「吃得虧人多厚福，賺得盈時總是虧」者；有云「若使人人皆得勝，人間誰合受虧人」者；①有云「乾坤兩字盈虛定，吃盡虧時劫已除」者。予亦有句云：「虧我多時天不忍，老天定與我便宜。」諸生勉乎哉！吃虧人終不受虧也。

【注釋】：

①者：原缺，從抄本補。

十六、忠恕篇

忠恕者，宣聖一貫之傳也。一以貫者何？忠為體而恕為用也。中心為「忠」，由中立心也。如心為「恕」，如人之心也。己立立人之義，其在斯乎？忠所以貫乎恕也，以恕道為仁，則能不欲勿施，天心無人欲之擾；以恕道處世，則能犯而不較，人心無橫逆之來；以恕道治世，則能所惡勿施，臣心無殘酷之政。聖賢道理，滴滴歸源，真可以終身行之者也。使徒欲如己之心，而不欲如人之心，則其心必生是己非人心，厚己薄人心，重己輕人心，利己害人心，成己敗人心。諸如此心，皆不如人心，既不如人心，安能如己心？雖欲如己心，貪多害己心；不能如己心，忍多壞己心。其心

壞,其心失也。其心失,無中心也。中心亡而仁根死,無怪其心不恕也。然則不忠者,亦以貫乎不恕也。吾願爾士人,尋一貫之旨,存一貫之真,庶非孔門之罪人也。

十七、虛無篇

虛無者,老、釋同傳之旨也。虛者何?虛心也。心虛故神清,神清故性慧,大超脫、大解悟從此生矣。無者何?無我也。無我故無人,無人故無欲,大清淨、大歡喜從此得也。今汝兩門人,不明虛無,只探實有。「實有」二字,其名亦佳,究竟入迷者如穀之數,日求實而談金石,無一得也,日求有而參禪偈,生六塵也。無量恒河沙,誰是第一波羅密哉!吾憫爾等愚,吾開爾等智。觀心虛而至性慧,知虛之能取實也;觀無我而至無欲,知無之能包有也。孔子毋我,顏子齋心,雖儒家尚如是也,況爾等乎?

十八、養生篇

人之所欲,莫甚於生,欲得其生,須重其生,欲重其生,切莫輕生。殺身成仁,見危授命,非輕生也,平日保其生,至此用其生,乃不同夫虛生,乃雖死而猶生。忠臣義士,烈女貞媛,惟重生者能之也。若失生值太平,躬逢盛世,或貴或賤,全孝全忠,為國家耆英,為世間人瑞,則生生者,不可不知養生也。養生之論,與修真不同。修真可以逃劫數,道也;養生可以延年命,術也。然養生而不明古今天人之理,亦終無集驗之方。上古之民,渾樸為風,寡慮寡思,寡言寡笑,寡視寡聽,粗衣糲食,不識不知,故能保全其真,以永眉壽;近今之民,浮華日啟,多慮多思,多言多笑,多視多聽,豐衣厚食,蕩志蕩神,故嘗戕伐其性,以致

夭亡。天道之泰，在乎能復，日昃又中，月缺又圓，雨漏又晴，雷鳴又蟄，故能留不敝之神，以綿天運於常新；人道之否，在乎多剝，精任其泄，氣任其虧，神運不停，形搖不守，故難回已憊之身，聊居人世於朝暮。然則養生者，藥食為後，保護為先，學天道可也，學古人可也。

十九、五劫篇

嗚乎悲哉！凡人之有五劫也。五劫維何？生、老、病、死、苦也。人豈不必生？但當直而生，正而生，不可罔而生也。生為聖賢，夭猶生也，英靈在世，聲名在世，馨香在世，與仙佛何異焉！獨有生而惡，生而暴，生而酷者，一生之後，必不復生，不必不與生，正當與之生，綿綿劫劫，皆入惡趣，受無間罪，雖欲不生，不可得也。生，一劫也。如是而沉淪世上，困厄人間，不知回向，不識變遷，悠悠老矣，又一劫也；如是而精耗形枯，神亡氣竭，藥不能補，養不能回，憊憊病矣，又一劫也；如是而無常忽至，大限已臨，身家何處，妻子何人，匆匆死矣，又一劫也；如是而有惡必報，有過必報，轉徙陰曹，瞅瞅啼泣，是極苦矣，又一劫也。幸而托生有日，或命帶刀兵，或命帶水火，或命帶諸疾難，或命帶諸困窮，仍將流連於五劫之中而無底止，不必說到刀山地獄間也。墮此劫者，非有因果，非有德功，不能消其罪戾。故人之一生，須要修善積福，返本還元，庶克同上春台，咸登極樂。有生長生，長生不生，不生故不滅，不滅故超脫也。人其勉諸！

二十、敬神篇

神也者，妙萬物而為言者也。上帝以神道設教，故神實

司乎善惡。凡聰明正直者，皆以神之權授之。夫天神為神，主引萬物，地神為祇，主提萬物，此神德之蕩蕩者，百姓日受而不知，亦惟盡乎人以合乎天地焉可也。若夫岳瀆郊壇，庵堂祠院，其間之豎碑立像者，無非振古之精神，寺宇崇宏，聲靈赫曜①，瞻望者莫不肅然起敬也。然而香火盛則祈福之人多，禱告繁則邀福之人至，神豈為人所愚哉！夫神之出處不一，要皆從正氣中來。

《魯語》曰：「聖王之制祀也，法施於民則祀之，以死勤事則祀之，以勞定國則祀之，能禦大災則祀之，能捍大患則祀之」，加之山川社稷，皆有功烈於民者也。夫曰「法施於民」，原不期人之報也；「以死勤事」，原不冀人之感也！「以勞定國」，原不望人之恩也！「禦大災」、「捍大患」，原不待人之求也；廣功德於人間，原不俟人之祝也。即或春秋典重，齋誕瀕臨，入廟者亦止祈神靈以保我君國，而於己無與也；亦止祈神靈以保我父母，而於己無與也；亦止祈神靈以澤我民物，而於己無與也；亦止祈神靈以超度沉魂滯魄，而於己無與也。而且肅吾身，潔吾念，澹吾慮，濯吾肺肝，敬其心以敬神焉，則不求福而自獲福也。是則敬神者，不如自敬其心之為妙也。凡人心即神，神即心，無愧心，始無愧神，可對神，仍可對心，抑非心之外遂無神也。

相在爾室，相在爾心焉耳。有如天之神棲乎日，日光所照，何處不明；人心之神棲乎目，目光所到，何物不見。人顧欲諂媚神祇，以圖消其罪垢，豈可得哉！戒之曰，敬神之道有二，下流之諂瀆不與焉。上士存心正大，立功行而至意邃深，居處之間，恐神鑒察，有福有慶，仍歸神恩，斯人也，雖未焚香秉燭，恭叩廟門，而已得敬神之大道也；中士存心謹恪，言帝天而身益震慄，善念之生，因神鼓勵，有功

有德，心荷神庥，斯人也，抑或齋戒沐浴，參禮菩薩，亦可謂敬神之小道也。至於外飾小心，中藏大慝，紛紛往來，朔日穀日①，神將曰：「爾來乎，吾正索爾！勿詒我，勿瀆我，爾敬我香，我加爾鎖，歸去革心，庶乎其可！」

【注釋】：

①曤：原誤作「濯」，從抄本改。

二十一、愛人篇

萬物之生，惟人最靈，既靈於物，須愛其生。毋以陰謀陷人、毋以利器傷人，毋以藥物毒人，毋以權勢厄人。陷人、傷人、毒人、厄人者，明有國刑，暗有天罰，終難逃也。今夫飛物之能言能舞、植物之有香有色、動物之可馴可玩、潛物之可育可娛者，人猶愛之，人豈不重於物哉！今勸爾世人，相生相聚，無相凌虐，出入往來，當思愛人之名，成人之名，愛人之功，成人之功，愛人之事，成人之事，愛人之利，成人之利。夫成人之名，即所以成己之名也；成人之功，即所以成己之功也；成人之事，即所以成己之事也；成人之利，即所以成己之利也：皆愛也。

其成人之名與功、事與利者，勿掩忠臣之忠，勿竊勳臣之勳，勿毀節孝之婦，勿謗童女之貞，勿妒能亦勿假人之能，勿忌才亦勿昧人之才，勿隱善亦勿盜人之善，勿揚惡亦勿效人之惡，勿陰阻人之進階，勿妄抹人之文字，勿敗人之盛舉，勿墮人之善行，勿壞人之良圖，勿損人之富壽，勿占人之田土，勿弄人之貨財，勿助匪人而奪仁人之風水，勿黨小人而誘名家之子孫，胞與之懷，難盡述也。以故永命天尊惓惓於勿辱善良，勿欺窮困，勿離人父子，勿間人骨肉，勿破人婚姻，勿侮人聾啞，以及救人之難，濟人之急，憫人之

孤，容人之過，拯人疾苦，賙人饑寒，提攜親族，賑濟鄰朋，矜孤恤寡，敬老憐貧者，皆於人而愛之也。

嗟乎！天生億兆，為仁人用仁之地，為善人積善之場，果能推心廣博，保育群黎，居富貴而愛人者，必裕後昆，居貧賤而愛人者，必能顯達。惟天佑善，惟帝福人，伊古以來，最多最速。故欲知處世之道者，吾仍勸之曰「愛人」。

二十二、醫藥篇

醫之為道也，能活國亦能病國；藥之於世也，能活人亦能殺人。不可不慎其術也。中有理焉，學之無盡，行之無窮。藥分君臣佐使，病分虛實舊新，凡醫士皆能言之，而能知之者罕也。聖賢學問精而志氣益下，道德高而心懷益謙，操岐黃者亦宜如是。不可自輕，不可自誤，不可自欺。自欺欺人，自誤誤人，自輕輕人，其罪集於乃躬也。故此道立功易，取過亦易，積福難，招禍不難。欲求有功無過，有福無禍，則必兢兢自持，脈理微細，淺學難知。

今勸爾醫士，入病人之場，先問從來，勿以藥試人也；今勸爾病家，對醫士之前，先明原故，勿以命試醫也。以命試醫咎在己，以藥試人咎在醫。更宜扶危急莫高身價，救困窮莫計金貲。能洞見其症候者，即行拯拔，不能見其症候者，以俟高明，則積穩誠之善也。更勸汝儒學者流，多考靈方，細研醫旨，勿秘勿妄，利己利人。范文正、陸宣公人臣之心思，且於醫三致意焉，人可忽於醫道哉！

二十三、相卜篇

上人有相，下人有相，中人無相。上人有命，下人有命，中人無命。惟上與下，性受難移，不必論也。茲惟爾中

人，不上不下，可上可下，或上或下。不上不下仍是下，可上可下猶是下，或上或下終是下，離下絕下乃非下。相自我改，命自我造，古人有言不汝欺也。

即操相算者，亦止相汝身，難相汝心，亦止算汝命，難算汝德。不能相汝心，即不能相汝身也；不能算汝德，即不能算妝命也。莫受相者愚，心智於相也，心體正，好相也；莫被算者鬼，德神於算也，德性堅，好命也。吾願爾世人，自相自算；吾願爾相者，勸人修心；吾願爾算者，勸人積德。一切骨氣，且照書談；一切運氣，且照書推。推已復言德，談已復言心，寓勸化於相算之中，麻衣三祖、子平先生必賜爾等衣飯矣。

二十四、堪輿篇

惟天覆善惡，惟地載善惡，惟仙師為天地埋藏善惡。天無私覆，地無私載，仙師無私恩。人有私慾，則見理不明。地理者，天理也。既有天理，即無人慾，故此道惟聰明正直聖人賢士乃克言之。

今汝世人妄談風水，冒瀆山靈，舉親骸以求福祿，對時師以論殊祥，或代搜求，或自尋覓，賺人貨財，要人誇好，如此人心，安知天理？十個堪輿九個窮，何足怪也！仙師賜地，吉人與吉，凶人與凶，吉不受恩，凶不受怨，理自公也，心自明也。吾嘗與人講堪輿，即以堪輿兼報應，亦是如此。夫司地者，仙師也，職既與仙，使不與凡。人向凡夫求地，何不向凡夫求仙？

太極拳祖師張三豐內丹養生

第十二章

隱　鑒

第一節　書法四條

　　一、隱於文章道學，嘉遁不出者，書曰「處士」，重純儒也。

　　一、隱於泉石風流，樂志不移者，書曰「逸士」，重幽貞也。

　　一、隱於世治時變，解官不仕者，書曰「達士」，重明哲也。

　　一、隱於玄門淨土，名利不貪者，書曰「居士」，重清修也。

　　上①《隱鑒》書法四條，實得品題微妙，此即一字褒也。或謂此四者皆隱士也，何必分！曰：其氣象之道學風流，退藏之早遲常變，自不同耳，非如此分疏，不能傳其神致。外如高士、征士、節士、義士，皆可於四者統之。

　　總評，《隱鑒》筆法，篇篇清古，言言簡淡，可作隱士小傳讀，正不必一一評論也。

【注釋】：

①上：原作「右」，本書現改橫排：按例改「上」。

第二節　元　朝

無有先生

先生大元逸民也，行藏莫測，或無或有，故以為號焉。生於元，遊於明，神行於清，六百年來，不隨物化。歷世既久，閱人且多，見高尚其志者，每樂舉以告人，非作隱士傳也。蓋與逍遙泉石之士，斟酌夫進退幾宜而已。先生有言：隱之為道也有二。隱於衰世者，不可更仕興朝；隱於興朝者，不可借隱弋名，以為仕宦之捷徑。夫如是則出處合宜，清高足錄也。山人野客，即所言編輯成卷，以為《隱鑒》一書。

劉夢吉

處士劉夢吉先生因，保定容城人也。天資穎悟，讀①書過目不忘。初為經學，每閱注疏，歎曰：「聖人精微：當不止此！」及得周、邵、程、朱之傳，乃欣然曰：「我固謂必有是也。」平時愛諸葛孔明「靜以修身」之語，表所居曰「靜修」。至元十九年，詔徵入朝，擢左贊善大夫，以母老固辭，俸給一無所受。他日復詔之，終隱不出。

【注釋】：

① 讀：原缺，從抄本補。

蕭彝尊

處士蕭彝尊先生斢，奉元人也。初出為府史，語當道不合，即引退。力學三十年，不干仕進。鄉人有暮行遇盜者，詭曰我蕭先生也，盜驚愕釋去。世祖時，辟為陝西儒學提舉，不赴。後累授集賢直學士，改集賢侍讀學士，皆不赴。無何復拜太子右諭德，扶病至京師，入覲東宮，書《酒誥》為獻，以朝廷時尚酒也。尋又稱病，請解職，不許。俄擢集賢學士、國子祭酒。依前太子右諭德，俱引病力辭而歸。其友張思廉聞而歎曰：「清高自守，功名不足以動其心，蕭子可謂尚志之士矣。」

仇山村

逸士仇山村先生遠，錢塘人也。遁跡江湖，博通經史。至元中，薦為溧陽教諭，轉寶慶路教授，不赴。又改將仕郎、杭州路總管府知事，皆辭。家錢塘西城下，仰屋著書，閉門索句，或坐花間，獨言獨飲。嘗聞其《閒居十詠》，真風流自賞之才也。今錄二首，以見先生隱趣。

詩曰：「仰屋著書無筆力，閉門索句費心機。不如花下冥冥坐，靜看蜻蜓蛺蝶飛！」又曰：「茶甌紗帽慣迎賓，不是詩人即道人。細雨斜風君莫出，綠陰門外有紅塵。」

裘元量

達士裘元量先生萬頃，淮海人也。少存達道志，意欲功成名就，然後退藏其身。元貞初，公卿薦為司直，久之有厄閏之歎，遂絕意仕進，歸維揚。茅屋數椽，栽松種竹，陶然得幽人趣。一日入深崖採藥，得千歲黃精，蒸而食之，遂覺

精神強健，登高山如履平地云。

吳伯清

達士吳伯清先生澄，崇仁人也。自幼潛心好學，著書立言以宏吾道，誠當代之大儒。仕元為翰林學士。泰定初，引疾歸家，杜門講道。屢徵不起，其恬退可嘉焉。惜其為宋朝鄉貢，頗不滿於人口也。號草廬先生。

陳茂叔

達士陳茂叔先生櫟，休寧人也。性剛正孝友，致力聖賢之學。延祐初，中鄉式，即不赴禮部，教授於家，不出戶庭數十年，其斯為重道德而輕功名者歟！

杜伯原

處士杜伯原先生本，清江人也。博學善文。武宗朝嘗被召至京師，即求歸，隱建寧武夷山中。文宗聞其名，徵之不起。至正間，丞相脫脫薦之，召為翰林編修。使者趣至杭州，又稱疾固辭。平居沉靜寡欲，無疾言厲色，與人交，篤於道義。學者稱清碧先生。

戴汝翼

處士戴汝翼先生羽，九江德安人也。隱居積學，徵辟皆不就。嘗云，「淡泊明志，恬靜致遠。此孔明一生學問也。」因作《武侯通傳》三卷。

武伯威

處士武伯威先生恪，宣德人也。好讀《周易》，每日危

坐。或問：「先生學以何為本？」曰：「以靜為本。」著《水雲集》行世。

張光弼

達士張光弼先生昱，廬陵人也。元末行樞密院判官、浙江員外郎，竊據者辟之不赴。日以詩酒自娛，號一笑居士。有《春日》詩①云：「一陣東風一陣寒，芭蕉長過石欄杆。只消幾度懵騰醉，看得春光到牡丹。」蓋料士誠之必敗也。嘗云：「吾死後埋骨西湖，題曰詩人張光弼墓足矣。」後竟如其言。

【注釋】：

①詩：原作「句」，從抄本改。

吳淵穎

處士吳淵穎先生萊，金華人也。隱居不仕，築室於深裊①山中。研究經史，悠然自得。善論文，嘗云：「作文如用兵，有正有奇。正者法度，如步武分明；奇者不為法度所縛，千變萬化，坐作擊刺，一時俱起，及其欲止，部武各還其隊，原不曾亂。」聞者服之。其同鄉黃晉②卿、柳傳道③，亦以文章鳴，世咸深重焉。

【注釋】：

① 原注：音ㄋㄠ。

② 晉：原誤作「縉」，從《元史‧本傳》乙正。

③ 傳道：原誤作「道傳」，從《元史‧本傳》改。

許白雲

處士許白雲先生謙，金華人也。自少力學，受業於宋末

金仁山之門，居數年而盡得其奧。屏跡八①華山中，潛心養志，不求聞達，朝野交薦，力辭不起。是誠安於義命，而非偽隱沽名，以為仕宦之捷徑者也。其教人以開明心術、變化氣質為先，而獨不教人以科舉之文，曰：「此義利所由分也。」

【注釋】：

①八：原誤作「入」，從《元史·本傳》改。

王原吉

達士王原吉先生逢，江陰人也。至正間，屢徵不赴。避亂於上海之烏涇，築草堂以居，自號最閑園丁。世所謂「席帽山人」者也。

陶宗儀

逸士陶宗儀先生宗①，天臺人也。元統間，避難於松江城南之吉林裏。雅好著述，雖力耕畎畝，恒以筆硯自隨。置一甕樹下，遇有所得，即書以投其中，久之成帙，曰《南村輟耕錄》。至正間，屢辭辟舉。洪武六年，舉人才至京，力辭放歸。

【注釋】：

①陶宗儀字九成，未見有名「宗」之記載，疑「宗」下脫一「儀」字。信如此，則本條標目當作「陶九成」，而首句則應為「逸士陶九成先生宗儀」。

蔡清眞

逸士蔡清真先生微，瓊山人也。通經史，好泉石，元末隱居不仕。築室深山，問學者咸斗酒豚肩以就之，先生無不解說。人謂海南儒者未能或之先也。

顧仲瑛

逸士顧仲瑛名德輝，昆山人也。才情妙麗，輕財結客。築別業於茜涇之西，造三十六亭館，曰「玉山佳處」。招致四方文學之士，置酒賦詩其中。以母喪歸綽溪，張士誠辟之，遂削髮廬墓，自號金粟道人。明初，聞太祖嚴苛，欲按江南富族，乃托僧伽而遁。所著有《玉山璞稿》，並刻交遊詩四十餘家，曰《草堂雅集》，俱傳於世。

李高岡

逸士李高岡名鳴鳳，吳人也。輕財好客，與顧仲瑛相等，東南士大夫咸欽重之。嘗助朱太祖軍糧二萬斛，淡然無邀寵意。入明初，以國法嚴刻，遂約嘉定富民方二郎，同挈妻子家貲，泛舟江海而去。

楊廉夫

達士楊廉夫先生維楨，山陰人也。前泰定進士，署天臺尹。後徙居於松江①，築元圃蓬台於松江之上。海內薦紳大夫與東南才俊之士，無不承蓋扶輪，造門納屨。嘗吹鐵笛作《梅花弄》，見者以為神仙中人。世稱鐵崖先生。著《正統辨》，讀者皆以為公論云。

【注釋】：

① 江，原缺，從抄本補。

王山農

逸士王山農先生冕，元末會稽人也。身長多髯，少明經不偶，即焚書。讀古兵法，戴高帽，披綠蓑，著長齒履，擊

木劍，行歌於市。人以為狂士之負材氣者，爭與之遊。平生嗜畫梅，畫成必自賞也。明太祖聞而訪之，既至，與藕飯蔬羹，山農且談且食。帝喜曰：「可與共大事。」授諮議參軍，不受。

一夕夢羅浮仙人招之，醒即捉筆狂叫，寫大梅一株，題以詩曰：「我家洗硯池頭樹，個個花開淡墨痕。不要人誇好顏色，只留清氣滿乾坤。」明日遂卒。同時蒲庵和尚復見心見而稱之曰：「會稽王冕梅花仙也。」

明天淵

達士明天淵先生浚，北人也。世祖朝明安之後，髯長過腹，高雅不群。仕元為學士，國亡削髮為僧而髯如故。洪武初，太祖聞其名，召而問之曰：「汝不仕吾，吾亦任汝，但削髮留鬚，亦有說乎？」對曰：「削髮除煩惱，留鬚表丈夫。」帝笑而遣之。所著有《蒲庵集》行世。蓋忠於元而得道者也。

張伯雨

逸士張伯雨先生天雨，杭人也。宋文忠公九成之裔。風神凝峻，詞翰兼長，與楊載、虞集為文字交。後入茅山學道，遇陳上陽，傳以清修，沖然有得。自號句曲外史。

虞伯生

達士虞伯生先生集，臨川人也。生有神慧，三歲即知讀書。長負才名，官奎章閣學士，即引疾歸。平時慕陶淵明、邵堯夫，因構書室二間，左室書陶詩於壁曰「陶庵」，右室書邵詩於壁曰：邵庵「。」恬然淡然，謳吟自適。時人稱二

庵先生。一曰邵庵①。

【注釋】：

① 一曰邵庵：此句抄本作注文。

趙子常

達士趙子常先生汸，休寧人也。元末輔元帥汪同起兵保鄉井，授江南行樞密院都事。洪武二年，詔修《元史》。史成，不願仕，隱居東山。與一二幽人，卜築清溪，繫舟沙嶼，蕭然無塵俗氣。其經學甚傳於世，號東山隱者。

汪德輔

達士汪德輔先生克寬，祁門人也。元季隱居環谷。洪武初，詔修《元史》。書成，固辭不仕。隱居道人巖，研究經學。其教授弟子，一以靜心力本。

謝子蘭

逸士謝子蘭先生應芳，元末武進人也。自號龜巢老人。龜巢有二，一在滆上，一在橫山，先後皆有記。其略云，「千歲之龜，巢於蓮葉，以葉為巢，初不費經營之力也。暇與田夫野老，涉桑苧之園，過桃李之蹊，瓦盆濁酒，歌舞酬酢，若曳尾泥塗者。」又云：「平生所至，以龜巢名室，蓋不以棟宇為巢，而以天地為巢也。峻宇雕牆，莫知其光，華門圭竇，莫知其陋。」誦其文，可以知其達也。

老人嘗仕元，元亡不仕。其《啟張雲門》啟云：「鯰上竹竿，往歲之功名可笑；龜巢蓮葉，近年之身世如浮。以視予山小園，超然遠矣。」

沈元吉

逸士沈元吉先生貞，長興人也。元末隱居橫玉山，自號茶山老人。明初不仕，與黃石為徒，白雲為侶，始終不出。以比招之即來、麾之即去者，其人品相越何如矣。

徐仲由

達士徐仲由先生㠉，淳安人也。元末舉秀才，明初不仕，自號松巢居士。倚聲度曲，不讓古人。嘗見其《滿庭芳》句云：「清霜籬落，紅葉林邱。淵明彭澤辭官後，不事王侯。」其高蹈之節，直從笛孔中度出。

黃子運

處士黃子運先生樞，元末休寧人也。洪武初被徵，以躄足免，鄉人呼妙拐先生。同時有呂不用字則耕者，新昌人也。洪武二年，舉本學教諭，以聾病辭，自號石鼓山聾。二公皆傲世不羈，得山林秀傑氣者。

張惟中

處士張惟中先生庸，慈溪人也。元末兵亂，竊據者署為上虞山長，不就。明初屢聘不出，遁鴻溪山，浩歌白石間。與當代士大夫詩酒往還，及勸以入官，則婉辭謝之。人謂其貞不絕俗，隱不違親，郭林宗一流人也。

王仲光

逸士王仲光先生賓，長洲人也。與吳縣韓奕、昆山王履，稱「吳中三高」。幽懷蕭散，放棹煙江。嘗與公望聯

吟，有「也知性僻難趨俗，卻喜身閑不屬人」之句，觀此可以想見其異苔同岑也。

陳克昌

逸士陳克昌先生周，閩縣人也。元末布衣，隱居石潭。嘗倚竹作歌，以寫其志。歌曰：「修竹兮青青，內虛兮外直。素節兮貞姿，寒暑兮一色。泠泠①兮朝夕，予舍之兮焉適？」

【注釋】：

① 泠泠：抄本作「冷冷」。

② 句末原贅一「一」字，從抄本刪去。

梁不移

逸士梁不移先生蘭，泰和人也。自號畦樂先生。鄒仲熙謂其隱居樂道，王希範稱其養志邱園，吾見其西畦自適，悠然有陶潛之趣，曠然有魏野之思。

程搏霄

處士程搏霄先生翔，元末新安人也。明道之後，世傳理學。洪武初，命旁求隱士，或薦先生，不起。二年春，又訪山林遺老，共修《元史》，或再以先生舉，終不赴。後詔儒臣修禮書，宋濂曰：「非搏霄不能也。」奏之，帝不欲強致，命就其家咨訪。有勸之仕者，笑而不答，但曰：「人爵不如天爵貴，功名何似道名高！」自此深藏不出，朝廷比之商山。

徐方舟

逸士徐方舟先生舫，元末桐廬人也。性好詩詞，築室於江皋之上，水竹雲煙，助其吟嘯。時劉伯溫被徵，邀之同行。舫荷蓑登相見，酌酒賦詩而別。

韓公望

處士韓公望先生奕，吳人也。生於元至順時。及長，嗜讀書，無所不覽、少有目眚，筮卦得蒙，知疾不可療，遂扁其室曰「蒙齋」。洪武間，絕意仕進，郡守姚善迫欲見之，奕乃泛舟入太湖，往來煙波自適。姚歎曰：「韓先生所謂名可聞身不可見者也。」

第三節　明　朝

焦始謨

達士焦始謨謀，江陰人也。與明太祖為舊交，及帝都南京，日思其人，屢詔不赴。將命使臣索之，謀忽荷雞豚村酒由御道入。帝喜其來，以物付光祿，治具共飲甚歡。席前出金、銀、角三帶，命其自取以官之。謀取其角者，因授以千戶。無何，徑出高橋門，掛冠帶於樹間而去。

孫太初

逸士孫太初先生一元，明初人也。風神秀朗，蹤跡奇幻，元巾白裌，以鐵笛鶴瓢自隨。高風所至，士大夫皆為之

傾動。嘗棲太白之巔，稱太白山人。又嘗西入華，南入衡，東登泰，北登恒。吾南尋吳會，恒棲遲不去。與劉麟、龍寬、陸昆、吳弦號「苕溪五隱」。

王廷珪

逸士王廷珪先生珙，明初常熟人也。卜宅於虞山之北，蕭溪之上，植竹萬竿，容與其中。其逸興清涼，詩懷縹緲，人謂如秋月春雲，令人景仰。

王先生

達士王先生者，以忠節隱其名。永樂初，寓居金華府東陽縣之東山，自號大呆子。儀容俊偉，趣識超群，惟披麻戴笠，不服常服，日盤桓於山南村落之間，狂歌自適。其與宴遊者，皆不識其姓氏。惟與王姓俱，則以宗兄稱之，遂以王先生呼焉。嘗與村中人曰：「他日吾逝，只祈斂吾屍，懸於林杪足矣。」時又號玉華山樵。張三豐聞而歎曰：「此建文遺臣也。」

徐延之

逸士徐延之先生伯齡，自號篸冠子，錢塘人也。天資敏妙，書過目不忘，特性情疏蕩，不拘小節。對客每赤足科頭，內衣無繫帶，行輒委墮，人多笑之。士大夫慕名而來者，一見後即倦與往還，然其鴻才高致，終不可沒也。性甘肥遁，尤善鼓琴。所著有《大音正譜》、《醉桃佳趣》、《香台集》、《蟫精雋》、《舊雨堂稿》，非外野而內文者歟？

王原夫

處士王原夫先生逢，饒州樂平人也。淹貫經史，研精理學。朝廷屢召不赴。深居崖谷，沖和淡然。宣德初，復以明經召見，力辭歸家。著《言行志》諸書。學者稱松塢先生。

俞古章

逸士俞古章先生杭之，富陽人也。肥遯邱園，名聞湖海。宦遊於浙者，皆欲得睹其眉宇為快。正統間，藩臬諸公先後封章薦舉，不起。親友間有勸之者，則為聾病謝之。間遊山澤，或對木石而談，如瘋癲狀，人卒莫之信也。一日，吳和州又欲薦之，先生乃以詩力辭焉。

詩云：「青雲有路念綈袍，迢遞和州薦剡勞。下乘難隨千里馬，虛名恐誤九方皋。嵇康自信隨時懶，少室誰云索價高？縱使陽和動鄒律，秋風雙鬢已蕭騷。」

徐勉仁

處士徐勉仁先生恕，寧波人也。正統間，以古文鳴世。甬東好文者，皆就其門而學焉。先生居山澤間，凡求名之士，雖是舊友，皆弗與流連；少年中有慕隱者，則獎許之曰：「綠鬢青山，正堪掩映，顏、閔、伊、周，各行其是而已。」後屢有國召，皆不應。移家於杭，竟著書以終其身。

許澹初

居士許澹初先生，魏谿叟也。正統間，叟年九十，忽然棄家學道，不知所之。宜同庚有石內含者，桐城人。居郭北石塘，享年一百有三，子眾孫繁。

百歲之日，賦詩憶澹初云：「庚申共守人何處？甲午同生獨詠詩。」蓋亦明之籛鏗也。

沈啟南

逸士沈啟南先生周，長洲人也。景泰中，以賢良應詔，力辭不赴。號石田翁。詩文之外，益工畫石，高古清奇，筆墨與人品相肖。

方元素

逸士方元素先生太古，蘭谿人也。自號寒谿子。清曠夷猶，超然出類。或問：「先生何事？」答曰：「萬卷圖書銷日月，一灣鷗鷺共朝昏。」

程叔朋

逸士程叔朋先生玄輔，歙縣人也。歌嘯林泉，不求聞達。同邑知李獻吉而不知有叔朋，欣如也。自號龍谷道人。

秦仲孚

逸士秦仲孚先生奭，無錫人也。性至孝，其父修敬公偶中心痛，仲孚刺胸前血和酒飲之。母殷氏偶有膝傷，吮之即癒。郡縣上其事，詔旌其門曰「孝子」。泰陵即阼，賜以冠帶。嘗作溪山清興堂、清遠閣，結亭於後曰「滌煩」。《溪橋散步》詩可為仲孚行照，其詩云：「掃閣觀書興未闌，綠陰清晝更多閑。杖藜扶我溪橋步，看盡湖南十里山。」

董蘿石

蘿石董先生澐，海寧人也。以能詩聞江湖。年六十，遊

會稽見陽明，與之語，連日夜，乃請為弟子，陽明不許。澐歸，織一縑為贄，曰：「澐之誠積若此縷矣。」因納拜從遊。其子弟招之曰：「何老而自苦若此？」曰：「吾從吾之所好耳。」因號從吾道人。

吳康齋

處士吳康齋先生與弼，崇仁人也。遊京師，從楊溥學，見伊洛淵源，輒有尚友之志，以聖賢為必可師，收斂身心，倡明理學。天順二年，詔徵至文華殿，授左春坊、左諭德，不拜。帝欲強職之，凡三辭焉。遂稱疾歸，閉門講學，從者千數百人。號康齋居士。

婁克貞

處士婁克貞先生諒，上饒人也。少與吳康齋遊，其學以收放心為居敬之門，以何慮何思、勿忘勿助為居敬要旨。王陽明嘗受業焉。號一齋先生。

陳白沙

達士陳白沙先生獻章，廣東新會人也。中鄉舉，即屏居不出。聞江西吳康齋講學臨川，遂棄其學而學焉。教人不立語言文字，以主靜為先，隨處體認天理，緊要在勿忘勿助。又曰：「學者以自然為宗，以忘己為大，以無欲為至。」布政使彭韶、總督朱英聞其名，交章薦剡，乞以禮徵聘。

吏部尚書某謂獻章例應聽選，非隱士比，安用聘。召至京，令就試吏部。獻章稱疾不赴，乞歸奉母，乃授檢討。自後屢召不起。

薛敬軒

達士薛敬軒先生瑄，字德溫，山西河津人也。登進士第，官禮部侍郎。天順間，在閣數月，見石亨等用事。歎曰：「君子見機而作，不俟終日。」遂致仕歸，隱居龍門山中。其學以複性為主，充養邃密，言動皆可法。著《讀書錄》二十卷，學者宗之。

張海觀

逸士張海觀先生錫，錢塘人也。天順壬午領鄉薦，春闈不偶，授山陰教諭，旋即引退林泉。家有竹數竿，作亭其內，名曰「醫俗」，並自為記以贊之。其略云：「余退閑之志既不可醫，乃掛冠神武門，幾二十祀。既而作老圃於家，種篔簹數百個，皆著鞭持節，因作小亭於其間，為柱六，覆以茅，取窮樸之意。坐於是亭，則清聲戛玉，醫耳之繁囂；幽香細細，醫鼻之銅臭；攢①葉如翠，醫目之塵氛；筍供茶饌，醫口之貪饕；虛心勁節，又可醫夫自滿而失守者。因取坡②老詩，名之曰『醫俗亭』。」噫！世有高梁畫棟而主人則俗者，何不一過此亭哉！

【注釋】：

① 攢：原誤作「桐」，從抄本改。

② 坡：原誤作「披」，從抄本改。

金元玉

逸士金元玉先生琮，上元人也。嘗遊浙之赤城山，徘徊①不忍去，因自號赤城山農。居嘗遐嘯清視，人莫能窺。處己接物，高簡粹白。與史癡翁同稱「金陵②二隱」。癡翁名

忠，性豪爽，不事權貴，自號癡翁，署所居樓曰「臥癡」。

【注釋】：

①徘徊：原誤作「徘徊」，從抄本改。

②陵：原誤作「陸」，從抄本改。

唐伯虎

達士唐伯虎先生寅，吳人也。舉南畿解元，以冤錮，遂放浪形跡，然其出入天人間。宸濠慕而聘之。寅度濠有反志，佯狂自免。奇趣溢發，或寄於詩，或托於畫，文采風流，照耀江左，圖其石曰「江南第一風流才子」。晚皈依佛乘，自號六如居士。

羅達夫

達士羅達夫先生洪先，吉水人也。以進士第一官贊善，疏請預定東宮廟儀，忤旨落職歸，屏居不出。辟石洞隱居其中，製半塌默坐三年，事能前知。

嘗曰：「不可以虛見為得手，須日日收斂，不使後天習氣乘機潛發，始不負一生耳。」

趙淮獻

逸士趙淮獻先生金，烏程布衣也。正德時，徵詔不起。造其門者，如入深崖邃壑。恒坐小艇，出入江湖，陶然自樂。南垣、箬溪二尚書結峴山會，造廬①請入社，不許。平生頤養，清靜安恬。年九十，自為祭挽，無疾而逝。

【注釋】：

①廬：原作「盧」，從抄本改。

沈子登

逸士沈子登先生仕，杭州人。明刑部侍郎銳之子也。身居貴介，志慕清真。野服山中，怡然長嘯。自號青門山人。舉此以勵世族之戀浮華者。

陳奇委

逸士陳奇委先生體文，江陰人也。築耕舍於郊西，有田數十畝，力耕而食。賓至必為治酒，酒酣即賦詩。詩有云：「得魚便沽酒，有酒且留人。如此即為樂，何須復苦貧。無魚亦無酒，宜主不宜賓。如此即高臥，何愁不及晨！」可謂達人之言矣。同時有五岳、十岳諸山人者，率皆以韋布效薦紳氣，最為可鄙。畎畝中有此，庶幾率真。

顧英玉

達士顧英玉先生瑮，上元人也。仕至副使，即歸隱白下。或謂其致仕太早，何以退養清廉。曰：「若使宦囊有物，正非所以養清廉也。」坐臥一小樓，匾曰「寒松」。嘗訓蒙以自給，霍渭崖宗伯欲以廢寺田百畝資之，拒不納。其固窮若此。

朱君佐

達士朱君佐先生諫，溫州樂清大人。仕至副使，即謝政歸。結廬雁蕩山，悠然有塵外之致。或有勸其出山者，曰：「豈以五斗易我五珍！」五珍謂龍湫茶、奇音竹、金星草、山藥、官香魚也。五者皆雁山所產。

徐先生

達士徐先生昌，閩之崇安人也。潛心理學，以明經訓導莆田。親喪回籍，服闋不起。或勸之再仕，昌泣曰：「吾為升斗祿，冀養親也。今親不逮養，奚仕為？」遂築室武夷山中，深藏不出。

來矣鮮

達士來瞿塘先生知德，字矣鮮，蜀之梁山人也。幼有至行，嘉靖時舉於鄉，歸養不出。其學以致知為本，敦倫為要。有司疏薦，授翰林院待詔，不赴。生平著述甚宏，惟《易》注獨殫心力。先讀《易》於釜山草堂，六年不能窺其門徑。乃遠客萬縣瞿塘深山之中，沈潛反覆，忘食忘寢，久之豁然有悟，積二十九年而後成書。以後觀天地，察造化，與物無觸，悠然自得而已。

羅整庵

處士羅整庵先生名欽順，字允升，江西太和人。朝廷屢詔不起。嘉靖中，復徵為吏部尚書，亦固辭。是時璁、萼用事，整庵岩居杜門，潛心格致之學。嘗云：「立身行道，必先打破義利關頭，否則擾擾到底。」所著有《困知紀》。

謝子佩

達士謝子佩先生廷讜，富順人也。嘉靖進士，官浙江僉事，遂歸養不出。萬曆初，巡撫曾省吾奏廷讜隱居三十年，著書樂道，宜加京秩，風勵山林。詔即家贈太僕少卿。時人稱為「山中太僕」。

陸子傳

達士陸子傳先生師道，長洲人也。登嘉靖進士。甫仕儀部，即告歸養，時年末三十也。杜門卻掃三十餘年，手抄典籍數千卷。風流儒雅，為世所宗，而其清高好道，尤人不能。

李印南

逸士李印南先生應箕，字子騎，黃岡麻城人也。萬曆間，世尚苛條，遂為老圃不出。時兩廣賦稅頻加，南北之民多有如菜色者。印南作《老圃吟》曰：「吁嗟圃兮，吾與爾猶存，籲嗟蟲兮，毋齧我菜根。肉糜肉糜，此上人之所食，而非野人之所宜。」聞者咸太息焉。

嘗於鋤下掘一龍神像，朝夕虔奉。忽夢有金甲碧面者，與語片時。以後決未來事，效應如響。一日謂其弟與子曰：「今蜀三大寇已平矣，賢者避世，其次避地。」乃背其神像，遁跡川中。

虞長儒

達士虞長儒先生淳熙，錢塘人也。萬曆進士，仕吏部主事。解官歸，得葛嶺、棲霞之勝，沖煙躡屐，終日陶然。黃寓庸傳之曰：「以儒為行，以玄為功，以禪為歸，以山水為寄託，以詞翰為遊戲。」誠足襄括平生矣。

安我素

達士安我素先生希範，無錫人也。仕吏部主事，以暢直言罷官歸。杜門不出，出則乘一舫，圖陶元亮、張季鷹、蘇端

明、米南宮諸名賢於倚窗，為煙水伴，恣其所之，樂而忘返。

姚公綬

達士姚公綬先生綬，嘉善人也。由御史出知永甯府，解官歸，作「滄江虹月之舟」，往來吳越間，望之者宛若神仙中人。家設亭館，名曰「丹邱」，人稱為丹邱先生。

周叔大

處士周叔大先生奕，滇之金齒人也。幼而奇嶷，長益凝重，其學問一以知止為歸。力耕養母，不贏勢利。嘗遇一丹士，欲以術授之。

奕曰：「多金何為！內丹何如寡慾！外丹何如節用！子休矣！」我儒門道士，其取精用宏也久矣。

陸嗣端

達士陸嗣端先生澄原，平湖人也。天啟乙丑進士，歷官員外郎。以不附東林，被察閑住。其封事略云：「臣甘寡援孤立，為硜硜之小人；決不依草附木，為疑似之君子。」由是見嫉東林，排之甚力。一官罷去，長嘯而歸，蓋古狂狷之流也。每見溪上人家，小橋流水，恒徘徊久之而不能去。

聞隱鱗

逸士聞隱鱗先生龍，鄞縣人也。寄懷高遠，托跡衡茅，每當風來竹外，雲冷松根，輒遂其蕭野之趣。或稱其詩如溪上人家，曲幾疏窗，長與水雲弄色。吾謂其性情亦然。

太
極
拳
祖
師
張
三
豐
內
丹
養
生

陳仲醇

逸士陳仲醇先生繼儒，號眉公，華亭人也。年甫壯，即棄名習隱。結廬於小昆山之陽，買舟載書，稱無名釣徒。每當草衰月冷，鐵笛霜清，覺張志和、陸天隨去人未遠①。

【注釋】：

① 遠：原誤作「達」，從抄本改。

殷方叔

逸士殷方叔先生仲春，秀水人也。躬耕永樂之南村，怡然自樂。陳仲醇所謂「卻羨白頭殷處士，鷓鴣聲裏獨耕田」者也。葭牆茅屋，不蔽風雨。慕王績為人，亦自號東皋子。農事之閑，以醫為業。得錢，入市買斷簡殘書讀之。

朱白民

逸士朱白民先生鷺，吳人也。負奇氣，嘗獨遊黃山，遠尋嵩華。崇禎初，騎驢入都，欲上賦頌，不果歸。結廬於郡西之華山蓮子峰下，躬親井臼，不願見豪貴。時與王芥庵、趙凡夫稱「吳下三高」。而白民為最。

李因仲

達士李因仲先生天植，平湖人也。崇禎癸酉舉人。晚更名確，字潛夫，隱居龍湫山中，萬松台畔，茅屋一間。人稱其高蹈遠引，詩含清江碧嶂之音。

謝匯先

達士謝匯先先生遜，宜興人也。崇禎癸酉舉人。晦跡衡

門，種菜一畦，不入州府。陳其年寄詩云：「半畝牛宮繞菜田，鋤畦汲水獨悠然。芒鞋一緉千金值，不踏城中又十年。」

陸茂璩

居士陸茂璩先生連①，吳縣人也。兩中武科，甲申後削髮為僧，居蓮子峰下。藤蘿窈窕，結楊崖中，萬峰當戶，一澗繞門。自號了緣道人。有《楓江遺稿》。

【注釋】：
① 原注：一作璉。

黎左岩

達士黎左岩先生元寬，南昌人也。登崇禎進士，歷浙江提學副使，以忤溫體仁罷歸。構草廬於谷鹿洲。與生徒講學，淡然自守。順治初，有薦之者，以母老固辭，終身不出。

方密之

達士方密之先生以智，桐城人也。登崇禎進士，官檢討，負海內名。明亡削髮，改名宏智，字無可，號藥地和尚。遍遊名山不返。所著有《周易圖》、《烹雪錄》、《浮山全集》。

劉念庭

達士劉念庭先生伯淵，慈溪人也。由進士官至按察副使，引疾致仕，年百有餘歲。先生自隆慶五年釋褐，萬曆十六年歸家，至崇禎十一年，春秋已八十矣。時危國變，隱者猶存，《八秩自嘲》詩足見其志。詩云：「謂我歸田早，假令不早有何好？幾人欲歸不得歸，黃犬東門添懊惱。」聞者

高之。厥後更名托空子，遁入深山不見。

張昊東

達士張昊東先生若羲，華亭人也。崇禎癸未進士。甲申以後，潛身村野，躬自灌園。故友訪之，則荷鋤戴笠，相揖於紫瓜白莧之間。破屋數椽，淡如也。或自稱為寒松子。

魏叔子

逸士魏叔子禧，江西寧都人也。明末諸生，與弟禮結廬於金華之翠微峰，偕隱不出。公卿聞其名，皆願見之，弗往。禮字季子，遍遊海內名山，與叔子同居翠微，常有雙鶴來伴云。

劉欽爾

達士劉欽爾先生永錫，大名魏縣人也。舉崇禎孝廉，授長洲教諭。明亡，隱於陽澄湖。巡撫欲薦之，以疾固辭。家貧，衣食或不給，處之泰然。常自操舟鼓枻出，至中流作歌，歌竟而返。望夕陽在山，獨婆娑於煙樹之下。

夏元貞

達士夏元貞先生道一，大名人也。舉崇禎孝廉，即絕意仕進。明亡，率婦子入山，耕績自食。或操斤作紡車以鬻，人愛其堅致，咸爭購之。短衣行歌，聲振林木。間為詩文，脫稿即棄去。諸子讀書，只令識字記數，長則牧牛負薪，涸其跡於煙霞焉。

林明俊

達士林位旃先生明俊，平都人也。慷慨有志，少時即能為詩古文詞。崇禎甲申蜀陷，閣部王應熊承旨討賊，膺薦舉第一人，授兵部職方司主事。明亡不出。順治間，題授副使，稱病不仕。後舉博學鴻詞，亦不赴。緒廬桐陰，曠然自適，隱居三十餘年。嘗在平都請乩，余偶臨其筆，贈以「鐵肝石膽」四字。所著有《淡遠堂文集》、《巴字園詩集》、《梧桐居近集》存世。

第四節　清　朝

黃太沖

處士黃太沖先生宗羲，餘姚人也。受業於明儒劉念台之門，研究先賢之學，以是從遊者日眾。康熙十八年，都御史徐元文特薦於朝，太沖以疾辭。齋心危坐，力掃外緣。其著述上下千古，穿穴群言，自天官地志、三教九流之書，無不精研。學者稱梨洲先生。

仇知幾

達士仇知幾先生兆鼇，字滄柱，鄞人也。少從黃宗羲講切性命之學，為諸生，有盛名。官吏部右侍郎，即引疾歸。與會稽陶存存研究修養密旨，久之松顏鶴貌，照耀山林，蓋浩然有得者也。所著《四書說約》、《杜詩詳解》及《黃老參悟》諸書行世。

陶存存

遺①士陶存存先生素耜②，會稽人也。少遊越水吳山，燕台金闕，其才華益盛。登康熙進士，即退處山陰。往來霍僮洞天，遇方外至人，傳以修養秘法，遂焚時藝之文。作《道言五種》，集注及丹家雜義，以招後學。仇知幾稱其「笑傲林泉，樂天達命。」洵知言也。自號清淨心居士，又曰通微道人。

【注釋】：

①遺：疑當作「達」。

②原注：元名式玉。

顏欽明

達士顏先生欽明，戎盧人也。康熙丙午舉於鄉，研究經史之學。吳三桂據蜀時，士大夫多為迫脅，欽明獨抗節不出。蜀平，結屋於玉蟾山下，終身不跡城市。

沈越溪

逸士沈越溪先生巨儒，萬縣人也。寄懷高尚，歸遁山中，自號西溪野人。四川總制李培之，知其夙學，勸之仕，不應。闢堂數椽，日以吟笑為樂，望眉宇者，咸目為巢父、許由。

程伍喬

達士程伍喬先生夢星，江都人也。登康熙進士，官編修。以丁艱歸，遂終身不出，蓋淡於榮利者也。築篠園並潄南別業，謳吟偃仰於其中。每當竹搖翠雨，雲度湖陰，使與

幽人佳客，烹茶啖餅，即景言詩。望之者不啻有孤雲野鶴之象。

張幻花

達士張奕山先生梁，婁縣人也。登康熙進士，即退隱西溪。築葆閑堂十景，備水竹花藥之勝。奕山善鼓琴，遇山水深處及風月佳時，安弦動操，仙馭為之停空。子侄皆顯貴，或勸之出山，清要可立致，笑不答也。心空及第，專務禪修，自號幻花道人。

金壽門

逸士金壽門先生農，錢塘布衣也。天懷冷峭，不與時趨，歲晚務閑。得人忙我暇之趣。嘗於臘月杪，出其家釀。要諸鄰翁，談笑泛論古今逸民，真高士也。中年作汗漫遊。遍走齊、魯、燕、趙、秦、晉、楚、閩而歸。嘗願如邈邈道人日行千里，又願如玉溪生打鐘掃地，作清涼山行者。乾隆間寄跡揚州，隱於書畫之間。

李客山

逸士李客山先生果，長洲布衣也。讀書味道，隱於南岡，忍饑誦經，衡門兩版，時或樵薪不繼，怡然也。嘗云：「富貴可樂，不如神仙；朝市可住，不如林泉。」乾隆間，巡撫雅公聞其名訪之，避而不見，真吳中高士也。

趙鷗白

達士趙鷗白先生翼，一號甌北，字雲松，陽湖人也。乾隆二十六年，探花及第。官貴西道。以母老乞養，遂不復

出。鷗白休官既早,遊屐亦寬。嘗遊天臺、雁蕩、武夷諸峰,灑然有挾仙遨遊之想。過貴州福泉山,徘徊於禮斗亭中,錄《打坐歌》去。晚年飯後行逍遙法,遂得年登大耋,管領林塘者凡數十年。

殷果園

逸士殷果園先生如梅,元和人也。安貧樂道,幽節自貞。人或訪之,則見曲水一灣,衡門兩版,在橫橋疏柳間,簞瓢屢空,自如也。

嘗題一聯云:「林臥真堪忘歲月,心閑應不愧神仙。」余神遊見之,直評其為逸士。

吳竹橋

達士吳竹橋先生蔚光,昭文人也。登乾隆進士,官禮部主事,初入詞館,即改儀曹。渴慕煙山,復辭華膴,向禽之志切、箕潁之清深矣。嘯傲溯山,覃研文史,搜奇碑版。跌宕琴尊,人皆羨其風流,吾獨重其高隱。

羅兩①峰

逸士羅兩②峰先生聘,歙縣布衣也。後寄幾於揚州。嘗受業於壽門,筆有奇情,喜畫鬼物。凡有所遇,皆寫長卷記之,成《鬼趣圖》。余神遊兩③峰之齋,鬼皆起拜,真奇事也。既能畫,更能詩,喜遊山水,更好禪宗。嘗作《起信錄》,釋禪、淨兩家之惑。

【注釋】:

①②③兩:原誤作「雨」,從抄本改。

翁澹生

逸士翁澹生先生春，華亭布衣也。性情清曠，詩筆蕭閑，許用晦、羅昭諫猶不逮也。其友人序其集云：「嗜恬淡，甘寂寞，菽水奉母，耕讀教弟，四十不娶，亦不就有司試。為詩如朱弦疏越，一唱三歎。」八句盡澹生矣。翁遊揚州題壁，有「二分月影關山夢，一派濤聲今古愁」之句。余適化老道閒遊，礙「愁」、「夢」二字非逸士所言，為改「夢」為「共」、「愁」為「流」，取共此一輪月，滄江流不息之義。翁重過見之，悚然下拜曰：「改吾詩者，非仙筆不能也。」

徐洄溪

逸士徐洄溪先生大椿，吳江布衣也。性好湖山，不慕榮利。平時以清淨為宗，闢草堂於太湖之濱，門前七十二峰，青入座間。著①《陰符經解》及《道德句解》，燦然可觀。自營藏蛻②居，題一聯云：「滿山靈草仙人藥，一徑松風處士墳」。余神遊見之。

【注釋】：

①著：原作「注」，從抄本改。

②蛻：原誤作「脫」，從抄本改。

第十三章

雲水集

第一節　雲水前集①

序

　　《雲水前集》者，我三豐先生在元、明間所作者也。永樂時，胡廣等收入《大典》之內，世間少得其本。嘉靖中，詔求方書，仍從《大典》中繙出梓行，頒示國師等等。錫齡於康熙五十九年，得此本於揚州書肆，寶而藏之。即花谷藏書也。後有起者，將此板刊出，必能傳其人，讀其詩，知先生之清風高節為不可及也。

圓通弟子謹識

登華表山

　　華表山高爽氣凌，令威騎鶴此飛升。乍看雨腳從空至，未必雲頭阻我登。獨立峰巒心曠遠，遙觀渤海興奔騰。他年願步丁公後，長嘯蓬邱第一層。

遊遼陽諸山作

千里遼陽自往還，眼中山色畫中看。人誇地氣來長白，我欲雲峰煉大丹。風過列屏橫淡靄，雨餘群嶂各高寒。此間好覓長生路，入世休言出世難。

甲子秋遊燕京作

我不願登黃金台，我只願飲黃花杯。醒裏昏昏忘天地，古今名利總塵埃。休馳驟，且徘徊，早將壯歲塵緣了，五岳三山歸去來。

呈廉閣老

真人不露真，玄門不露玄。方士乃何物，自獻徒紛然！堯舜享高壽，無為靜也專。幾曾餌金石，而乃得遐年？我愛廉夫子，忠悃心拳拳。上書攻異教，肝同鐵石堅。吾家有二老，至今作天仙。子房師辟穀，志和隱釣船。素與天子近，不談汞與鉛。功成身勇退，英雄則有焉。帝王自有事，豈在白雲邊！凡為大臣者，孔戒必當先。我愛廉夫子，正氣如孟賢②。

題止善堂呈主人

半點塵埃不許侵，四圍垂柳正陰陰。主人自是能知止，無物能搖至善心。

廉平章以書薦余名於劉仲晦太保感而詠此

賢與賢相近，得逢推薦人。愧非梁棟質，名動帝王臣。有意求勾漏，無心據要津。辭尊往說法，願現宰官身。

送廉公之江陵

我有老親，頭已白矣。我得微官，公之德矣。公自愛才，我非貪祿。公往江陵，民皆受福。

博陵上仲晦相公

姓字勞公記，山人入宦場。一官容懶散，百姓盡淳良。囹圄生秋草，男兒思故鄉。別求賢令尹，吾不坐琴堂。

有感

毛義從茲隱，葛洪豈戀官！欲尋李太白，同說大還丹。家國伊人任，孤哀獨我單。潸然雙淚落，飛雁影高寒。

答劉相公書

太平良宰相，千古能凡人！青囊乃餘事，不愧帝王臣。得公一語重千金，公書賜我我動心。所言地理無人識，惟我默默信其深。公何為者重賤子，此恩此德提吾耳。公束來時獨憾遲，親骸已葬不敢起。長白干龍數千里，我從小干藏之矣。不望名，不望利，只整吾親安斯地。穴城大山宮小山，門有仙橋獲我意。以此答公公諒之，莫云小子強陳詞。他日訪公邢州道，八盤山下請公思。

讀先祖張子房傳有感

紛紛六國眾諸侯，掃入秦疆漢又收。若使沛公如項羽，子房未必肯依劉！

家居無事忽有邱道人見訪臨別詩以贈之

我見先生方外來，先生見我笑顏開。無官自合尋黃石，

有客何妨共綠醅。出世心從天海落，入山興與岳雲回。幾時佩劍攜長笛，相訪高真到碧台。

遙挽劉仲晦相公時至元十一年冬月初旬也

博學其餘事，今之古大臣。淡然忘嗜欲，高矣脫風塵。舉世誰知我？登朝屢薦人。八盤他日過，清酒奠公神。

三十二歲北遊

幽冀重來感慨忘，烏紗改作道人裝。明朝佩劍攜琴去，卻上西山望太行③。

上曲

疏柳蒼黃盡夕曛，悠悠澷水淨塵氛。芒鞋獨上堯峰頂，西望常山只白雲。

恒岳

畢昴精凝處，恒山氣象高。藤蘿牽絕壁，松柏吼飛濤。朔野何空闊，靈風乃怒號。結廬仙嶺上，望裏興飛豪④。

悠悠歌北岳作⑤

悠悠歌，悠悠歌，四十八歲空消磨，人生壽命能幾何！株守恆山十六載，燕趙往來成逝波。到不如攜琴劍、整笠蓑，東走蓬萊唱道歌。

東遊

此身長放水雲間，齊魯遨遊興自閑。欲訪方壺圓嶠客，神仙萬古住三山。

贈棠邑令家希孟弟

我到清河上，棠花處處開。老兄騎虎出，吾弟割雞來。政事由求侶，乾坤宰相才。四知長不愧，相與坐斯台⑥。

游岱宗步希孟弟原韻

軼蕩天門上石關，人生到此拓雄觀。西崖宛峙神仙阜，東海誰投任子牽。七十二家封禪古，三千餘異範圍寬。與君共坐秦松下，一陣天風撲面寒。

日觀早起觀日

天雞一唱海門開，日湧波濤出海來。萬里眼光紅不斷，三山頭腦綠成堆。遙聞笙鶴從空降，只見雲龍帶雨回。別有飛仙揮鹿塵，令人企首望蓬萊。

山中尋張忠高隱處有作

岩棲谷飲舊家風，今我尋翁不遇翁。仙阜一聲發長嘯，白雲飛在太山中。

丹岩山

丹岩頂上蓬萊閣，可望蓬萊不可即⑦。天風海水蕩心胸，蒼蒼浪浪自開闊。我到東牟眼界空，詩情豪放若英雄。朝暾遠出扶桑外，樓臺貝闕金銀宮。拍手長歌雲鶴起，仙人冉冉來前矣。把杯祭海祝海神，為展光明千萬里。遙情欲觀海外天，天浮海際海無邊。欲駕飆車飛過去，未能羽化心茫然。

【注釋】：

①此集本名《雲水集》，後汪錫齡編張集時改題今名，

以便與另兩集區別，今仍之。《道藏輯要》誤將前後兩集正文互易，今從抄本乙正。

②原注：時人有「廉孟子」之目。

③原注：西山，太行別阜也。

④原注：山有望仙嶺。

⑤原注：時至元三十一年甲午歲初也。點校者按：「初」原誤作「切」，從抄本改。

⑥原注：治內築有四知台。

⑦即：原誤作「卻」，從抄本改。

徂徠山

百丈奇巒百樹松，松松古幹老蒼龍。山間六逸今安在？幾度言尋到此峰。

河東

三年步履遍河東，戴月披星兩袖風。登山笑倚一根竹，遇水閑彈三尺桐。海岳幾時逢道侶？塵寰何處訪仙翁？不如覓個安閒地，了了忘忘養寸衷。

雷澤晚行

水複山重路渺茫，此中應是白雲鄉。晚來獨自行雷澤，明月清風望首陽。

遊中條山

九天浮翠鬱運岧嶤，綠笠青蓑映碧霄。款款心兒思上界，翩翩羽客到中條。腳頭不用黃河濯，肩背常將白日挑。兩片飛鳧輕似鶴，王官谷裏過溪橋。

中州紀行

中州南北遍尋真，到處高歌弔古文。滾滾煙飛卿相宅，茫茫日落帝王墳。身如斷埂隨流水，臂①負瑤琴帶夕曛。來日又從河內去，袖中攜取太行雲。

【注釋】

①臂：抄本作「肩」。

王屋山

海內大洞天，王屋稱第一。終古飛白雲，至今護元室。岩壑響笙簧，峰尖掛日月。我欲結茅居，煉取神仙質。

嵩岳

重離大火開丹壁，表正中州真峻極。仙靈隱隱立三台，太少峨峨分兩室。我今訪道如青蓮，奇峰六六造其巔。石上彈琴思縹緲，雲中飛鶴舞翩翩。忽然口渴憶玄酒，手掬山泉聊漱口。晚來明月掛溪松，松濤幾陣如雷吼。靜中有動動偏閑，椰瓢棕拂坐岩間。不遇真師亦快活，留將鴻爪記嵩山。

西遊

胸中五岳待①全探，泰岱恒嵩已過三。今日更登西華去，白雲開處望終南。

【注釋】：

①待原誤作「侍」，從抄本改。

關中旅寺有懷

拋別家山處處遊。塞雲關月幾經秋。丁公有志歸華表，子晉何時返故邱。今日渭南如旅雁，去年河北似浮鷗。溪泉

放艇尋詩句，兩岸風篁幾萬頭。

華岳

巉巉大華俯全秦，百二河山此地尊。雲起謫仙搔首處，雨過神女洗頭盆。閑從翠嶂尋松實，醉看青天枕石根。我愛希夷高臥跡，應攜後進入玄門。

扶風明月山中有清風洞過而口占

明月山頭玩明月，清風洞口坐清風。吟風嘯月吾將老，對月聽風響未終。

寶雞晚行

倏爾遊秦鳳，飄然到寶雞。路隨流水遠，山壓暮雲低。對面三峰立，關心一塌棲。結茅聊息足，吾亦老磻溪。

小廬題壁

陳倉山下道人家，不種桑田不種麻。埋姓埋名藏僻地，自薪自汲老生涯。幾重石嶂撐如虎，一個茅廬小似蝸。氣健身強年已暮，乾坤何處問丹砂！

津門柳

津門柳，津門柳，歲歲年年，絲絲縷縷。長與官家綰別離，能綰遊仙去路否？一聲長嘯出天津，破衲飄然不回首！

洞庭晤呂純陽先生

這回相見不無緣①，訪道尋真數十年。雅度翩翩吹鳳笛，雄風凜凜佩龍泉。身從海岳來斯地，手拂湖雲看遠天。

願學先生勤度世，洞庭分別到西川。

【注釋】：

①原注：先生句。

燕趙閒遊晤邱長春逐同遊西山

天寒白日澹幽州，燕市重尋舊酒樓。新學瘋狂為醉漢，故交豪傑已荒丘。駒光不似壺中日，蟻命猶如水上漚。我遇至人談大道，西山晴雪共遨遊。

遼陽積翠村二首

手執長弓逐鳥飛，是誰知是老翁歸？白楊墓上留詩句，城郭人民半是非。

又①

紛紛景象亂如麻，身世粗完早出家。莫待巢危復累卵，功名勢利眼前花。

【注釋】：

①又，原缺，從抄本補。

由夔府下江陵作

十二巫峰歷歷遊，夔門長嘯下荊州。朝吟落月峨眉磧，暮對斜陽燕尾洲。山水蒼茫懷道侶，乾坤浩蕩少仙儔。不如自跨遼東鶴，乘輿還鄉省故邱。

赤壁懷古二首①

石壁巉巉壓水隈，三分事業此間開。龍爭虎鬥今安在？月白風清我又來。滾滾長江淘日夜，茫茫戰壘激風雷。興酣欲拉坡仙嘯，吹笛乘舟共往回。

【注釋】：

①原注：赤壁有數處，在嘉魚者，乃周郎破曹處也。點校者按：題中原無「二首」兩字，係劃一體例時所加。

又

為雨為雲最有神，莫將塵夢擬真人。仙環隱隱從空下，一片恩膏一片春。

蜀市題

朝隱青城暮入峨，蜀中來往閱人多。眼看白日忙忙去，口唱藍仙踏踏歌。一個葫蘆無價寶，兩川風月安樂窩。山林塵世遨遊遍，到處題詩認得麼？

兩湖吟

化作漁翁蕩小舟，湖南湖北任遨遊。酒乾直欲吞雲夢，吟罷高飛過鄂州。萬里遙看吳地月，一聲長嘯楚天秋。湘濱老叟相逢笑，手指嘉魚下釣鉤①。

【注釋】：

①原注：嘉魚縣名。

書懷

心命惶惶亦可憐，風燈雨電逼華年。不登閬苑終為鬼，何處雲峰始遇仙。九死長存擔道力，三生又恐落塵緣。瓣香預向終南祝，應有真人坐石邊。

終南呈火龍先生

白雲青靄望中無，已到仙人碧玉壺。拼卻芒①鞋尋地肺，始瞻大道在天都。乾坤一氣藏丹室，日月兩丸曜赤爐。

實與先生相見晚，慈悲乞早度寒儒。

【注釋】：

①芒：原誤作「茫」，從抄本改。

出終南二首

生平好善訪仙翁，十萬黃金撒手空。深謝至人傳妙訣，出山尋侶助元功。

又①

一蓑一笠下終南，雲白山清萬象涵。他日大丹熔煉就，重來稽首拜仙庵。

【注釋】：

①又：原缺，從抄本補。

丹成作歌

洞裏深藏太古春，心虛氣靜養元神。直尋世外千年藥，不染人間半點塵。時飲蟠桃酒，時採靈芝根，如醉如癡氣血生。八兩真鉛汞半斤，月圓花現景難論。捉虎擒龍渾易事，先天一炁要殷勤。火候分明度數的，十月功完脫聖真。凡愚何處求丹法？此是吾家不二門。

太和山口占二絕

太和山上白雲窩，面壁功深似達摩。今日道成談道妙，說來不及做來多。

又①

九年無事亦無詩，默默昏昏不自知。天下有人能似我，願拈丹訣盡傳之。

【注釋】：

①又：原缺，從抄本補。

題武當山

七十二峰蒼翠間，武當山色似衡山。明朝飛過湖南去，八九峰頭自往還。

衡岳

今日完全五嶽遊，身騎黃鶴駐峰頭。曾於北鎮先尋訪，直到南衡始甘休。萬里漫雲燕楚隔，兩山剛被坎離收。天然道妙同行轍，又看湘波九面流。

登岳陽樓用杜韻

欲上君山頂，飛吟到此樓。一湖南北限，千里水雲浮。沙外幾行雁，天邊數點舟。江河渟蓄處，廣大不奔流。

道走河南公卿頗有聞余名者書此笑之

棄卻功名浪蕩遊，常將冷眼看公侯。文官武將皆塵土，綠黛紅妝盡髑髏。鶴駕高飛南嶂月，鴉聲亂噪北邙秋。離離草色俱凋謝，早向雲山問路頭。

晚步咸陽

天邊飛雁排雲表，我亦長吟咸陽道。咸陽古道草迷離，百代王侯盡枯槁。西行萬里多感懷，人生豈若神仙好！任他滄海變桑田，鶴貌松姿長不老。

帶月過武功飛行至棧

布衲椰瓢欠整齊，夜來飛過渭河西。白雲叫破梁山雁，

涼月催回魯店雞。出世多遊秦蜀路，摩崖自看往來題。身行險棧如夷坦，始識鸞車勝馬蹄。

錦江

江自岷山走蜀都，順流東去出夔巫。扁舟願效元真子，更號煙波小釣徒。

江上吟

學得漁翁欸乃腔，高歌自駕木蘭艘。雲帆歷亂迷三楚，煙水蒼茫過九江。收拾乾坤歸小艇，任他歲月付奔瀧。此身放浪原無定，孤雁凌波影一雙。

遊廬山

遠望屏峰九疊張，到來初識是仙鄉。喚回山虎吟溪月，呼起雲龍抱石樑。高岸吼時飛瀑布，淡煙浮處滿爐香。道人分外添幽興，消受匡廬日月長。

吳越吟

大江南北任浮沉，遊遍蘇杭道益深。跨鶴吳山容我嘯，飛鸞禹穴避人尋。茫茫笠澤藏漁艇，淡淡苕溪洗客襟。水秀峰奇吳越路，飄然自背落霞琴。

元杭省左司員外郎家光弼昱廬陵人余遊杭州相遇於湖自謂將有湖山之志書此壯之

君我相逢姓又同，莫將高尚托虛空。而今氣象兼舒慘，自古賢豪善始終。千載西湖多隱遁，六橋南渡老英雄。騎驢放艇留佳話，請與先生道此風。

天目閒居歌

臨安秀氣鍾天目，晨朝自放白雲出。石池高注兩峰頭，波光圓淨如日月。道家三十四洞天，瓊冊琅函萬古傳。結廬小住山之巔，青鸞白鹿共周旋。閑來便到杭州去，笑傲湖山得真趣。化作遊僧倚杖行，三生石上誰相遇？梅花嶼，楊柳堤，瑤笙畫舫自東西。道人長嘯歸山去，回觀世上煙迷迷。

贈廣海和尚

深入浮屠斷世情，奢靡他行恰相應。天花隱隱呈微瑞，風葉琅琅詠大乘。室密晝閑雲作蓋，庭空夜靜月為燈。定中萬象無何有，到此誰能見老僧？

遇家伯雨外史①

看破浮生遠市寰，歌聲踏踏上茅山。老兄贈汝無他物，惟有仙家一味閑。

【注釋】：

①原注：杭州人，點校者按：「雨」原誤作「兩」，從抄本改。「杭州人」三字原作正文，現從抄本作注文。

遊金陵贈沈萬三

秦淮落落大漁家，看破浮雲似暮霞。乘月泛舟沽綠酒，感君從我問丹砂。黃中妙理何人識？白下英雄此個誇！願把貲財參道法，一堂妻子不咨嗟。

別萬三

群雄擾擾盡征戡，我與先生把道談。今日東南王氣盛，他年晤子到西南。

西湖二首

湖上紅亭亭上人，亭前水寫眼前身。青蓑綠笠何為者？
我是煙波畫裏真。

又①

人歌人笑滿朱舲，楊柳長亭復短亭。卻愛漁翁閒雅甚，
自搖小艇到西泠。

【注釋】：

①又：原缺，從抄本補。

贈金粟道人

玉山佳處好園亭，多少遊人入畫屏。驀地將來都撒去，
清心澹慮水靈靈。

還蜀吟

六合是我家，二曜為我燭。我雖遼東人，遊蜀似還蜀。
淡淡巫山雲，彎彎峨眉月。鮮鮮錦江波，熙熙巴子國。到處
闡玄風，癲狂自怡悅。鸞馭止何方？又到青城宿。

歸秦

自蜀來秦不避秦，西秦久住似秦人。寶雞石上題詩句，
誰識逍遙物外身！

大元至正二十六年丙牛暮秋金台觀遊魂七日歸來付楊軌山一偈①

元氣茫茫返太清，又隨朱雀下瑤京。剝床七日魂來復，
天下齊看日月明。

【注釋】：

①原注：詩喻元終明始意，蓋二十八即洪武元年也。

入蜀

劍門雄壯蜀山高，飛去飛來鶴亦勞。萬點蒼尖分歷落，千重碧嶂幾周遭。時時牧笛吹秋草，處處樵風吼暮濤。最愛峨眉峰頂月，清暉白上道人袍。

漁父詞

湘雨湖雲滿釣蓑，逃名隱姓樂如何！新日月①，舊山河②，成敗興亡莫管他。洞庭睡到長天曉，誰識高人張志和？

【注釋】：

①原注：指明。

②原注：指元。

贈焦始謨先生

子陵高屈漢光武，一個客星照萬古。如今我見焦先生，高節清操誰為伍？少與皇明乃舊交，風聲灑灑吹許巢。故人崛起做天子，幾回丹詔來山坳。一豚蹄與一壺酒，徑來見帝酬吾友。大呼光祿治山餚，對飲哈哈笑拍手。席前三帶角銀金，命公取之觀其心。強持角帶做遊戲，幽情默默在雲林。朝廷從此稱千戶，先生冷笑何足數。飄然拋去入名山，子房永別漢高祖①。

【注釋】：

①原評：起結相映，妙合自然。

余閱山水多年所嘗留意者蜀之大峨楚之武當
因各搆一廬為往來棲真之所出則靑鸞

萬里入則白雲一窩佳夕澄清在武當

棲雲廬望大峨留月廬作此

楚蜀頻來自往還，結廬高臥兩名山。靜中偶動仍非靜，閑裏能安乃是閑。只候紫書來闕下，細研丹訣度人間。武當夜對峨眉月，遙憶吾徒已閉關。

棲雲廬閑望二首①

雲木蒼蒼滿翠微，道人閑眺立岩扉。猛禽鷙鳥無猜忌，門外沖煙踏葉歸。

又②

風捲山雲飛過水，雨飄柳絮落殘春。精廬鎮日全無事，兩卷《黃庭》養性真。

【注釋】：

①二首：原無，係點校者劃一體例時所加。

②又：原缺，從抄本補。

閑吟二首①

數聲猿鶴響松關，坐冷孤雲意欲閑。有跡已教同世外，無心何必去人間。林陰棋局空殘劫，爐底雌雄見大還。流水桃花杳然在，一回頭隔萬重山。

又②

天地悠悠一片雲，何心重與結聲聞。迷離紅翠花三樹，町疃高低鹿一群。自是清空通沆瀣，不將搖落歎河汾。虛無枉把靈台鑿，混沌由來總不分。

【注釋】：

①二首：原無，係點校者劃一體例時所加。

②又：原缺，從抄本補。

將之巴蜀示門人邱元靖

苦心苦行守棲雲，大道他年寄與君。莫捨吾廬輕易出，致教人賦《北山》文。

題玄天觀寄蜀王

等閒釣罷海中鼇，一笑歸來祖晉陶。花吐碧桃春正好，筍抽翠竹節還高。心懷鳳闕龍鱗會，身寓龜城馬足勞。何必終南論捷徑，宦情於我似鴻毛。

成都留題姜氏家

往往來來度有情，葫蘆遊戲錦江城。身藏大道無人識，只愛梅枝插土生。

卻聘吟①

流水行雲不自收，朝廷何必苦徵求。從今更要藏名姓，山北山南任我遊。

【注釋】：

① 原注：洪武十八年。

讀元故提舉楊廉夫先生集

鐵崖吹鐵笛，清韻滿崖中。末世聲名大，深山氣象空。為文超宇宙，守節老英雄。惟有華亭月，清高似此公。

嘗作《八遁篇》並爲八贊志景仰也今錄其贊於此

嚴子陵光

昭昭嚴光，謙謙光武。帝曰子陵，胡不相輔？嚴曰陛

下，毋庸相苦！歸釣富春，一竿千古。

法高卿眞

矯矯法真，千載幾人！只聞其聲，不見其身。亦非釣譽，亦非隱淪。孔曰求志，孟曰天民。

陶淵明潛

挺挺陶潛，晉室賢士。五柳可居，五斗難縶。帶月而歸，採花而至。柴桑之間，如葛天氏。

戴安道逵

軒軒戴逵，高節自命。抱義而居，卻書而遁。謝元一疏，身名兩定。陶然灑然，鼓琴適性。

盧灝然鴻

超超盧鴻，嵩山之巔。逍遙居士，快活神仙。賜官不受，賜服不穿。草堂何處？白雲滿天。

軒轅集

落落軒轅，羅浮遠引。木食草衣，雲衾石枕。帝以問道，公將道隱。匪同金石，如賣脂粉。

陳希夷摶

浩浩希夷，守正懷奇。不誇丹道，不露元機。不令人測，只求己知。華山高臥，吾師之師。

林和靖逋

卓卓林逋，獨有孤山。離塵絕垢，氣慧神閑。探梅而去，招鶴而還。不入城市，長嘯峰間①。

【注釋】：

①原評：以上八贊皆先生自己寫照也，風韻高於詩品。

外有焦孝然先像贊一首今附於此

皎皎焦先，漢室高賢。或曰隱士，或曰神仙。草廬可托，風雷可眠。三詔不起，於戲孝然！

將之雲南先寄故人並序

余自洪式二年己酉至二十四年辛未，居武當二十有三年矣。其間著丹經，舒清嘯，晦跡韜光，雲來鶴往。近聞沈三山得罪朝廷，徙於滇上，株連其婿余君。西南之約，吾其行乎？爰為作此，先慰天南海曲之遷戍者。

壺中日月洞中春，二十三年靜裏身。遙知遠徙雲南客，蠻雨蠻風憶故人。

滇南會沈子三山兼贈令倩余十舍

一家眷屬小遊仙，翁婿同居填海間。玉潤郎君余十舍，冰清老丈沈三山。都因象齒能為禍，末觸龍鱗早犯顏。今日我來齊度脫，大丹還勝大刀環。

贈沈線陽余飛霞兩女仙並序①

線陽仙女，薛真陽之高徒，沈三山之長女也。弱齡出世，父徙雲南，忽來拜省，與余女同服大藥，沖舉而去。余女者，十舍令愛，西平侯沐春夫人，得母翁外丹之傳。飛霞乃吾賜號

也，嘗有小傳記之。

十舍非無子，三山亦有兒。仙姑與妹女，閬苑兩靈芝。服我天元藥，飛升昆明池。老翁開笑眼，吾道屬嬌癡。

【注釋】：

①並序：原缺，從抄本補。

夜郎

朝別昆明下夜郎，崇山處處有仙鄉。魚年共賽神雞碧，鳥道高飛我鶴黃。細徑遙盤關索嶺，諸峰宛抱武侯岡。由來木密多幽地，笑殺南人住此方。

曲靖到黔陽

真峰頂上紫鸞翔，送我看山到貴陽。一路飛吟聲未散，先生已過古城鄉。

平越福泉山禮斗吟

此山雲水盡澄清，夜夜焚香青恪誠。首戴蓮花朝北斗，星君為我著長生。

由思南過黔江題烏鴉觀

萬里長江渺碧霞，彤雲飛映到烏鴉。崖寒木落仙寰別，水秀山奇景物華。遊子樓頭傾竹葉，牧童牛背落梅花。興來一覽乾坤闊，笑傲湖天歲月賒。

巴岳山贈僧定一

巴川挺巴岳，蒼蒼翠幾重。不是匡廬山，中有香爐峰。偶焉此駐足，欣與高僧逢。我有竹枝杖，變化為青龍。持以

贈禪客，他日倘相從！

北津樓①

誰喚吾來蜀內遊，北津樓勝岳陽樓。煙迷沙岸漁歌起，水照江城歲月收。萬里清波朝夕湧，千層白浪古今浮。壯懷無限登臨處，始識關南第一州。

【注釋】：

①原注：在順慶府北五里，今詩碑猶存。

凌雲峰

蜀山靈秀屬凌雲，水木清華遠俗氛。九頂煙中鸞鳳嘯，仙音不與世間聞。

鶴鳴山

沽酒臨邛入翠微，穿崖客負白雲歸。逍遙廿四神仙洞，石鶴欣然嘯且飛。

贈完璞子見訪武當

如吾子者仙豪也，跨虎龍兮壯士哉！天下往還扶日月，劍端遊戲喝雲雷。戰場三奪高煦氣，談笑兩羞廣孝才。今日勸君歸洞府，嬰兒還要產嬰孩。

贈王先生歌①

王先生，忠義全，自號大呆子，亦曰性天然，埋名隱姓②如瘋癲。或住玉華邱壑內，或住金華山澤邊。山邊村落時來往，士人詩酒相周旋。醉後出神思故主，兩眼汪汪哭向天。平常衣服與人異，披麻戴笠心事傳。先生間與野人言：

死後將吾繫樹顛。得非地無乾淨土，一心願做鶴巢仙？

【注釋】：

①原注：建文臣也。

②姓：原誤作「性」，從抄本改。

答永樂皇帝並書

皇帝陛下，福德無疆。臣本野夫，於時無益，荷蒙宸翰，屢下太和，車馬數馳，猿鶴相訝。伏願陛下，澄心治理，屏欲崇德，民福主福，民壽主壽。方士金石，勿信為佳。恭進一詩，乞賜一覽。外附口歌三章，皆係山人袪欲修身之道，毋視為異術，則臣幸甚。

地天交泰化功成，朝野咸安治道亨。皇極殿中龍虎靜，武當雲外鼓鐘清。臣居草莽原無用，帝問芻蕘若有情。敢把微言勞聖聽。澄心寡慾是長生。

朝眞作①

一朝明主又朝元，南極宮中列綺筵。紅日當階呼萬壽，慶云滿座會群仙。道通卦氣身居兌，名序爻班位讓乾。手捧丹書歸福地，度人心事更無邊。

南京道觀崇清寺題壁四首②

其一

千古丹經載聖經，兩言定靜可延齡。何須遍地求方術，致使妖書亂典型。

其二③

煙霞客抱長生訣，山澤臞遊不老春。誰與皇家談此理，不修治道想修真！

其三

天羅已網邵元節，地獄才收陶仲文。他有靈丹應不死，此人既死復何云！

【注釋】：

①原注：永樂十四年午月朔日，南極萬壽會也。

②四首：原無。係點校者劃一體例時所加。

③首與下二首的順序號皆點校者所加。原書僅各標一「又」字。

其四

玉皇案吏無天子，金闕樓臺屬隱淪。我願君王端拱坐，澄思屏欲是玄音。

讀《蒲庵集》

蒲庵道道貌足清腴，話到滄桑每歎吁。不仕他人甘削髮，要還故我且①留鬚。打鐘得句憑誰賞？飛錫凌空樂自娛。一點丹心藏智燭，明光皎皎照昏衢。

隱居吟武當南岩中作

三豐隱者誰能尋。九室雲岩深更深。漠漠松煙元墨畫，淙淙澗水沒弦琴。玄猿伴我消塵慮，白鶴依人穩道心。笑彼黃冠趨富貴，並無一個是知音。

西苑宮詞四首②

其一

西苑無人白晝長，至尊端敬呂純陽。神仙早已知名分，不受分宜③一炷香。

其二④

泥金寫疏達瑤池，靜候青鸞降筆詞。聖駕獨含周穆意，宮人要看女仙詩。

其三

張顛請過又周顛，草寫崆峒至道篇。天子醮壇親口許⑤，朕今封汝作天仙。

其四

五雲扶輦聖人來，始見通天別有台。此處不行郊社禮，拈香一拜望蓬萊。

【注釋】：

①且：原誤作「耳」，從抄本改。

②原注：自注云：正德，嘉靖間曾受封誥，是時宮中日日以請鸞為戲，故作此詩，以存諷諫之意，勿謂神仙不知國體也。點校者按：題中原無「四首」兩字，係劃一體例時所加。

③原注：嚴嵩分宜人。

④本首與下二首的順序號皆點校者所加。原書僅各標一「又」字。

⑤親口許：原脫，從抄本補。

第二節　雲水後集

序①

《雲水後集》者，錫齡與先生相遇後所作者也。先生神遊天海，興好朗吟。或來劍南道署，必有新詩垂示。集而抄

之。裒然成卷，異日與《前集》並刊，以志先生鴻印，庶幾見我先生之神妙也夫。

圓通弟子謹跋

【注釋】：

①此文係跋而非序，觀落款題識可知，當係李西月編全集時移置卷首者，今仍之。

大峨遇夢九觀察口占贈之

上界神仙吏，人間大隱來。為民祈雨降，何日馭風回？石向蓬山臥，桃曾閬苑栽。功成歸去好，早早練靈台。

赴西池仙會

十洲三島會群英，跨鶴驂鸞到碧城。劍佩聲飛琳闕遠。爐煙氣繞貝宮清。黃金殿上繙金籙，白玉堂前奏玉笙。照室明珠千萬顆，修身自幸得長生。

天外來

天外來，天外來，衣冠全不染塵埃。鶴背翻雲空宇宙，龍涎噴雨出山隈。

遊峨眉小雷門二首①

行穿野外入雲根，自有青松鎖洞門。石壁倒流千丈水，道人清坐釣磯溫。

白雲深處復閑行，鐵笛橫吹嶂有聲。樵子尋余尋不得，化為奇石古先生。

【注釋】：

①二首：原無，係點校者劃一體例時所加。

太極拳祖師張三豐內丹養生

訪夢九石堂溪上清暉精舍

綠陰門掩道人家，煙篆隨風一縷斜。洞裏酒香流竹葉，溪邊春過失桃花。只餘我輩顏長好，縱遇塵埃幔可遮。到此乾坤真別有，山林試馭五雲車。

快快吟

快快快，紅塵外。閑閑閑，白雲間。妙妙妙，松崖一聲嘯。來來來，蓬萊島花開。①
【注釋】：
①萊：原誤作「鳥」，從抄本改。

石室山用五言全仄書石上

盡日坐石室，古洞自寂寂。竹隱數萬箇，綠徑少過客。鳥語喚卓午，氣靜向翠壁。踏到水澗外，鹿步響木葉。忽見伐木者，對面兩靜立。問我姓與字，一笑不可識。

過圓通靜室

今夕春風分外清，風采畫閣響簷鈴。落花滿地何人識，呼起紅燈照綠櫺。

題夢九丹房①

樓觀滄海日，壁掛崑崙圖。大隱在朝市，塵中一丈夫。
【注釋】：
①原注，集古。

鬧中苦

鬧中苦況極凄涼，塵海悲歌泣數行。世事如棋不易著，

人情似膽最難嘗。問誰解得風波險，遊子相逢面目蒼。我願
浮生多息足，白雲深處樂無央。

靜中樂

靜中樂事倩誰傳，魚鳥親人暮欲顛。野步安閒真福地，
山居快活即壺天。將雲補嶂浮青竹，引水通池養白蓮。都是
一般清意味，誰知幽客自陶然。

留題天竺院賜葉居士

將去又留半刻談，春風回繞徑三三。不知門外閑花落，
細拔爐灰坐小庵。

山行

細雨空濛碧嶂深，好山無數影沉沉。蕭然野寺人蹤少，
草滿仙壇靜道心。

自述與汪子

做盡瘋狂妝盡呆，歸真守道遠塵埃。風波險處抽身轉，
水月光中鑒面來。山頂時聞元鶴嘯，石頭小坐白雲陪。者般
景象誰能得？說與同門笑眼開。

採蓮歌

蓮葉蓮花正滿塘，納涼人坐水中央。忽聞艇子撐煙外，
蕩得芙蕖滿澗香。

聽夢九子思敏讀書

最宜聽是讀書聲，隔院傳來字字明。楊柳當窗草滿地，

春宵雨過一齋清。

躐雲歌賜夢九

君莫羨鴻行遠鶴翥空，君奠誇豹披霧虎嘯風。聽我歌一曲，其氣更熊熊。渥窪餘吾生青龍，是名天馬馬之雄。西涉流沙數萬里，一蹴上與青雲通。雲程迢迢，雲氣濛濛，雲衢渺渺，雲影溶溶。忽然幾陣罡風吹入四蹄上，直踏十三萬仞來蒼穹。噫嘻乎！快不可追，高不可及，怕有仙之人兮與爾長相從。①

【注釋】：

①從：原誤作「後」，從抄本改。

御風吟

生不願歌大風懷壯士，亦不願乘長風破萬里。嘗願身如古列子，仙乎仙乎其樂只！今日道成有如此，飄飄然、泠泠然、浩浩然，憑虛御風而不知其所止。

能仁院留題

漠漠連朝雨，濛濛萬樹雲。江聲隨岸轉，漁唱隔溪聞。天地詩中大，樓臺畫裏分。綺窗斜倚處，仙客運塵氛。

晚晴

小雨收回遠嶂青，晚來秋氣滿中庭。明朝縱有晴光到，也帶清涼入翠屏。

靜室

地隔紅塵隱綠蘿，靜中時聽雨聲多。來朝旭霽開空碧，

笑策雲駢上大羅。

題夢九院中

小乾坤裏大乾坤，中有吾家不二門。勸汝世間求道客，休從塵海走渾渾。

初秋夜行千風寺聽人彈琴

新雨滌殘暑，早秋生嫩涼。夜遊黃葉寺，人唱白雲鄉。梵磬沉方丈，龕燈照法堂。愛他彈綠綺，清韻自琅琅。

紫芝洞題石

江雲濕，江天碧，煙外鐘聲初歇。木蒼蒼，山寂寂，拄①杖閑觀如鶴立。洞門瑤草封丹室，靜中誰識古仙客？

【注釋】：

①拄：原誤作「掛」，據文義改。

晚景

月黑山深虎嘯風，壯夫行過劍光紅。神仙採藥歸來晚，聽得樵歌唱水中。

長清院

春雨春煙兩度遊，都於小院暫勾留。乾坤事事皆如寄，花酒閑吟樂自由。

示夢九

得劍除煩惱，彈琴引靜機。道心從此悟，流水過漁磯。

山行戲裝地仙狀

披煙客過蓑衣嶺，冒雨人歸斗笠山。莫道龍蛇捉不住，長歌已在白雲間。

山行夜過清暉閣

拍手時吟嘯，徐徐度翠微。千崖新雨洗，萬嶂濕雲飛。夜閣琴聲靜，秋階草色肥。泠然清興運，倚樹立岩扉。

九峰山

渡江飛上翠微顛，九頂濛濛秀入煙。我自清音亭畔望，東來一鶴似坡仙。

閑眺

山借雲霞藏峻骨，水將舟舫送行人。乾坤一覽饒吟興，造物原來各有因。

初春

春風送我鶴車馳，又到仙壇小集時。新李初含雪白蕊，嫩桃都放水紅枝。隔年乍別重相聚，今日齊逢笑詠詩。不用拘拘守繩尺，乾坤煙景盡堪思。

岳陽樓晚步

蟲聲唧唧透窗幽，一片新涼已似秋。殘雨尚聞簷際落，莫將長笛倚高樓。

歸去來

歸去來兮歸去來，蓬宮雲散月華開。身騎黃鶴九千里，

到此丹台半夜才。

石帆山高道士草庵二首①

清夜焚香愛我廬，蒲團打坐樂何如。月光飛到秋窗外，笑捲疏簾看道書。

【注釋】：

①原無，係點校者劃一體例時所加。

又

雲擁寒山山擁廬，道心澄靜自如如。鶴閑虎臥松崖下，採藥歸來又讀書。

維揚口占三絕

秋山隱隱水迢迢，放艇閑吟廿四橋。綠柳千行鴉萬點，夕陽紅處聽吹簫。

其二①

瓜步潮聲挾雨聲，秋隨鴻雁到蕪城。只今明月二分夜，猶愛吳儂度鳳笙。

【注釋】：

①本首與下一首的順序號皆點校者所加，原書僅各標一「又」字。

其三

人生到處足遨遊，莫把塵埃老黑頭。手握金丹抵萬貫，公然跨鶴出揚州。

遊陳道士菊軒

路轉東籬一杖斜，晴光滿地照黃花。綠樽映日圖元亮，烏帽臨風寫孟嘉。三徑草生塵跡少，兩畦煙散野陰遮。道人

負手行歌處，不見峰巒①露髻丫。

【注釋】：

①巒：原誤作「蠻」，從抄本改。

詠紅葉示人

草木無情卻有情，丹楓烏桕①可憐生。登樓笑指寒山醉，倚檻初疑小雪晴。真氣已枯空有色，夕陽相對總無聲。峰間獨愛梅花好，寧白凌霜體自真。

【注釋】：

①桕：原作「柏」，從抄本改。

西峰亭

夜月歸來客掩關，江亭流水響空山。倚樓長嘯鶴聲起，天外孤煙嶺上還。

山中吟

山中古日月，壺裏大春秋。願他急早賦宜休，若不休時總是愁。愁，愁，愁，白了人頭！

臣瀘硤子中行

橋窄讓人先過去，天空由我獨飛行。新詩兩句傳心跡，又見吹來海月清。

遊戲

來來往往原無礙，往往來來度有情。醉跨蒼龍遊玉宇，閑呼白鶴到瑤京。上天陪得高真坐，下地能隨丐者行。木葉做衣雲作笠，神通自在屬先生。

廬山雨後題石

飛瀑懸崖石，一落一千丈。驟雨洗煙嵐，一峰一屏嶂。
海風吹我來，山雲隨我上。頭簪瑤草花，口誦漁家唱。拍掌
而登樓，幽閣琴聲亮。信筆寫龍蛇，字字作活像。欲識我為
誰，筆架峰頭望。

過三香閣贈居士①

喤喤虎嘯出山崗，課課魚聲響佛堂。最是梅花疏月外，
儒書讀到五更長。

【注釋】：

①士：原缺，從抄本補。

與夢九

我唱無根卻有根，琪花瑤草欲封門。洞中藏得小天地，
睡到盤陀石上溫。

能仁院

風捲殘黃落滿山，老僧晏坐掩柴關。臘梅一樹香於雪，
白晝無人我更閑。

遊南峰

山如好友常謀面，水似行人屢掉頭。綠黛重重波曲曲，
教儂一步一勾留。

題陳道人像二首①

捲簾相與看新晴，小閣茶煙氣味清，朗誦《黃庭》書一
卷，梅花帳裏坐先生。

【注釋】：

①二首：原無，係點校者劃一體例時所加。

又

先生豐度自高寒，頭戴方巾兩足盤。欲向晴山看雪露，起身攜杖掛蒲團。

梅嶼

北風吹雪古雲寒，嶺上梅花此際看。三百樹頭飛片片，一時回舞到林端。

馬蹄月

馬蹄月，馬蹄月，人事奔波，勞勞碌碌。不識紅塵苦，豈識清虛樂！清虛樂，蒲團打坐，焚香一炷，彈琴一曲。

黃山題石

天外風吹鶴，池中水見龍。我今長嘯去，三十六雲峰。

石生泉

鑿石得清泉，泉流仍洗石。戴笠出山來，一笑空煙碧①。

【注釋】：

①原評：冷峭，點校者按：「冷」原誤作「吟」，據文義改。

天亭山

亭亭天亭峰，跨鶴上崖去。空山靜無人，獨與雲相遇。

自題畫像

風日清於酒，水雲淡若詩。乾坤壺裏坐，這個老仙師。

四 言

性田無翳，心地自明。雨餘山色，歷歷空清①。

【注釋】：

①清：抄本作「青」。

再過台城

再訪台城路，重搖兩槳遊。鴉啼疏柳岸，蟬噪六朝秋。曲水環京口，奇峰抱石頭。青鞋無皂帽，笑眼對輕鷗。

遊戲吟

遊戲紅塵下翠微，神仙事業只慈悲。平心什物原非有，信手敲詩不用推。龍氣遠舒雲片片，鶴聲高詠塚累累。願人共悟長生理，天海飛吟樂唱隨。

題圓通綽綽山房二首①

有餘退步留遐福，無事抽身乃達人。淡雨微雲風蕩漾，鶯花天氣正青春。

【注釋】：

①二首，原無，係點校者劃一體例時所加。

又

花到二分逾秀勁，月當十四已團圓。及時兩字人能會，使得逍遙快樂天。

第三節　雲水三集

　　《雲水三集》，三豐先生再遊劍南之作也。雍正間，先生來此提攜夢九觀察，嘗往還於高幖①凌雲，觀察去而先生隱矣。邇來圓陽老人、卓庵居士及遁園、蟠山諸野客，志在山林，性耽泉石，隱士生而先生又至矣。青城、大峨之間，或遇老樵子水石逍遙，或遇老漁夫溪山吟嘯，緇衣黃冠，種種變化，久之而乃知其中有先生在此，亦我曹之幸也。先生法相不輕示人，即示人人亦不識。清詞妙語，惟事筆談。不言吉凶禍福，不語黃白丹砂，其所常談者，忠孝仁慈、謙和清淨而已。間或放為詩歌，響遏雲水。飛吟既久，墨記日多，爰梓而存之，使人知神仙之樂，只如是已，又何異焉！

　　　　　　　　　　　漢嘉長乙山人李西月謹識②

【注釋】：

①幖：原誤作「標」，從抄本改。

②漢嘉句：原缺，從抄本補。

重遊劍南歌並引

　　劍南自汪觀察去後，余不到嘉州又一百年矣。近觀少微星朗照乎凌雲烏尤。青衣長乙之間，爰作重遊劍南詩，以志訪焉。

　　化鸞化鶴化雲煙。又化漁樵與老仙。隱顯遨遊度有緣，少微星照九蜂巔。或尋崖谷詠詩篇，或觀水石弄溪泉，或騎黃犢來山前，或抱青琴坐松邊。不知不悔住林園，不忮不求養性田。是皆處士與高賢，我願訪之共周旋。妙絕青衣古洞

天，峨眉一氣相勾連。倒拖鐵杖尋幽偏，中有數人談自然。
快哉乎！不到劍南今百年，再來猶是張玄玄。

白雲庵

卓午林陰雨氣涼，千竿修竹覆經堂。老僧放梵雲初淨，
室小身閑日正長。

瀟湘吟

花外風來桂子落，秋氣清空，鴻雁高飛湘水曲。湘水
曲，一笛長吹，遊仙快樂。

漁父詞

一隻船兒坐臥寬，風波險處自平安。雲淡淡，水漫漫，
洞庭煙雨當詩看。曉來獨坐君山下，只見蘆花撲釣竿。

七夕雨

聽罷緱山子晉笙，又聞秋雨韻璁琤。大風吹下天河水，
不作淒悽楚楚聲。

遊蜀

閬苑歸來蜀地游，一身時被白雲留。煙蓑雨笠閑裝束，
化個農夫樂自由。

寒冬遊峨

攜手遊峨峰，冬寒生木末。風從北嶂來，黃葉滿崖谷。
深林折磴中，猶有千秋雪。

與遁園

日日復日日，秘秘復秘秘。有詩徐徐吟，有酒綿綿吸，醉中狂笑無人識。綠陰滿地日當欄，與君共坐磐陀石。

農人引

場圃當窗面面佳，客來相與話農懷。田家樂，洵不乖，春風春雨到茅齋。

題涵虛金丹詩

仙骨一身筆一枝，興來高唱百篇詩。從今更長金丹價，萬兩黃金莫賣之。

泌水洋洋

泌水洋洋見道機，池亭深處看魚飛。白雲一片空中去，天外霞光映碧暉。

示槃山

莫要憂來莫要愁，莫將塵慮擾心頭。山間明月江中水，滌蕩胸懷萬事休。

雙清閣和髯仙原韻

閣外人來三兩個。壺中日照幾千秋。諸郎各奮青雲路，我輩宜居白玉樓。笑把庚辛齊撒手，誰將甲子記從頭！蓬山會上年年樂，不唱紅塵懊惱謳。

附：髯仙雙清閣原韻

撐腸文字五千卷，轉眼蓬山八百秋。點點星光寒墜水，

茫茫雲氣遠吞樓。沙中寫了詩無數，閣外栽將竹萬頭。風到齊聞笙韻發，道人拍掌正清謳。

冬 至

昨日陽伏陰，今日陰見陽。陰陽晴隔隔，送客到山堂。山堂脫木響，蕭蕭十月霜。霜多陰氣迴，隱隱雁南翔。洞庭發長嘯，一笛過三湘。

元夕軒然台

高會逢元夕，樓臺與歲新。江山儼如畫，燈火盡皆春。灑落千山雨，消除萬里塵。濛濛煙樹月，此處見吾真。

清漪觀

青衣水繞清漪觀，滿眼清漪畫者希。江上晚煙帆影遠，樹中春雨磬聲微。何年結下長生社，此處頻來寶杖飛。蓑笠老翁人不識，口邊閑唱鶴來歸。

西江月

雲外渾忘宇宙，壺中不計春秋。三月歸來樂自由，滿眼江山如舊。花木及時栽植，亭台到處優游。自古名山住我儔，對境吟詩酌酒。

道院即事

春陰暗黯護元門，檻外花枝嫩有皴。盡日垂簾相對坐，無聲無色話京因。

太極拳祖師張三豐內丹養生

書軒然台區

諸子今宵共一齋，道人自寫軒然台。豈惟諸子談奇妙，即我亦誇筆神來。海水天風隨吾肘，拈毫不覺龍蛇走。動搖五岳凌滄洲，四座欣欣笑拍手。笑拍手，字跡永存台不朽。

仙家樂用涵虛韻

空青洞裏道人家，靜靜清清遠俗嘩。瀑布倒飛丹嶂雨，山塘閑種白蓮花。林間把酒消清晝，石上橫琴抱落霞。此是修真好去處，何需海岳問靈砂。

附：原作

蓬萊島上古仙家，修煉長生遠世嘩。鐵樹常棲千歲鶴，瑤峰笑採四時花。眠龍喚起遊青嶂，猛虎騎來到赤霞。吹片白雲封了洞，一爐純火養丹砂。

老遊仙圖

八百三千數早贏，而今善果更如京。奇蹤異跡頻頻著，竹杖棕鞋處處行。千歲翁皆成故友，萬年曆與紀長生。年來溷跡遊塵世，又學浮邱易姓名。

附：呂祖和作

久隨日月辨虛贏，未領雲霞飛玉京。五老應添六老坐，八公常餞九公行。山間每遇赤松子，世上渾疑白石生。今古事情都看破，十洲三島盡知名。

附：涵虛同作

昨夜吹簫女姓贏，讓他年少步天京。風塵溷跡誰知到，

月夜飛空獨自行。早學人間都散漢，曾師乾竺古先生。芝苓頓頓家常足，海岳遨遊得壽名。

附：藏崖同作

昔從老子避秦嬴，百世年華莫與京。古鬢長髯飄灑灑，三山五岳唱行行。曾燒大藥用無盡，又見扶桑枯復生。一笑蓬萊水清淺，已忘其姓與其名。

附：蟠山同作

神丹餌後氣充嬴，雲水逍遙遍四京。天地同流真快活，海山長嘯獨遊行。養成老鶴胎重孕，食過蟠桃實又生。鸞馭偶臨彭祖墓，笑他導引枉沽名。

老隱仙圖

先入桃園避亂嬴，不隨偽隱謁神京。家移翠嶂心逾靜，話到紅埃足懶行。抱甕丈人呼至友，接輿狂士拜先生。兒孫個個調鸞鶴，忘卻塵中利與名。

附：呂祖和作

化為鸞鶴氣嬴嬴，壽考年來近百京。洞裏煙霞長嘯傲：山中日月自流行。種瓜不類東陵子，逃世能先北郭生。溪水桃花隔塵世，未聞時事與時名。

附：涵虛同作

避世哪知項滅嬴，並忘劉闢漢西京。芝田十畝呼龍種，藜杖一枝趁鹿行。古洞心空長自得，多年齒落又重生。青溪白石閑來往，總是埋名與避名。

附：藏崖同作

手種青松已長贏，無憂無慮免京京。放懷箕穎①空天地，陪伴巢由定止行。秋圃春田遊太古，漁山樵水邊平生。不干半點塵埃事，直以無名作姓名。

【注釋】：

①穎：原誤作「穎」，從抄本改。

附：蟠山同作

不為吏隱學侯贏，跨犢高歌勝跨京。猿鳥隊中曾變化，雲霞深處獨飛行。梅妻鶴子為仙眷，綠鬢蒼髯是友生。莫怪老人高尚志，清風久不慕榮名。

南峰

隨興遊山即愛山，山中山外與雲還。青蓑綠笠行峰頂，初五峨眉月正彎。

潮陽宮

蜑語啾啾鬧佛堂，極淒涼處不淒涼。閑吟十二欄杆外，月色朦朧到上方。

山齋夜集

清風灑灑飄林外，涼月纖纖掛竹梢。此夜花齋同把酒，談元拍手盡仙曹。

烏龍絕頂

大江外帶夾城來，霽色清明瓦屋開。外看孤帆雲共運，中藏僧院竹相偎。奇峰直抵波濤壯，爽氣遙飛煙霧回。此地

真成方外勝，攜壺踏葉上高臺。

遊青衣山

新晴山色好，趁此訪青衣。客整沖雲屐，村飄賣酒旗。攜壺踏高頂，掃石話元機。此境誰堪比？金陵燕子磯。

遊砥柱山四首①

路從怪竹叢中過，人自高峰頂上行。暫掃苔花相坐語，桂林深處午鐘清。

【注釋】：

①四首：原無，係點校者劃一體例時所加。

其二①

松外時聞百鳥音，探幽攜手上高岑。聊借桂宮書小句，一山風送靜中吟。

【注釋】：

①本首與下二首的順序號皆點校者所加。

其三

花朝時節百花香，訪勝提壺到上方。我愛烏尤奇絕處，煙霞來抱老文昌。

其四

入翠微兮出翠微，烏龍山裏白雲飛。松林竹島相縈拂，長嘯一聲天外歸。

竹抱齋聽門人楊蟠山讀予《雲水前集》

楊生矯矯瘦風姿，愛我當年雲水詩。竹院清風明月夜，聽他搔首詠遲遲。

宴聽潮軒送李西來之閬中

歸來來又去，去去早歸來。酒共離人飲，軒因送別開。潮聲驅遠岸，月色冷空杯。挽客重排宴，池邊共徘①徊。

【注釋】：

①徘：原誤作「往」，從抄本改。

題竹抱齋

曲徑通幽遠世喧，空齋半背倚深村。樓鐘縹緲來雲際，欄檻回環繞石根。修竹千頭棲鳥友，小塘一口種魚孫。最憐雨後排窗望，無數青山到寺門。

花酒吟

花開可喜落堪哀，莫放花前酒數杯。飲酒簪花神氣爽，有花有酒去還來。

題印月涵日二池

紅欄倒印詩仙院，碧水深涵我佛居。好是紫薇花下看，枝枝樹影立池魚。

天門引二首

穩步天門笑眼開，黃金為殿玉為台。凡人莫望仙車引，自駕雲梯許上來。

又①

欲問雲梯何處通？雲梯即在汝身中。若知煉氣還丹妙，平地飛升上碧空。

【注釋】：

① 又：原無，係點校者劃一體列時所加。

詩仙院祀太白東坡

瓣香常拜兩公詩，文采風流後進師。千古精神若相接，大家乘月上峨眉。

元夕過楊子新築蟠山草堂

我是三豐叟，門橫一字山。今宵來汝宅，風景甚相關。春氣臨新舍，林塘入小灣。楊家清白第，果爾出塵寰。

軒然台

軒然臺上客，靜坐遠塵氛。樹影浮丹嶂，鐘聲叩白雲。三峨空際立，九頂望中分。好是長江上，秋潮靜夜聞。

江樓

分神遊海岳，長嘯過江蜂。秋氣滿樓閣，高窗雲自封。

長乙山房留題二首①

不可居無竹，悠然別有天。盧中藏日月，崖外擁林泉。詩酒娛千古，乾坤付七弦。最憐好風景，燈月照門前。

【注釋】：

①二首：原無，係點校者劃一體例時所加。

又①

酒多詩益放，山靜室彌清。今夕乃何夕，筆情談道情。

案頭千字古，簷外一燈明。縱目觀村落，主人雅趣生。

【注釋】：

① 又：原無，係點校者劃一體例時所加。

題《道德經東來正義》

回翁首序定評論，自①敘尤開八德門。又見關中來紫氣，真看李下毓玄孫。欲教後世人同度，能使先天道益尊。多少注家推此本，寶函長護鎮崑崙。

【注釋】：

① 自：原誤作「目」，從抄本改。

自焚畫下火偈

天仙不滯舊形軀，一畫何能見道歟！烈火光中今日去，陽神紛碎滿空虛。

軒然台

白雲深處曉雞鳴，聽到銅壺第五更。群雁早沖秋塞遠，七星高映斗壇清。乾坤大笑無邊際，海島飛吟有色聲。好是山樓橫玉笛，早秋斜月過江城。

用長乙韻

山居休說軟紅事，門外長留濯錦江。處處栽根延命藥，時時打個定心樁。我來綺閣風生座，人誦《黃庭》日滿窗。最愛九秋情意好，羽人同唱羽仙腔。

最淒涼

歎世人塵情不了，全不想世外逍遙。家中喪卻無價寶，

將何買路登三島？空老空老！

和呂純陽先生原韻

和聲常用笛，煉氣不離琴。寄語圓陽子，須知大道情。
天開孤月照，雲起萬山沈。別島閒居客，何勞訪大林。

雙清閣同飛仙聯句限十五咸韻

小設蓬山宴，涼宵入翠岩。乾坤遊客路，天地散人街。
大嘯雲中鶴，遙呼海上帆。杪羅三島樹，仙雁九秋緘。笠戴
瀛洲雨，煙披火浣衫。鳳簫吹瑟瑟，龍馭出巉巉。折束邀明
月，題詩寫赤函。瓊漿排畫閣，寶杖倚星杉。此地原離垢，
群真盡隔凡。霓裳歌上界，瑤草拾靈岩。笑語滄桑事，鋪陳
石鼎瑊。昂頭空碧落，賡韻答韶咸。

冬日自蓬萊至蜀之行雲閣

飛身嘯出海門東，又別蓬萊到此中。滿腹元精凝耿耿，
從頭妙手運空空。萬行草字雙毫落，千峰煙霞一路紅。試看
蜀山山疊秀，最憐木①葉褪霜楓②。

【注釋】：
①木：原誤作「才」，從抄本改。
②楓：抄本作「風」。

聞涵虛山人彈琴時秋雨初收雁聲過塞時也

雨餘山靜聽絲桐，寶篆銀燈照閣中。欲與太無相混合，
直令諸有盡皆空。江聲遠應月搖水，嵐氣初沈風入松。最愛
清心傳指上，不需舉目送飛鴻。

得句示居士

風送灘聲來閣上，雲將雨氣入山中。西崖伐木聞柴斧，北澗鳴榔放釣筒。我與漁樵相溷跡，誰知山水隱仙翁。笑將得句傳居士，方外來尋路可通。

聯句

共此好風日（韓清夫），群真相唱酬（白紫清）。長歌空世界（邱長春），一笑渡江樓（三豐）。氣與乾坤合（清夫），心同水月幽（紫清）。古今多少事（長春），忘卻洞天秋（三豐）。

清吟

清茗清香清道心，清齋清夜鼓清琴。人能避濁談清靜，跳入雲山不可尋。

初春偕李長乙過蟠山小飲

東風如大藥，一至活枯荄。徑草茸茸合，園林處處皆。菜花黃似染，村水淨於揩。並愛南溪上，青山氣象佳。

贈李圓陽

萬無解印還家後，再有貪凡下界時，只把性天朝暮養，休將心地鬼神知。乾坤浩蕩琴三弄，氣息調和笛一枝。欲向陰陽修出世，須從陰陽外修之。

重九日與回翁及藍養素白玉蟾同遊蛾眉

雨後飛行上大蛾，塵寰下視瘴煙多。群真雅集成高會，萬里空明各放歌。鶴嘯入雲藍板和，鸞鳴通漢白車過。獨餘

呂老無詞曲，揮劍穿崖笑擘窠。

重陽後一日

煙村江樹景茫茫，畫意詩情引興長。寄語山壇諸弟子，不妨賞雨補重陽。

約諸子遊青城洞天二首

欲尋仙院訪仙蹤，請上岷山第一蜂。十月小陽春氣好，洞天深處話從容。

又①

仙院依然展碧窗，青城細話景無雙。一蘆清磬雲門曉，山月依樓未過江。

【注釋】：

①又：原無，係點校者劃一體例時所加。

新津老君山

手招仙客上雲霄，張子來吹碧玉簫。太清妙境誰能識，只在心中認沈寥。哈哈，攜手逍遙；呵呵，同步天橋。兩個葫蘆盛美酒，大家同醉訪松喬。

長生宮

翠木參天處，雲行到此宮。路抄黃葉外，山在赤城中。別院供回老，遺輝想范公。來朝凌絕頂，浩氣馭長空。

飲鶴巢亭

仙家小飲最高峰，正在青城一點中。無數白雲圍幾席，插天屏障列西東。

天師洞木橋

木橋橫過碧雲溪，流水聲中綠影低。好在兩山崖合處，聽他仙鳥隔林啼。

青城山聯句

崆峒道士樂長吟（呂純陽），天外飛行步碧岑（豐）。山喜來龍開大面（劉海蟾），仙皆停鶴話同心（白紫清）。三台隱隱沖煙出（中山），九室層層入霧深（豐）。猶憶當年離世網（海蟾），飄然雲路詠松陰（紫清）。

白雲青雲兩溪

雲行風淡淡，山靜水潺潺。不盡清涼意，都來泉石間。道人吹鐵笛，老衲閉柴關。信步東西澗，高真共往還。

鶴鳴山

道士來時石鶴鳴，飛神天谷暑長生。只今兩澗潺緩水，助我龍吟虎嘯聲。

天谷洞

天谷本長生，長歌石竅鳴。棲神須此地，坐煉大丹成。

贈長乙山居主人

秋雨連宵暑氣除，中元佳夕畫難如。溪風嶺月神仙友，豆架瓜棚處士廬。我輩遵行老氏法，山人能注孔門書。焚香讀《易》談玄理，儒通同源天地初。

秋晚至岳雲樓

秋江樓上看秋燈，點點秋燈照水明。我自兩湖吟到此，長天空闊有餘聲。

縹緲山戲招圓陽長乙

道士身藏縹緲山，洞門風細水潺潺。白龍高臥玉池冷，黃鶴暮歸松頂閑。手拈琪花憑石几，肩橫鐵杖步天關，二君早晚來相訪，三十六峰廿四灣。

遊潮洋寺

吾從海岳來，帶得海雲至。敞袖放雲飛，雲去封山寺。

遊羅浮山

戲騎羅浮大蝴蝶，神遊栩栩遍岑寂。忽然變出真容來，又是一蓑與一笠。玉蟾峰上且徘徊，遙見海瓊飛到來。二人拍手發長嘯，蒼崖疊巘何崔嵬。綠毛仙，黃野人，山中隱現多仙真。何不竟為東道主，掃石安懷飲數巡。海風灑灑來天外，吹出羅浮好境界。快哉快哉真快哉，紫清攜手歸蓬萊。

雨後看峨眉坡仙句作起

峨眉翠掃雨餘天，渺渺吟情字字仙。收拾嵐光歸筆下，放開豪氣立樓前。詩中有畫誰能悟，靜裏無愁最可憐。愛此煙霞鋪半壁，令儂幽興滿山川。

登瓦屋山

大岡高遠壓峨岷，頂上雲開眼界新。萬樹風號來虎氣，諸峰雨過出龍神。辟支崖有千秋雪，彌勒洞無半點塵。大地

河山歸腳下，西方世界此超倫。

附：蟠山同作

瓦屋山高一桁平，天仙飛入化人城。毫光放出雲光白，爽氣收回石氣清。萬壑松杉噓遠籟，千崖雨露滴新晴。條條匹練從空落，倒瀉銀河更有聲。

江漲

西北下雨東南晴，晴江忽見波濤生。滿岸兒童齊拍手，山奔水立雷聲吼。划然灘石浪衝開，如馬如牛逸蹄來。仙之人兮從空降，只見川心飛雪浪。化作浮槎蕩漾行，隨風逐浪到蓬瀛。

早秋山居

芭蕉雨過天然翠，菡萏風搖自在涼。正好談禪憑水閣，個中又有木樨香。

雨中看覆篷山

中峨不肯露長眉，正值斜風細雨時。漁父眼前同入畫，墨雲頭上急催詩。山如承蓋偏非小，峰以退藏益見奇。笑我一蓑兼一笠，與君相對兩迷離。

漢張桓侯誕日

在唐留姓①宋留名②，萬古回環正氣撐。殺賊雷霆走精銳，運籌冰雪淨聰明。當陽喝震曹無色，刁斗銘傳漢氣聲。車騎英雄文武備，成都酹酒祀麾旌。

第十三章 雲水集

【注釋】：

①原注：睢陽。

②原注：武穆。

即景六言

疏雨梧桐滴瀝，秋鳳楊柳蒼黃。行吟蓼花潭上，看出畫圖水鄉。

久雨

風風雨雨暗新秋，御氣仙人踏水游。煙寺鐘聲雲外濕，江天帆影霧中收。瑤壇早見月離畢，玉笛長吟風滿樓。欲喚白龍歸洞去，天心人事兩悠悠。

元夕後一夕同諸子集聽吟風館

風竹瀟瀟韻滿樓，師生夜話在林邱。元宵已過何勞說，莫把光陰付水流。

示隱士二絕

久識團陽是隱星，峨眉山下養真靈。閑邀野士談丹訣，夜月寒煙戶不扃。

又

水田深處白雲飛，聽徹秧歌入翠微。昨夜鳩聲啼不斷，今朝細雨入茅扉。

題王生持平子宅

半房山色映簪牙，綠竹陰陰照碧紗。老子於斯興不淺，桃源深處古人家。

攜諸子游龍泓二絕

龍泓口內有青山，一灣一灣復一灣。試待清明風和日麗，又攜雲屐好①尋攀。

【注釋】：

①好：原作「試」從抄本改。

又

正是山鐘打暮天，諸生請上草蒲團。吾將化個雲仙子，來往樓中嘯晚煙。

回軒然台

今夕分神下太清，天風吹下玉簫聲。雲衢開展三霄靜，雪月交輝萬里明。候我全身騎鶴降，寄君一語待雞鳴。青衣島上清漪觀，樓閣參差似碧城。

暮春

今日好天氣，春風吹綠楊。水隨行客轉，花自過溪香。蝴蝶飛依草，蜉蝣舞過牆。我觀諸造物，回首歎滄桑。

清溪令①

春去多矣，聽杜鵑啼時，五更須起。鳥尚勤勤，問蒲團中人，誰能遣此？欲使神活心先死，死心漢即是那神仙種子。

【注釋】：

①詞。

即景示諸子

知音從古少，山色雨餘多。點點雲邊出，巍巍嶺上邊。

林泉風日靜，野寺水煙和。一樣池中物，紅藻映綠波。

銷　夏

銷夏宜於古佛樓，群山眾水座前收。江風滿袖雲濤吼，一笑長吟浩氣流。

夏杪軒然台二首

滾滾灘聲到寺門，登樓倚閣四山昏，只餘一點紅釭①照，笑共遊仙把酒樽。

【注釋】：

①釭：原誤作「缸」，據文義改。

又

風雨瀟瀟入畫樓，山寺清涼已近秋。隔江野樹雲煙繞，擬①倪迂筆裏收。

【注釋】：

①擬：原誤作「似」，從抄本改。

新秋

斗柄橫天漢，新秋漸指西。梧桐風乍起，吹月過橋堤。

新秋夜雨示團陽持平二子二首①

說道談元不計年，逍遙物外古神仙。塵塵掃去根根淨，始得吾家最上禪。

【注釋】：

①二首：原無，係點校者劃一體例時所加。「子」原誤作「字」，從抄本改。

又

秋色從西萬里來，梧桐雨落到蒼苔。笑拈幾句題山石，吟罷嫣然對酒杯。

高樓秋夜

夜靜高樓上，秋江見遠燈。漁家相笑語，並坐補絲繒。

秋 雨

漏天風雨灑，平地水雲生。漠漠三秋暗，飄飄一笠行。飛仙誰見影，來雁未聞聲。我更騎鴻去，瀟湘接海晴。

秋夜聞雁

雨聲淅瀝到三更，野寺鐘鳴分外清。正逢雁字橫秋塞，風雪關山一萬程。稻粱澤國知何處，我笑飛鴻向南度。長空碧宇歎宵征，神仙跨汝瀟湘去。

秋晴示團陽持平二子

皇天施好雨，陂塘秋水肥。鳥歡紅稻剩，仙駕白雲飛。物我各閒適，乾坤隨所歸。神遊嬉造化，氣聚款禪扉。雅興連丹嶂，高吟動翠微。新詩隨地賦，剔壁寫苔衣。

九日登軒然台

去年今日會山亭，天為重陽特放晴。今歲依然循此例，道人初打午鐘清。

寒 露

此日逢寒露，深宵白露寒。涼秋來塞外，黃葉下林端。遠嶂燈光出，高雲雁語盤。笑吹長笛去，樓閣倚飛欄。

秋夜萬景樓

隨意登臨到此來，天風莽蕩撼樓臺。揮毫直拂煙霞起，隔岸漁燈出水隈。

秋日東坡樓

七星花發照樓前，暮落朝開最可伶。賴有拒霜心一點，故將秋色更增妍。

瓶　梅

天寒玉蕊正含香，雪地栽培氣候長。莫把銅瓶來供養，始能留得滿庭芳。

晚　景

江雲隱隱認沙洲，又聽鐘聲出寺樓。我欲凌風一長嘯，數群鴉噪隔煙浮。

對　景

樓外大江來，青山隔岸開。峨雲遮不斷，我自海峰回。

秋日與諸生集軒然台飲酒雜唱

拍掌臨風嘯，清謳滿座聽。水光浮檻白，山氣入樓青。把酒談玄理，當窗誦道經。諸天應大笑，師弟各忘形。

秋夜與諸生復集軒然台二首①

細雨紗窗外，蟲吟不忍聽。雲封千樹黑，夜靜一燈青。禁句誰能道，前人總未經。自拈蕉葉寫，草字作龍形。

【注釋】：

①二首：原無，係點校者劃一體例時所加。

又

此樂今年少，今宵莫負之。聽風兼聽雨，談道復談詞。各唱《無根樹》，休誇限韻詩。不拘諸法律，高詠自怡怡。

月裏江山

江山月裏畫中求，倚閣開窗遠近收。峰頂壓雲深入夜，竹梢沾露重凝秋。蟲聲唧唧啼苔砌，燈影熒熒照樹頭。遙看榕陰涵晚霧，濛濛煙樹隱高樓。

秋 夕

淡淡星河夜，秋風響桂林。涼雲三徑曉，冷露一樓侵。竹影高懷僻，山居道意深。邇來無別語，塵擾漫關心。

堪 歎

堪歎世人不學仙，四時常怕病來纏。豈知一氣原無敵，氣滿身中命可延。

笑呵呵

笑呵呵，復高歌，風流醉舞出煙波，披漁蓑，走岩阿，日暮江山樂事多。我在斜陽村外過，何人知我醉婆娑！

與諸子定雨

今日東南大雨行，槐風梅雨甚關情。上天不與分明說，個裏陰陽一炁成。

愛竹堂

白雨清風，灑然來自蓬宮。瓊花滿地香冉冉，撲上簾櫳。者三伏天氣，人間盡在熱惱中。爭如我仙家快樂也，海上飛蓬。

喜光於來岳雲樓

有緣千里來相會，無累一身任遠遊。我愛闖州李居士，飄然來到岳雲樓。

樂樂樂

說說說，樂樂樂，風正停，月未出，灘正明，秋氣肅。我有一道情，深深淺淺說。人能脫盡塵中俗，後天真氣頻溫服。不怕風寒，不遭瘟疫，年可延兮嗣可續。萬般都是精神作，精神作兮獲多福。不要符來不要藥，但遇天行盡掃卻，樂樂樂。

曉吟

日觀峰頭趁曉裘，忽間山寺鼓鐘催，扶桑頂上天雞唱，一帶紅霞曙色汗。

示朱生李生

二子將稀古，抽身遠市喧。澄心宜寡慾，養氣戒多言。閩水辭千里，佳山住一番。從今尋本性，自此脫塵樊。

題族人德軒墓

孝友人家百忍堂，能修祖德自流芳。德軒穩臥方山下，產作靈芝九朵香。

示劉白酒李魚溪

白酒魚竿客，青山道衲風。二生皆可笑，年壯髭鬚翁。世外煙霞古，江邊氣象空。早研清淨理①，幾片白雲中。

【注釋】：

①理：原誤作「里」，從抄本改。

尋　幽

雅水雅山尋雅士，嘉山嘉水樂嘉賓。偶聞雲外青鸞語，知有蓬萊客到門。

新秋即事仿回翁體

新秋新雨後，月出嫩涼生。江影涵空碧，星光照大清。憑樓吹玉笛，跨鶴度瑤京。往來無定所，飛嘯步蓬瀛。

送閬泉閬山歸閬中同碧城道人聯句

雲水客如雁（三豐），新春向北歸（碧城）。關山千里遠（三豐）道德一身肥（碧城）。不問亭長短（三豐），那知世是非（碧城）！飄然往來去（三豐），臘岸柳依依（碧城）。

仲春初旬示諸生

一年不與一年同，歲月猶如箭脫弓。花下團圓春宴好，振將吟興唱和風。

飛　吟

朗吟雲夢曉，飛過洞庭春。飄然無定所，掉臂入峨岷。呵呵！者風流誰得似也？曰回道人。

題麻仙姑聽何仙姑吹①笙圖

按行蓬島入雲天，欲訪青霞女洞仙。一曲瑤笙何韻冷？別來閬苑已千年。

【注釋】：

①吹：原誤作「次」，從抄本改。

第十四章

玄譚全集

張三豐真人著
金蓋山人閔一得苕㪍參校

第一節 玄潭集

　　張三豐曰：夫道，中而已矣。故儒曰致中，道曰守中，釋曰空中。而內丹之所謂中，竅中之竅也。竅中之竅，乃真中也。余獨慨夫世人之不識中也，或求之九宮之中，曰泥丸，而不得也；或求之臍下一寸三分，曰丹田，而不得也；或求之心臍相去八寸四分，而以中一寸二分為中，與夫兩腎之間，前對臍輪，而不得也。夫以有形，而以中一寸二分為中，與夫兩腎之間，前對臍輪，而不得也。夫以有形求之，而皆不能得也；乃復逆而度之，則關曰玄關，牝曰玄牝，豈虛無之谷，而不可以有形求歟？夫以無形求之，而又不能得也；乃復逆而度之，則曰無而不著於無，有而不著於有，豈非有非無，而不著於有無間歟？智過顏、閔，真難強猜。予今冒禁言之，非得已也。蓋以神仙降生於此時者眾，以救世

也。或官矣，或士矣，農工商賈矣，道矣，釋矣，故作此篇，以吁徠之，俾知救世，復返天上，而不墮落於塵寰者，此余之心也。圖說如左（右）。外景也者，外其身而虛空之，先了性也。

張三豐曰：釋氏了性，須要持齋，故太虛是我，先空其身。其身既空，天地亦空，天地既空，太空亦空，空無所空，乃是真空。

又曰：無無乃出天地，外虛空以體無無。

內景也者，內其身而胎息之，先了命也。

張三豐曰：胎因息長，息因胎住，而竅中之竅，乃神仙長胎住息之真去處也。天地雖大，亦一胎也，而日月之往來，斗柄之旋轉者，真息也。又不觀三氏之書乎，《易經》曰：「成性存存，道義之門。」《道德經》曰：「玄之又玄，眾妙之門。」《遺教經》曰：「制之一處，無事不辦。」皆直指也。

我之看書無滯，才知聖凡一炁，不為盲人迷惑。掃盡旁門，重整心猿，重發志氣，低心下意，歷魔歷難，苦求明師，竅取受炁之初。初者，先天始祖祖炁。此炁含著一點真陰真陽，產於天地之先，混元之始。這個靈明黍米寶珠，懸在至空至正之中，明明灑灑，但有未明旨的人，若醉相似，離此一著一著都是旁門（1）。這個靈明寶珠，於空懸之中，包含萬象，發生萬物，都是此⊙者。此物在道喻為真鉛真汞，一得永得，不可執乾坤、日月、男女相上去，只於己身內外安爐立鼎。煉已持心，明理見性之時，攢簇發火，不出乎一個時辰，立得一黍玄珠，現於曲江之上。刀掛入口，頃刻之間，一竅開百竅齊開，火發四肢，渾身筋骨血肉都化成炁，與外水銀相似。到此時候，用百日火力，方有靈妙，一

得永得，勿有還返，住世留形，煉神還虛，與道為一矣。

○此物在釋曰真空真如覺性，若知下手端的，煉魔見性，片晌功夫，發起三味真火，返本還元，一體同觀，天地咸空，霞光萬道，五眼六通，煉成金剛不壞之身，了鬼神窺不破之機。○此物在儒是無極而太極，依外天地而論，無極是天地周圖，日月未判之前，四維上下不辨，一混混沌沌，如陰霧水，及氣至時到，氣滿相激。才生太極。太極是日月，只要體法天地日月，不是要採天地之日月也。日月既生，天地自分。清氣在上為天，虛無一派神祇，都是清炁精明之光曜也；濁氣在下，大地山河人民，俱在地下，五穀一切萬物，雖在地發生，都借天氣方得有生。天之清氣為純陽，地之濁氣為純陰，而露從天降，是陽能生陰，萬物從地生，是陰能生陽。

天地是個虛無包藏，無窮盡，無邊際。天之星宿神祇，其動轉各有方位，地下萬物，按四時八節，發生總自虛無。夫日月是天之精，上照三十三天，下照九泉黃極，東西運轉，上下升降，寒暑往來。日是純陽之體，內含一點真陰之精，屬青龍、姹女、甲木、水銀、金烏、三魂，即是外彼；月是純陰之體，內含一點真陽之炁，屬白虎、嬰兒、庚金、朱砂、玉兔、七魄，即是內我。人身造化同天地，故人身亦有真日月，道本在邇，而人反求諸遠也。三魂屬性，性在天邊；七魄屬命，命在海底。內外通來「性命」兩個字，了卻萬卷書。性屬神是陰，命屬炁是陽，故曰「一陰一陽之謂道」也。那個真陰與真陽相對，這個真陰之精既不知，又烏知這一點真陽之炁乎？

今之學者，不惟不知真陽，且不知真陰，若知真陰，則真陽亦自知之矣。不遇真師，枉用猜疑，是道在天地，天地

亦不知也。學者窮究身中天、地、人三才之妙竅，一身內外陰陽真消息，如不得旨，一見諸書之異名，必無定見，執諸旁門，無能辯理；既不能窮理，則心不明，心既不明，則性天不能如朗月；既不能見性，焉能知命？噫！只為丹經無口訣，教君何處結靈胎。

（1）原註：沈氏曰：黍米寶珠即戊土也。按：《洛書》之數。金、木、水、火皆居八方，獨戊己居虛無之中，故云：「至空至正之中」也。

外，先天真陽。此⊙圖是一身內外之造化，名通天竅，煉丹爐，躲生死路，生身處，父母未生前，五行不到處。一點真陽，明明在四大形山秘密處，此個消息，玄之又玄。此個靈明寶珠在人身，與外天地日月同體，是一身之祖炁。「今日說破父母，明朝不怕死和生」，即太上慈悲所言，《黃庭經》外景之旨也。

中，身中。〇此圖是產天地之造化，劍鑄雌雄，藥看老嫩，全在此中，安天立地，不離此中。萬劫因緣要正傳，是天炁下降不到地，地炁上升不到天，空裏常懸，理最難明，故曰「中間一竅少人知，須要明師親口傳」。然乾坤交媾在此也，坎離交媾亦在此也。

內，海底命主。〇此一圖是海底金精之靈龜，吾身彼家之兌金，戊土之命主。渾身百脈，五臟六腑，全憑此物執掌，且成仙成佛，超生出死，亦憑此穴安排。實是個固命之地，養命之方，卻諸病不生，為萬炁之根蒂，乃一身中之太極，即太上慈悲所言，《黃庭》內景之旨也。

天、地、人三才，實在自己一身而言。以後天論之，則於身中有象有方；若以先天究之，則生天、生地、生人、生物，無象無方之物也。仙云：「先天不得後天，無以招攝；

後天不得先天，無以變化。」此是天、地、人在己身內外，上、中、下三個真消息，三個真爐鼎，又屬三教，三乘妙法，體外天、地、人三才，廓外三教經書。此個五行中人之五行，皆在性命中，豈求之他人哉！《悟真篇》云：「三五一都三個字，古今明者實然稀。」仆說的不是大言，且不論火候攢簇細微，只說三個五行，百萬人中無一知者。若知三才相盜，返此之本，還此之元，傳精送神，偷精換氣，顛倒採取，若人敢承當，要作仙佛也不難。

凡學修煉者，先窮取一身內外真爐鼎；若不識內外真爐鼎，則無處下手。既知安爐立鼎之在內外，及陰陽往來之旨，便窮取真鉛真汞，及內外藥生的時候，方可進火修煉；若不知吾身內外藥材，則爐鼎中鍛鍊何物？

外，真鉛真汞。⊙此個竅，己身內外真爐鼎。安九陽之鼎，鑄慧劍以定的時候，開關採藥，朱裏回汞，攢簇沐浴，水火既濟，持空養虛，只在此竅，含著一點真朱砂水銀，明明在身不內不外之地，萬人不識。離此一著，都是盲修瞎煉。此就是已身外五行，外爐鼎，外造化，即軒轅所鑄九陽之鼎是也。

中，坤土斧。○此個竅，正是攢簇結化，生天地人物，及風雲雷雨，都在此中宮正位。此是神室寶鼎，產內外二藥，鑄雌雄二劍，抽鉛添汞，候取點化丹藥，故曰「中間一竅少人知」。

內，臍下命主。○此個竅，乃興功之根本，成道之梯航。安爐立鼎在內，水火鍛鍊，法財俱足，神氣完全，上七竅生光，才是真正時候，方可採吾身外爐鼎之藥，以配身中之雌雄。又全憑此穴，調神純熟，萬神受使，星回斗轉，方可奪外天機也。

夫上一竅乃純陽之體，內含一點真陰之精，是我身彼家之物，屬外在內，即兩腎中間一點明，發之於外，故喻他也；下一竅乃純陰之體，內藏著一點真陽之氣，是吾身我家之物，屬內，即乾宮泄入坤位之物，故喻我也。上竅內是女體，外是男子；下竅內是男體，外是女身：故仙翁多以男女彼我喻也。然中間一竅為中宮，黃婆媒舍，若會此處顛倒配合，方可成聖。夫命寶從己身之外來，還是自己坤位之物，卻在吾法身中、色身內之他家也，故仙云：「採取不離自己元神」是也。

世之學者，不得正傳，無處下手，執己又不是，離己也不是。誰知一點元陽，明明灑灑，在己身玄中高處，隱藏於不內不外之密處，內外一氣牽連，千古不傳之秘。然人身現成放著兩個真消息，與外天地日月同體，不差毫髮，是天地乃萬物之最大者，人為萬物中之最靈者。天地不過是個大人，人不過是個小天地，所以人身造化同天地也。誰能省悟人人有個通天竅？人人有一味長生不死藥？人人有個煉丹爐？人人有個上天梯？人人有個人不識，人人不信有長生不死方，人人不信有白日升天路，情願受死，哀哉痛哉！

丹煉大還丹，先要補虛，只補得骨髓盈滿，方可煉金液大還丹。夫下手功夫，先採上竅陽裏真陰，入內金鼎氣海之中，與腎經配合，夫陽裏真陰，即是自己元神真形，在外屬三魂；下竅陰裏真陽，即是身中元炁，屬七魂。其先後二炁一會，則坎離自交，魂魄混合，神凝氣結，胎息自定，每日如夫婦交情，美快無比，切不可著意，水火既濟，發運四肢，如外火活焰相似，只要水火均平，此是小周天火候。

調和薰蒸，喉中真息倒回元海，則下腎自入內，真火自然沖入四肢，渾身軟美快無窮，腹內如活龍回轉升降，有數

十樣變化，嬰兒姹女自然交合，此是採陽補陰，築基煉己一節事。夫修煉金液大還丹，廣積內外法財，終日逍遙，晝夜常明，則長生久視之道也。

世人全賴五穀養命，若數日不食，則氣脫而死也。若人老，則下元虛損，骨髓俱空，不能勝五穀之氣，是五穀能養人亦能殺人。若會內水火既濟，氣血逆流，則五臟氣和，脾胃開暢，食入腹中，亦能化氣，生精生神。果得天機下手功夫，直候骨髓盈滿，腹臍如滿胎婦人一般，卻不是果有胎塊之形象也，不過氣滿、精滿、神滿而已。如果三全，則真火鍛鍊，調神煉氣，大丈夫自有功成名就之時也。

仆今奉勸世人，參訪苦求功夫，決破一身內外天機，下手速修，煉己待時，時候一至，擇地入室，煉此龍虎大丹。必要僻靜雞犬不聞之處，外邊只要知音道侶，不許一個閒雜人來到，恐防驚神。仙言和光同塵，仆言僻靜處，何也？益煉己於塵俗，養氣於山林也。

金液還丹乃超凡入聖之道，非他事之可比，必須一塵不染，萬慮俱忘，一刀兩段，絲毫無掛，永作他鄉之客，終無退悔之心，如此立志，乃是出家。入室時，持空煉神，守虛養氣，直養得精血充盈，筋骨柔和，身無皺紋，如蜘蛛相似，上七竅生光，晝夜長明，心如太虛，才正是時候，方可求仙。又專心致志，演神純熟，成形受使，星回斗轉，隨意所變，直到這個時候，才是氣滿神全，法財廣大，方可煉大丹，方作得一個丹客也。

功夫既行，七竅生光，三陽開泰，神劍成形，趁水推船，因風發火，一陽內生，方可奪外天機，下手開關，採吾身外金丹，以龍嫁虎而作夫婦也。若會攢簇，湛然攝起海底之金，即後開夾脊，通泥丸，落入水晶宮內，與木汞配合，

不過半個時辰，攢簇已定，真火沖入四肢，渾身骨肉火燒刀割相似，最難禁受，就是十分好漢，到此無分主張，須要防危慮險，沐浴身心，水火既濟，頃刻渾身如炒豆子一般相似，百竅一齊爆開，渾身氣血都會成形、都會說話，就在身上吵成一堆。

舌根下又有兩穴，左為丹井，右為甘泉，名正湧穴，隨骨脈一齊開，下腎水湧到口，即時嚥納不及，滋味甚異，比砂糖大不相同。直至三十時辰兩日半，狂水已盡，專候天癸降，此正是時候，忽然一點真鉛下降，涼如冰片，即時下一點真汞迎之。攢簇之後，渾身湛然，如千百面戰鼓之聲，又如百萬顆雷霆之吼，此即一身百脈氣血變化所致，休要驚怕，只要踏罡步斗，執劍掌印，這裏正是凶惡處，三回九轉，降帥召將，如此防顧，於虛空中或見龍虎相交，天地交泰，日月合宮，諸仙諸境發現，切不可認以為真，恐著外邪，既得真鉛投汞，三百之後才生大藥。

當此兩家爭鬥戰之時，仆若不親口說破，十個九個都嚇殺了也。心有恐怖，即遭魔障，既煉先天元陽，遺體都化成神，返來害己，雖化成形，卻是陰神，陰神最靈化，能千變萬化諸境為害，未肯善善降伏。常人有言：「你會六通神，方才說死生；不會六通神，休思伏鬼神。」既伏不得鬼神，休想成道。若使鬼神不能相見，焉能為害？混混又至三十時辰兩日半，氣氣相通，氣滿至極。忽然活潑潑捧出太陽流珠，脫殼入口，百萬龍神，盡皆驚失，此是元神真丹藥，入口始知「我命由我不由天」也，仙云：「這回大死今方活」；又云：「一戰而天下平」。到此地位，才是真正天地交泰，日月交宮。

真陽之藥到，頃刻周天火發，骨胎化作一堆肉泥，陽神

脫體，撒手無礙，專心致志，持空守虛，隨神變化，夫萬物皆天地所發生，則萬神皆朝禮而賓服。厭居塵世，逍遙蓬萊，有三千玉女侍奉，終日蟠桃會上，飲仙酒，戴仙花，四大醺醺，渾身徹底玲瓏，海底龜蛇自然蟠繞，到此才是真五龍大蟄法也。

煉之百日，玄關自開，嬰兒現相，龜蛇出現，萬神受使，才是真鉛真汞顛倒，渾身紫霧毫光，瑞氣千條，紅光罩體，學者到此地位，口中才得乾汞。煉之六個月，體似銀膏，血化白漿，渾身香氣襲人，口中出氣成雲，此是靈丹成就，人服之永不死，亦能治死人返活。煉之十個月，陽神脫體，一身能化為十萬身。只候十二個月，奪盡天地全數，陽神已就，渾身脫去八萬四千陰神，步日月無影，入金石無礙，入水不溺，入火不焚，刀兵無所容其刃，鬼神莫能測其機，變化無窮，乃成真人矣。

渾身氣候，都是真藥，雞餐成鳳，馬食成龍，人服成仙，此理鬼神亦難明，若不見過做過，這等言語誰人肯信！夫大藥金丹，造化功夫，三回九轉，火候細微，攢簇口訣，只在五七之間，把天地都顛倒過，都是自然而然。雖是自然，卻要知體法天地造化，方可成就，卻不是要在天地日月上然後成道也。

夫大藥入口事，從做過，從見過，從試過，應到自然處。功夫雖一年，火候細微只在百日之內，動靜凶惡只在九十日以裏，得內外而攢簇，頃刻湛然，聖胎成就，產個黍米之珠，吞入腹中，周天火發，脫胎換骨，只要持空養虛，餘皆自然而然。

今人果得真師明示，先去煉已於塵俗，積鉛於市廛，攢年簇月，攢日簇時、簇刻，大定之中，只在一剎那間，不出

半個時辰，把天機都顛倒過，運火十月之功，體天地自然之法，若不能死中求活，焉能逃出三災八難之外哉！

大學之士，聰敏智慧，聞一知十，三教經書，能講能說，不過明性理字義而已，而於金丹造化，大道天機，內外兩個真消息，焉能省悟？若果遇至人，真傳實授，便主窮理盡性開悟，如水歸大海，省諸丹書，橫豎無不是道。諸子丹書，前人不肯妄言，一句句字字不空，只是人不能省悟。譬如說「金丹吞入腹」之言，不能得旨之人，就錯認在口腹上說話，豈知竅妙吸盡西江之玄哉！譬如說天地、日月、男女上去了，都是胡猜胡說。執著旁門聲音顏色，拒人於千里之外，不肯謙恭下士，終無了悟，反吹毛求疵，誹謗高人，焉能得其法術哉！反為天人之共惡，是皆地獄種子，誠可哀也。奉勸世人，如遇至人，切不可執著己見，當虛心參訪，苦求明師，方不致自誤也。

⊙此督脈也。督者，總也，總領一身之氣脈。正是天地未判，未生身前，先天元陽祖炁，浩劫長存，亙古至今而不壞者也。○此任脈也。任者，仁也，乃生生不息之元氣也。淨羅羅，圓陀陀，赤灑灑，精喇喇，明麗麗，光灼灼，活潑潑，此物是象帝之先，萬神之祖，包含萬象，發生萬物，釋云摩尼珠，道云黍米玄珠，醫云活滾滾一丸真靈丹妙藥，實千古不傳之秘。

今人不明此理，亦無傳授，又不醒悟，焉知「內外」二字之妙。任督二脈實先後天之玄，誠哉百姓日月而不知也。督脈⊙此竅是生身之源，未有此身，先有此竅，非凡孔竅之竅也，乃玄機之妙竅也。此消息正是父母未生前一點元陽祖炁。任脈○此竅是一身五臟之主，內外執掌，全在此竅，若知顛倒攢簇，是生五臟之根，未有五臟，先有此竅，未生此

身，先生此竅也。此個消息是養命之方，留命不死之根蒂。

這上、中、下三個真消息，若得正傳，能歸根復命，使四炁歸入下元，魂魄不散，水火既濟，有何病證！這元陽得傳授明白，或遇法網不能說，不能成道，不得已然後將海底命主，為四炁之根本，發起命主，歸元炁不散，用一著撒手無礙，捨此消息，亦可再出頭而學道也。此是鬼神不測之玄機。這先天元炁，黍米玄珠，真心傳得明白，勤而行之，忽然大悟，則三教經書，了然在吾目前，不待思索，自然解悟。以大理論，則渾身上下，內外血氣，俱後天渣滓之濁陰，唯秘密處一點元陽，是個純陽，此真形屬心，此心是真空心，非這個血肉心。此真心萬人不識，其中別有個乾坤世界。仆把內外三心，述之於後。

外心——天心：○此心是真空心，曰玄關，通天竅，正是內外五行真爐鼎。凡開關發火，踏罡步斗，執劍掌印，了鬼神窺不破之機，全在此心，要知法度可也。

中心——人心：○此心是中心一竅也，為黃婆舍，內外攢簇，看時定候，全憑黃婆是也。安爐立鼎，為煉內外二藥，老嫩要辨，真偽亦然，出自此心也。

內心——地心：○此心正海底命主，萬神之蒂。凡修大乘，先修小乘，築基煉己，聚積法財，保養汞氣，全在此穴，要識剛柔。

此三個心，在一身內外三個消息，若會把天地顛倒過，打開無縫鎖，一句了却古彌陀。此三心萬古不傳之秘，除了這血肉心，還有三個真心，這三心貫通虛無真空。若明這個真心，則天地萬象，包含在這空心裏。這個空心含著真陰真陽，然真空消息是把無縫鎖，終不能開，生死何處躲？仙云：「金針容易得，玉線最難穿。要知生死路，如滾芥投

針。」喻言陰陽，陰陽是性命，誰人識得麼？然人覺三日、五日，一七、二七、三七日，回首要留命不死，當捉住水、火、風不散，歸我身中彼家總之命主，不要動心，是不死之方。若人年老，不能行持了道，要回首去，如瓜兒一熟，蒂兒一落，全在這些消息，一知時候，發海底命主，歸上虛無元性，自然魂魄不散，任從自己，方不迷矣。

第二節 金丹破疑直指

世有一等小根盲人，見先仙所言外陰陽、外爐鼎、外藥物，便執迷以女人為鼎器，誠可哀也。這樣無知之徒，豈知清靜大道有三身四智、內外鼎爐、內外藥物、內外火候之玄哉！豈知萬物皆備於我，天地造化皆同我之大哉！

假如有緣之士，得遇真師，先行玉液內還丹，煉己和光，操持涵養，回光返照，此明心見性之事。若夫金液還丹，乃情歸性，真到真空地位，大用現前，龍女現一寶珠，發現至此，方為一得永得。亥子之交，坤腹之間，於一陽初動興功之時，手探月窟，足躡天根，回風混合，從此方有百日功靈之驗，金液還丹乃全此五行之大事也。除此性命雙修清靜之道，餘皆旁門小術耳。

吾於一身內外，安爐立鼎之妙，攢簇五行口訣，藥物火候細微已得，不知虛空法度，便去入室行外藥入腹大事，發火興功。行到秘密處，有虛空萬神朝禮，仙音戲頂，此事鬼神難明，只因自己不能煉己於塵俗，未得積鉛於市廛，氣脈又未大定，基址亦未三全，理雖融而性未見，故萬神發現，兇險百出，心神恍惚，不能做主。

又因外邊無知音道侶護看防守，著其聲色，驚散元陽，激鼎焚爐，劣了心猿，走了意馬，神不守舍，氣不歸元，遭其陰魔。何為陰魔？我不細說，後學不知。皆因真陽一散，陰氣用事，晝夜身中鬼神為害，不論睜眼合眼，耳中只聽鬼神噪鬧，白日間猶可，到晚最為難過，不敢定靜一時，我身彼家海底命主，兌金之戊土，沖翻五臟百脈，血氣皆隨上騰，連身提起不著地，殺身喪命，鬼家活計。

仆暫棄前功，遵師訓指，大隱市廛，積鉛塵俗，攝情歸性，殺機返心。自幼至老，被天地人物盜去天真，今於虛無中塵色內，卻要盜奪返還於我天性之中，方得元精、元氣、元神，欲還三全，全憑虛極靜篤，造致萬物芸芸，乃得各復歸根。根歸理融，理融見性，身心大定，五行攢簇，才去行向上事而了道也。

想先代賢哲，多有中道而廢者，皆因未曾煉己持心，金來歸性，以至二候得藥，於四候進火之時，不知虛空法度，粗心大意，是以白公有「再斫松筠節」之嘆。誰知虛空消息，至細至微，至凶至惡，若是擒捉不住，定不饒人。

學人能知一身內外兩個消息，了然無礙，從此操持涵養，克去己私，復還天理，則還丹之功，至簡至易，終日操吾身外之黃花，以候先後二天之瓊漿，此正是「飲酒戴花悟長生」之妙也。

然混元一事，則毋意、毋必、毋固、毋我，任死任生，忘人忘我，終日穿街過市，玩景怡情，於淫房酒肆，兀坐妄言，豈不動人之驚疑笑謗哉！攝境積鉛，法財兩用，豈不致俗子之欺弄禍身哉！是以籍通都大邑有力之家，以為外護，目擊道存，韜光晦跡。仙云：「若貪天上寶，須用世間財。」乃吾身天上九陽鼎之大寶也。

　　凡寄生於宇宙之間，男女所賴以生而不死者，唯此一點陽精而已，豈有學仙的人，男子學道必用女人，女人學道必用男人，是敗壞天下之風化，皆無知禽獸之所為也。噫！言語不通，執迷不悟，豈仙佛之眷屬乎？

　　學者果能操持涵養，於造次顛沛流離之際，不失方寸，然後求向上外藥入腹事，頃刻湛然，脫胎換鼎，渾身化一道金光，大地成空，身外有身，陽神脫體，持空養虛，此是五龍大蟄法。仙云：「內丹不成，外丹不就。」言人得正傳，且先積精累氣，並積內外法財，養得氣滿神全，金光出現，晝夜常明，則此時內丹成，而吾身外丹法象現矣。

　　凡看書不可按圖索驥，學者於晝夜常明之時，藥曲一生，方可採吾身外藥，配吾身中之雌雄，一得金光入口，周天火發，頃刻湛然，撒手無礙，才是金蟬大脫殼也。

　　學者未遇人時，當小心低意，積功累行，遇魔勿退，遇謗勿嗔，重道輕財；一遇至人，篤志苦求，決破一身內外兩個真消息，忽然醒悟真去處而言之，所謂「吾身一天地」也。然此真去處，雖曰不依形而立，而竅中之竅，夫豈無形哉！今乃借物以明之，譬之叉口然，實其中則張，虛其中則弛。而竅之能張能弛，亦復如是。

　　起手時先須凝神，入於竅中之竅，息息歸根而中實矣，中實而胎長矣。然神本生於竅中之竅而寄體於心宮，余嘗謂之原是我家之物而復返於我也。

　　竅中之竅者，神室也。神室即氣穴，即中黃。蓋黃即土之正色，而土意也，故坎之土戊，其意常在於離，離之土己，其意常在於坎，此其性情然也，而自有相投合之機矣。若能識其投合之機，而以意送之，神凝氣住，則自然結成一點金丹，至簡至易，而非有穿鑿也。此蓋以母之氣伏子之

氣，而子母之氣相眷戀於竅中之竅，丹豈有不成者乎？

第三節　正道哥二首

　　我有一口訣，長嘆無處說。天下訪不著，人人不可說！順凡逆是仙，此是真口訣。萬般枉費心，都是胡扭捏。熟記《悟真篇》，求師仔細別。自然些子妙，玄機神莫測。融融乾坤髓，揀時用意啜。要須地下寶，須明天上月。浮沉看老嫩，水源別清潔。若逢野戰時，猿馬休顛劣。賓老先做主，主來後作賓。黃婆媒姹女，交姤丹自結。外面黑如漆，裏面白如雪，中間黃紫爛，肉青皮似血。結就五炁丹，三屍陰鬼災。玲瓏剔透人，癡聾暗啞拙。心也無得思，口也沒得說。用文須用武，採取按時節。金鼎常令暖，玉爐毋令熱。交姤頃刻間，溫養十個月。男子會生產，產個三島客。活吞一粒丹，天仙來迎接。九年功行滿，穩步朝金闕。

　　又

　　道情不是等閒情，既識玄機不可輕。先把世情都放下，後將妙理自研明。未煉還丹先煉性，未修大藥且修心。心定自然丹性至，性清然後藥材生。雷聲隱隱震虛空，黃庭紫霧罩千尋。若還到此休驚怕，只把元神守洞門。守洞門，如貓捕鼠兔逢鷹。萬般景象都非正，一個紅光是至真。此個紅光生異象，其中猶若明窗塵。中含一點先天氣，遠似葡萄近似金。到手全憑要謹慎，絲毫念起喪天真。待他一陽歸洞府，身中化作四時春。一片白雲香一陣，一番雨過一番新。終日綿綿如醉漢，悠悠只守洞中春。遍體陰精都剝盡，化作純陽一塊金。此時氣絕如小死，打成一片是全真。到此功夫為了

當，卻來塵世積功勛。功成行滿天命詔，陽神出現了真靈。此言休與非人說，輕泄天機霹靂轟。囑咐仙朋與道侶，不逢達者莫輕論。其中句句通玄妙，此真之外更無真。收拾錦囊牢閉固，他日修行可印心。可印心，五十二句要君聽。若有虛言遭橫死，誤爾靈官鞭碎身。

第十五章

附　錄

第一節　道　派

一、大道淵源①

　　大道淵源，始於老子，一傳尹文始，五傳而至三豐先生。雖然，老子之所傳亦甚多矣，其間傑出者，尹文始、王少陽，支分派別，各有傳人，今特就文始言之。文始傳麻衣，麻衣傳希夷，希夷傳火龍，火龍傳三豐。或以為隱仙派者，文始隱關令、隱太白，麻衣隱石堂、隱黃山，希夷隱太華，火龍隱終南，先生隱武當，此隱派之說也。夫神仙無不能隱，而此派更為高隱。孔子曰：「老子其猶龍乎？」言其深隱莫測也，故又稱猶龍派云。

　　按：老子之道，文始派最高，少陽派最大。少陽傳正陽，正陽傳純陽，純陽首傳王重陽，重陽傳邱長春，開北派；純陽又傳劉海蟾，海蟾傳張紫陽，開南派。

　　再按：文始一派，至麻衣而傳希夷；少陽一派，劉海蟾亦以丹法傳希夷，兩派於斯一匯。是三豐先生，謂為文始派

也可，謂為少陽派也亦可，特其清風高節，終與麻衣、希夷、火龍相近云。

二、前歷祖傳

太上老君②

太上老君，其詳不可得聞，累世化身，未有誕生之跡。嘗與文始言：「吾姓字渺渺，從劫至劫，不可具述，非虛語也。」逮商陽甲時，分神化炁，始寄胎於玄妙玉女八十一年。至武丁庚辰歲，二月十五日卯時，降生在苦縣之賴鄉曲人里李樹下。指李為姓，名耳，字伯陽。生時白首，大號為老子，又長耳，號稱老聃。周初，觀風西岐，自號支邑先生。西伯欲拜為大夫，不受；命為守藏史遂借隱焉，其後或隱柱下，或隱河上，或號為古先生，或自為古皇，或為伯陽父，或為廣成子，或結廬於河濱，或開化於西域，秦時稱古隱君子，而不知太上老祖實隱中聖人也。

文始先生

文始先生，姓宏名喜，字公文，天水人，一云成紀人。成王丁巳歲，四月初八日吉時降生。不求聞達，嘗為函關令，故稱關尹喜。一日遇融風三至③，紫氣東來④，夜觀天理星西行過昴⑤，知有聖人將至。老君到關，望其神采，大驚⑥，拜為弟子，得聞大道。著書九篇，名《關尹子》，後曰《文始經》。西度流沙，復還中夏，或稱尹軌，或稱尹道士。隱居終南之陰，人稱為終南隱聖。

麻衣先生

麻衣先生，姓李名和，道號初陽。內鄉人。隱石堂山。

太極拳祖師張三豐內丹養生

生而神奇，紺髮美姿。稍長，厭世濁腐，入終南靜養，遇尹文始，傳以道要並相法，命往南陽淯水旁靈堂山修煉。洞居十九年，冬夏恒著麻衣，故號為麻衣子。靈山有水，四時常溫，名暘谷，時往沐浴。一夕有少年十二人來拜曰：「吾屬龍也，上帝以師道成，命吾等輔行大化」。自是有求雨者，皆驗。鄉民謁懇甚繁，別隱歙之黃山⑦，人稱為黃山隱者。

希夷先生

希夷先生，姓陳名摶，字圖南，號扶搖子。亳州真源人。唐長興中，嘗舉進士不第，遂淡世情，以山水為樂。居武當20餘年，復隱華山雲台觀。得蟄龍法，每臥常⑧百餘日不起。遇海蟾，授道要。逢麻衣子，擁爐對坐，以鐵箸畫灰成字，默授玄機，並以尹文始先生相法傳之。高隱不出，宋太祖時賜號「白雲先生」，又賜號「希夷先生」，史稱曰「華山隱士。」

火龍先生

火龍先生，希夷高弟子也。隱其身，並隱其姓名。其里居不可考，即以天地為里居也。其事蹟不多著，即以潛德為事蹟也。《神仙鑒》亦只記其號，狀其為物外風儀，此蓋如赤松、黃石，世只知為古仙耳。隱居終南，故稱終南隱仙。或曰即⑨賈得升先生也，俟博識者考之。

三豐先生

三豐先生，姓張名通，字君實。遼東懿州人。詳見全集。

【注釋】

①此標題係點校者所加。

②此以下六則標題，皆點校者所加。

③原注：精占風。

④原注：精望氣。

⑤原注：精天文。

⑥原注：精相法。

⑦原注：即黔山。

⑧常：原作「嘗」，從抄本改。

⑨即：原缺，從抄本補。

三、後列仙傳①

三山先生②

三山先生，姓沈名萬三，一名萬山，自號三山道士。金陵人。秦淮大漁戶，心慈好施。遇三豐先生，得授丹法，繼煉天元大藥，服之拔宅而去。或隱天目，或隱武當，皆無定所，與三豐先生隱顯度世，敕封「宏願真人」。元天曆戊辰元年，秋九月十八日未時誕生。

元靖先生

邱元靖者，武當道士也。洪武初，三豐先生遊武當，元靖與先生遇，拜為弟子，遂傳以道妙。命住五龍，結庵修煉，以了大事。乙丑春，太祖詔求三豐不得，乃詔元靖至，與語，悅之，拜監察御史、賜之室，不受，復擢太常卿，亦不受，帝稱其清高云。

太和四仙

太和四仙者，盧秋雲、周真得、劉古泉、楊善登，皆楚人也。洪武初，三豐先生入武當，結廬於展旗蜂上，四人請

為弟子，遂傳以清淨守中之秘，於是命秋雲住南岩，真得住會仙館，古泉、善登住紫霄峰。同時靜煉，後皆證果。

冰壺先生

冰壺先生，姓明名正。內江人。善符咒，多奇驗。永樂中，三豐先生遊蜀，常寓其家。玉欲以符咒傳先生，先生笑曰：「我將以道奉子，子乃以法授我耶？」乃作《道法會同疏》一通予之，玉大驚，請為弟子。居歲餘，胡瀅訪先生，遂攜玉同去，不知所之。

宗道先生

王宗道者，淮安人也。嘗從三豐先生學道。永樂三年，成祖訪求三豐，令覓宗道。與胡瀅同往，召見時賜金冠鶴氅，奉書香遍遊天下。十年不遇，及還，賜封「圓德真人」。後入廬山採藥，飄然不返。

性之先生

李夫子者，名性之，楚人也。正德間，入太和山遇三豐先生，傳以丹法，遂得道。平時好端坐，澄靜齊莊，人號為李夫子。喜辟谷，日啜麥麵湯，人又號為麩子李。荊藩永定王聞而慕之，遣校禮聘以至，寓蘄武當宮。衣破衲，不食。王屢迎入宮祈長生訣，皆不對，但云儒者修身齊家，即道訣也。賜金帛甚厚，皆不顧。已而辭歸，王乃遣校送之，令索書報命。至漢口舟中，忽不見。校速舟夫過江，至中流忽見李臥水而渡，校上岸，李亦到岸，忽又不見，校急奔至山，見李坐懸岩險處，拍手而歌，尋大呼校曰：「為吾謝王，李某不復來也。」校欲索報書，倏又不見。後復遣校至山，則

云李屍解矣。校於歸途又見李持缽，其行如飛。無何，王以干宗正條几覆國，始悟李語非漫然也。

夢九先生

夢九先生，姓汪名錫齡。徽州歙縣人。曾官劍南觀察，而宦情益淡，隱心愈深。遇三豐先生於峨眉，得其道妙。繼授滇南永北道，即請終養，未准。旋授河南全省河道副使，乃便道歸省，丹成屍解。號圓通道人。校正《玄要篇》，及著「三豐本傳」、「顯跡」等章傳世。康熙甲辰年，十月十八日申時誕生。至今嘉州凌雲丹霞峰之清暉閣，即先生公餘之暇潛神煉丹處也。中有靈山堂，扁載劍南父老數百人姓名，為先生壽，咸稱圓通祖師仁慈清淨、修己治人云。

白白先生

白白先生者，不言③其姓氏。所居在青城、大峨、嘉州山水之間。鼓琴讀書，酷好老莊。道光初。遇張三豐先生於綏山，傳以交媾玄牝、金鼎大符之妙。既更遇純陽祖師，得聞藥物採取之微。以是決意精修，日與二三隱士，坐論煙霞，品評水石，名心之冷，殆如冰焉。所著有《河洛易象圖解》、《道德經正義》、《圓嶠內篇》，發明內外丹法層次，為前古仙經所未有。無事則混俗和光，默抱玄微而已。

【注釋】：

①原注，以下十一則，藏崖居士考紀。

②此以下八則標題，皆點校者所加。

③言：抄本作「知」。

四、列仙演派

十舍先生①

余十舍者，沈萬山弟子也。少好施與，萬山以幼女妻之，傳以丹砂點化，豐饒與婦翁相頡頏。其女余蕙剛，為西平侯沐春繼室，亦善黃白之術，蓋家傳也。事見本集中「余氏父女傳」。

德原先生

陸德原者，吳人也。家故清微，慕神仙之學。沈萬山先生見之，知為道器，遂傳以玄微妙旨，並為黃白給之，其家遂足。與顧阿瑛、李鳴鳳相往來，詩壇酒社，東南士大夫稱其富而好禮。洪武初，嘗助軍糧二萬斛，既聞，太祖有「不及江南富足翁」之句，因慨然曰：「禍端至矣。」及時攜琴披衲，改裝黃冠而遁。阿瑛聞之，亦削髮為僧。鳴鳳棄家園、攜妻子，泛舟江湖。其後江南大族籍沒者無算，人始信其見機云。

明陽先生

明陽先生者，劉其姓，光燭其名。仁慈恭敬，富而好禮，以善為當為，不求福報，達者高之。嘗從白白子遊，得清淨守中之旨，遂結庵於大江之湄，雲水盤桓，不跡城市。沒後數載，忽降一詩云：「人去空山鶴影單，回觀塵海霧漫漫。仙家不昧虛靈體，一路清風到石壇。」自是云朋霞友，咸謂其不滅也。所著有《金丹詩》若干篇，尚存於其弟遁園處。

拳技派

王漁洋先生云：拳②勇之技，少林為外家，武當張三豐為內家。三豐之後，有關中人王宗岳③，宗岳④傳溫州陳州同，州同明嘉靖間人。故今兩家之傳，盛於浙東。順治中，王來咸字征南，其最著者，鄞⑤人也。雨窗無事，讀《聊齋》李超始末，因識於後。又云，征南之徒，又有僧耳，僧尾者，皆僧也。

【注釋】：

①此以下三則標題，皆點校者所加。

②拳，原誤作「奉」，從抄本改。

③④岳：原缺，從《太極正宗》補。

⑤鄞：原誤作「靳」，從《聊齋志異》改。

第二節　誥　贊

明天順皇帝敕封誥命

奉天承運皇帝制曰：朕惟仙風道骨，得天地之真元；秘典靈文，集陰陽之正氣。顧長生久視之術，成超凡入聖之功。曠世一逢，奇蹤罕見。爾真人張三豐，芳姿穎異，雅志孤高。得仙籙之秘訣，餌金鼎之靈膏。去來倏忽，實得造化之機；隱顯微芒，吻合乾坤之妙。茲特贈爾為通微顯化真人，錫之誥命，以示褒崇。尚期指教，式惠來英。

寶誥一

元朝名士，天師後昆。鶴骨珊珊，虬髯拂拂。非百里之

小才，得一官而勇退。出遼東而訪道，入終南而遇師。笠穿衲敝，寒暑不侵；果熟丹成，縱橫自在。托歌詞而談道，響徹雲霄；藉塵垢而隱真，人稱邋遢。玉樞宣詔，金殿飛身。玄妙無方，隱顯莫測。大忠大孝大慈大悲南極會上群仙領袖玄玄演正武當繼武真君。

寶誥二

始青一炁，教闡十方。積功勳於大明，度眾生於廛市。遇火龍而細參至道，入武當而調養谷神。混俗和光，經緯五載；入山面壁，考驗九年。大廷朝駕顯飛升，名山古洞留仙跡。方方開化，處處設壇。演金科、流傳萬世，證金丹、度盡後學。大悲大願大慈大仁至靈至聖至公至明群真一元始祖廣慈普度真君通微顯化天尊。

寶誥三

中山舊令，上清律仙。廣三千之功行，證十二之圓通。擅神靈變化之奇，精符籙龍蛇之體。道高德重，煉人元而兼統地元；和光同塵，潛玩世而即行度世。尋有德之人，人人得度；種無根之樹，樹樹皆空。講先天之妙旨，為後進之梯航。大悲大願大聖大慈武當繼教掌法仙師靈寶真人天雷主宰玄玄演道飛龍濟世真人通微顯化天尊。

寶誥四

至真傳道，太清選仙。居武當而啟教，為文始之正傳。如癡如醉，混仙跡於麗春；教孝教忠，闡玄風於華夏。度萬三於填海，婿女同升；續龍虎之神通，道法兼備。十方寶筏，三教宗師。大悲大願大慈大仁至玄至妙至奇至神東華首

相三清外臣雷霆神吏靈寶天師太和一炁始祖道通文遠真君通微顯化天尊。

寶誥五

玉虛上相，金闕高真。德暢人神，經開井鬼。廣三千之功行，醒億萬之沉迷。昔從元岳而成真，今繼玄天而闡化。扶正教、無黨無偏，辟旁門、有聲有色。誅殺乾坤之方士，挽回道德之宗風。指先天而對月，招後進以升雲。道妙無方，玄微莫測。至靈至聖至大至尊體合自然神凝般若三教真宰一氣權衡參法天師洞玄帝君猶龍六祖隱仙寓化虛微普度天尊。

參禮如來宣賜佛號並贊

神光熙照，性海澄清。在塵出塵，隱世度世。現醫身而扶危拔困，偈伏眾而闡道傳經。果證大羅金仙，道比達磨尊者。大仁大願大慈大悲三豐真師救難天尊邈邈靜光佛菩薩摩訶薩。

第三節　隱鏡編年（汪錫齡）

夢九江氏曰：先生之為真仙也，聞之者多矣①；其為隱士也，知之者少矣。公餘心靜，適金使君式訓過訪，梵香話先生奇蹤。使君曰：「公胡不書隱為鏡，發明先生大節乎？」錫齡曰：「諾。」爰仿《綱目》體紀之，名曰「隱鏡編年」，崇徵實也。自是而先生隱跡與先生年譜均在茲矣，後有萬年同志者續之。

〔綱〕洪武十七年甲子夏，詔求故元退老、一百三十七歲老人、武當山隱士張三豐，不見。

〔目〕三豐，懿州人。元定宗二年生，至元間以博陵令致仕。訪道於終南、太白之間，得希夷正傳。其學以忠孝慈恭為體，河洛易象為用。至正二十七年丁未，三豐已百二十歲矣。戊申閏七月，元數已終，明太祖承天受命，三豐遂遁跡深山。十七年，大封功臣，華夷賓服，詔求德高壽尊之士。聞元張三豐隱武當山，一百餘歲，至是詔之，不見。

〔發明〕書「故元退老」，特表其貞也。書「一百三十七歲老人」，特尊其壽也。書「武當山隱士」，則高節清風，可為百世之師也。

〔綱〕十八年春，以沈萬三、邱元靖再求武當山隱士張三豐，不見。

〔目〕萬三，南京人。元靖，武當人。均係三豐弟子。太祖詔二人求之，以弟子必能勸駕也，仍不可致。

金氏曰：書法「以沈萬三、邱元靖」求三豐，一「以」字直揭出太祖牽制林泉之心。孰知高節自貞者，雖弟子不能強師也。再求不見，詔愈迫而跡愈隱矣。

〔綱〕二十四年夏，又以張宇初求武當山隱士張三豐，終不見。

〔目〕宇初，龍虎山人。天師後裔，襲劍印，號真人，蓋三豐同宗也。至是以宇初求之，終不見。

金氏曰：以張宇初求三豐，是以族人覓族人，亦前番故智也，三求之而三不見，夫豈捷徑終南、借名沽譽者所可同哉！

〔綱〕永樂五年丁亥，命胡濙訪求隱士張三豐，十年不見。

〔目〕戶科給事中胡濙，舊與三豐相識。成祖慕三豐高風，至是命胡濙求之，遍巡天下，兼察建文帝所在。去十年，始還。

金氏曰：史稱訪張三豐為覓建文所在，其實非也。夫隱士名動前朝，成祖在藩邸久聞其事，安知不慕其德高壽尊，急思致②於闕下，如宋太宗之得見陳希夷以為快者？茲曰「兼察③建文所在」，庶乎曲達成祖之心也。

〔綱〕十年三月，命孫元虛④於武當山預候隱士張三豐，不至。

〔目〕前胡濙等去訪三豐，已及五年，成祖欲見之心，刻刻不忘，意其必至武當，故命元虛齎書幣，於武當預為候之。

金氏曰：觀「命孫元虛於武當山⑤預候」，則成祖願見之誠，盤旋於隱士之身者至矣！豈真為建文哉？

〔綱〕十四年正月，帝命安車迎請武當山隱士張三豐，不至。

〔目〕前年孫元虛奉命在武當山建宮拜候；至去年冬，三豐始歸武當，元虛大悅，令人馳報於帝；今年春，帝命安車迎請，忽又他適，帝頗悒然。

金氏曰：成祖「命安車迎請」，意之誠，禮之至，古今無二，先生其入見矣⑥。

〔綱〕十四年五月，武當山一百六十八歲老隱士張三豐

入朝。

〔目〕帝以願見之心，切切難得，乃命胡廣至武當山泣禱。三豐聞之，即藏其身於洞中，引出陽神，化為隱士，戴竹冠，披鹿裘，飛入金殿，稽首階前。時帝王御朝，望而異之，詢知為三豐，即欽問長生之道。三豐曰：「寡慾澄心，澹神汰慮，此陛下長生之道也。」帝曰：「先生數不見朕，今何輕身至此？」三豐曰：「臣本野夫，於時無用，故能修辟穀，出泥丸，今見陛下，乃臣陽神耳。昔太祖高皇帝不能溺周顛於江上、制冷謙於麾前，皆法身非色身也。臣今一見，特酬苦索之心。」言訖，隱去。帝封為「飛龍先生」。及胡溄、胡廣諸臣還朝，聞三豐已來謁帝去矣。

金氏曰：「一百六十八歲老隱士」，大書特書，有憑有據，山林中千古一人而已。又曰「今見陛下，乃臣陽神。」由是知白日飛騰，出陽神者能之也。先生真猶龍乎！

〔綱〕天順三年春，隱仙張三豐來朝。

〔目〕帝素敬道德之士，三豐鑒其誠，乃現全神晉謁。紫面凝朱，修髯如戟，髻垂腦後，若玄武然，腹大肩厚，腰縧首笠而來。稽首言曰：「臣三豐願陛下修己安人，黜邪崇正。」忽隱去。帝親制誥文褒之，封為「通微顯化大真人」。

金氏曰：隱士稱為「隱仙」，所以表高人之不死也。一謁一封，均有明文可證，古人豈欺我哉！自是而神仙之名，永頌不誣也。

〔綱〕成化二十二年春，詔特封前太和山隱士張三豐為韜光尚志真仙⑦。

〔目〕時僧道兩徒，濫竊封誥，貪縱不法，帝厭之，因科道官進奏，遂削僧道兩徒國師、真人之號，特封三豐為「韜光尚志真仙」，周顛為「宣猷輔化真仙」。

〔發明〕書「前太和山隱士」，表其高風峻節，不問方士之卑污也。封「真仙」，黜偽道也。

〔綱〕嘉靖四十二年秋，封張三豐為清虛元妙真君。

〔目〕帝晚年頗好元秘，聞三豐顯化南京，遍索其書，得《玄要篇》。閱之，歎曰：「我朝真仙也。」遂封為「清虛元妙真君」，並敕於三豐舊棲處，建清虛觀祀之。

〔發明〕「清」則不染於物，「虛」則太空同體，二字甚佳。

〔綱〕天啟三年秋，張三豐神現宮廷，晉封飛龍顯化宏仁濟世真君。

〔目〕帝因時事多故，宮廷中設箕求仙，忽見紅光覆座，光中現三豐真容。帝叩曰：「真仙教我，真仙護我。」降語甚密，移時隱去。帝感之，照前飛龍先生顯化真人，晉封為「飛龍顯化宏仁濟世真君」。

夢九氏曰：先生清皎之光，照耀明朝也至矣。

跋

乾隆純皇帝時，大學士張文和公廷玉，奉敕纂修《明史》，其序仙傳有云：明初周顛、張三豐之屬，蹤跡秘幻，莫可測識，而震動天子，要非荒誕取寵者所可幾。誠哉是言也。

【注釋】：

①矣：原作「也」，從抄本改。

②致：原缺，從抄本補。

③察：原作「訪」，從正文改。

④原注：字碧雲。

⑤山：原缺，從正文補。

⑥本條原缺，從抄本補。

⑦原注：周顛為宣猷輔化真仙。

第四節　訓世文

一、戒淫篇

天道無往不復，此理有固然，事有必至也。人生天地間，稟五行之秀，具剛正之氣。夫夫婦婦，人道之常，越禮亂倫，等諸禽獸，淫邪之行，志士所當力戒。夫天下蠢然者莫如物，乃雎鳩定偶而不相亂，哀雁孤鳴而不成行。人不如鳥，負此人名，遜物之靈矣。奈此蚩蚩之氓，不解色即是空，同於幻泡，猶羨紅顏綠①鬢，恩愛纏綿，豈知人同此心，返觀可悟！爾等於淫人婦女時，轉思吾婦女若伴淫人，爾必心中如刺，眼內如火，奮擊追殺，刻不容緩，何至以我淫人，自鳴得意乎？此時天地鬼神，臨之在上，質之在旁，瞋目切齒，謀為報應，災禍之至，定不旋踵，興言及此，能不寒心？又況捨身利劍，碎首鄰階，陽臺之夢未終，泉臺之局已掩，青磷②碧血，皆紅粉之戀為之，美人原是煙脂虎，豈不信哉！即不至此，強者鳴官，弱者隱恨，宗族含不解之羞，夫婦絕百年之好，死生莫測，禍變多端，或隱圖報復，或暗地傷殘，至若夫若子，世玷清名，永為話柄，是殺人之慘，只及一人，而淫汙之毒，不啻殺其人於數世也。夫好色

之人，己身不正，一種柔腸媚骨，不能制人，必多為人所制。由是徇私情，廢孝友，父母兄弟，棄置不顧，捨此一好之外，懵然無知矣；由是妻妾子女，失所防閑，任其穢亂閨闈，默為報應，亦必懵然無知矣。且姦淫者，子孫必多夭，後嗣必不蕃，何則？我之子孫，我之精神種之。今以有限之精神，供無窮之花柳，譬之以斧伐木，脂液既竭，實必消脫，其所生之單弱也，在所必然。薄之又薄，弱之又弱，覆宗絕嗣，適得其常，淫禍之烈，可勝言哉！嗟乎！人壽幾何，百年一瞬。縱不顧名節，不守身命，未有不念及子孫，謀及血食者，苟一計及，方追悔之不暇，又何娛樂尚思逞慾哉！若失空門清節，孀寡冰心，更不比一切尤物冶容，僅云品行所關，身家所繫，其為不可，無容多贅。

　　是在有志者，清心為基，知恥為用，堅忍為守，戒懼為志，持之以不苟，養之以湛如，舉凡誨淫之書，付與祖龍，狎昵之友，擯不與通，殫精會神，圖為有益，將見何名不立，何利不收，而五福之休，畢集我躬矣。豈非理有固然，事有必至哉！是為勸。

　　此原作也。常州孫念劬曾刊於《全人矩矱》中。

【注釋】：

①綠：原誤作「緣」從抄本改。

②磷：原誤作「憐」，從抄本改。

二、戒淫文

　　天地生人，稟五行之秀，具兩大之精。夫夫婦婦，人道之常；草草花花，狹邪之徑。倘窺牆鑽穴，越理亂倫，是如猥之寄，狗之合，鴛鴦之在野，鶺鴒之混巢，則人也而等諸禽獸矣。況夫物之蠢然者，亦有時知其配偶，《關雎》定位

而不亂,鳳凰于飛而長偕,人不如鳥,又何人之足名乎?奈何蚩蚩者氓,不尋禮義之防,每犯邪淫之戒。紅顏綠鬢,恩愛相纏,竊玉偷香,癲狂日甚。豈知人同此心。即同此理,人同此理,即同此情。我願爾慾界中人,於慾淫人婦女時,回頭猛省。

設若吾婦女被人牽染,枕邊調笑,曲盡綢繆,而以己介於其旁,目睹此種情況,未有不刺眼焚心,張拳怒髮,奮擊交加,刻不容緩者。吁嗟乎!人同此情,即同此理,人同此理,即同此心。汙一人汙其數世,汙他人仍汙自己,淫慾之念不可不急除也。犯淫之報,戒淫之書,古聖先賢,條例最多,惟願回頭者,覓而觀之。

三、敬日月文

天地之有日月,猶人之有兩目也。目之所視,喜潔淨,喜端方。人人皆然。今使人對爾目而便溺,必怒甚;對爾目而澡洗,必羞甚;對爾目而咒罵,必恚甚。奈何昭昭下視,而不加敬也。且自有日月而後,陰陽分,晝夜別,視見明。是故日西沉而白晝盡,人有目而昏昏焉;月西落而清夜晦,人有目而茫茫焉。人得日月之照臨,人竊日月之光耀,人不知日月之至德,可乎哉?

今勸爾世人,存敬畏心,體尊仰意,勿對日月便溺,勿對日月澡洗,勿對日月咒罵。對日月便溺者,則有十萬神煞激射其人,必得奇病;對日月澡洗者,則有十萬陰兵針刺其骨,必得寒疾;對日月咒罵者,則有一萬糾察神默記其過,從而困厄之,從而殄滅之:故日月不可不敬也。世人勉之戒之!

四、勸世修理墳墓文

嘗思屋舍為生人之宅，墳墓乃亡人之家。瓦漏牆圮，風雨飄灑，生人不能安也；土崩槨坍，蟻入蟲鑽，亡人奚以安乎？今勸世人各培祖墓，有才量獨任其功，福之來也己受之；無措施自出其力，靈之妥也蔭隨之。勿恤錢財，勿惰心力，家業素豐者，須知今日之榮耀，仍是祖人之遺留；家道崛起者，須知今日之亨通，仍是祖人之孫子。於我何功？於我何德？生前衣我食我，高厚之恩難酬；死後朝思暮思，泉壤之地宜切，世世培修，爾之子孫還厚爾；年年補葺，神之善報益覺神。不信者，夭貧死絕寒微；誠信者，壽富安康貴顯。嘗見佳城冷落，即知後世荒涼。石碣臥寒煙，子嗣隳頹者幾姓？荒丘埋腐草，兒孫墮敗者孑家！人孰無情！誰能遣此！吾今說個常情，爾當明其道理。講風水者培沙枝，觀瞻尚取其包護；修墓基者為台砌，地脈尚不肯傷殘。而且尋常百姓之家，甫葬先骸之日，兩旁密種疏籬，一抔勤累土石。如何前日經營，忽到後人荒廢。今論爾等，人人拜掃，好土宜加；歲歲遊觀，惡木宜拔。斯墳頭無缺陷之害，脈氣彌蒸；佳城有茂草之生，樹根安入。祖靈安妥，賢嗣繁昌。若違吾訓，定遭神譴。

俯仰沉吟，蒼涼感歎，絕世豐神。

五、地理說

地居三才之中，言地理而天人之理即相應焉。人欲相地，天亦相人；人欲擇地，地亦擇人。世間故多有談地之理者，然亦知有得地之理乎？談地之理人主之，得地之理天主之，而地復為隱之而顯之。夫知地之難求，而即不求其地

者，不可也；然知地之難求，而猶欲強求其地者。亦不能也。昔子平先生有云：「地理之說本不為蔭後而起，然後嗣取以妥先靈，先靈即以福後嗣，此一以貫之之道也。」今夫地有三等，而得地者亦分三層。上等之地，上應星象，下呈輿圖，天地生成，卦行安定，全是天工，而人力不與焉，此等惟聖賢豪傑，大有德行陰功之士，乃能得之；中等之地，亦係生成景象，然有變化於其間，八卦相盪，五行相推，一團真氣，隱隱隆隆，此等惟老成忠厚，小有德行陰功之士，乃能得之；次等之地，一山一水，隨地鋪陳，十里一見，百里再見，無處非有，無處不可求，然亦要知龍之來歷，山之向背，土之顏色，妙於裁取，巧於安排，以山川合羅盤，不可以羅盤合山川，地人相得，始得其平，此等凡老成忠厚、無怨無惡者，即可得之。此三等之大義也，而其下不足議矣，並無吉地以處不善之人也，牛眠吉壤豈易言哉！嗟乎！人雖善相夫地，天亦善相夫人也！人雖善擇乎地，地亦善擇夫人也。人可不勉為吉人，以得吉地也哉！吾見世之求地者甚多，因作「地理說」以醒之焉。

第五節　洞玄度人寶懺諸天無上真經

開經偈

太和一氣轉鴻濛，演教人寰霽月紅。包羅萬象森群峰，慈愛文章錦繡胸。鼓鑄元黃氣，潛吹橐籥風，經為天口話高穹。

經文

爾時金闕至尊，玉皇上帝，端拱彌綸之境，高臨焰摩之天，紅雲捧座，身現三十二色寶光，照臨下界。睿念惓惓，因降玉音，垂訓左右諸弼，而白眾言：「方今海宇群生，沐承平之化，多鄉善之人，但有獨善必須兼善，若無兼善即非善善。汝等願力宏深，更須乘時闡教，默贊熙朝，仁風遠播，化雨長施，慈悲度越群倫，仙秩還超聖境。」是時玉虛師相、真武玄帝稽首上言：「臣自黃帝時養真太和，克成上道，叨侍紫霄，迄今四千餘載，始生一人，天師之後，號曰全一，廣立功行，有大神通，辟邪演正，敷訓元明。南極會上曾封為繼武真人，謂其光顯太和，道蹤臣後。玉清至尊封為廣慈普度，上清至尊封為飛龍濟世，太清至尊封為文遠真君。西南諸省，屢受鴻庥。臣念此真足當巨任，但恐職微，難宏普教，至尊加寵，必不負恩。現詣昊天，敬申高聽。」至尊聞奏，喜暢天顏，敕宣陛見，毋致逡巡。

真君乃從容入覲，稽首座前，玄光覆頂，聖眷欣欣。帝曰：「卓哉！爾全一真君，深明大道，師相稱揚，已知爾德，果能推心浩遠，暢發玄經，佇命仙苑史臣，代制寶誥，錫爾光榮。茲將爾全一真君，晉秩洞玄帝君、玉虛右相，參法天師，監察無方，便宜行事，上下八極，任爾遊行，有功無過，再申寵錫。」玉音下垂，真君拜命。帝受拜已，乃退黃金之殿，居赤玉之宮。昊天師相即命玄天侍從，導引洞玄帝君，流覽北極，宴敘三朝，與諸真列宿，洗程餞送。乃復遨遊三清，懇垂寶訓。

元始天王曰：「天地未判，鴻鴻濛濛。五居十內，玄統黃中。胚胎萬物，涵養三才。靜而生動，混沌初開。」又說

最上法言曰：「太和之氣，種於乾父。震為長男，生自坤母。出日入月，闔門闢戶。掌握陰陽，為道根祖。人若遇之，壽誕萬古。」靈寶天王曰：「順道成人，逆道成丹。造丹之法，以讓以謙。立中生正，兀兀騰騰。下閉地戶，上開水門。人若見此，道炁長存。急急如律令，侍衛我法身。火符驅萬邪，一點注黃庭。」①道德天王曰：「至道之精，不在繁言。外緣屏去，神注丹田。人心忘忘，天息綿綿。往來內院，順彼自然。或長或短，或後或前。生氣灝灝，如車轉旋。行之純熟，便可成仙。」②

諸天訓已，昊天使至，復賜瑤函一章，並賜寶圭、寶印、寶劍、寶冊、九德偃月冠、七星如意簪、素綃綺霞之帔、紫綃華充之裳、羽屬絳彩之裙、八寶銖農、元光玉履、飛雲金輅、羽蓋瓊輪，仗九光之節，予十絕之幡，前踞雙鳳，後隨八鸞，千乘萬騎，朗耀清虛。望闕謝恩，返躬無既。帝君乃拜辭諸天上聖，奉教推行。

洞玄帝君降行雲之閣，開度世之航③。爾時漏天久雨，暑月凝寒，人民怨咨，稻粱淹浸。法筵初起，瑞霧團團，佳氣瀕臨。清風灑灑，朗星照水，曙日出山，乃登妙台，用開寶訓。

帝君曰：「大哉！至道之微，以言洞達；至道之精，以言明徹。經可為法，尊聖經以法吾法；經本常道，尊聖經以道吾道。非有法相，非無法相，日用行習，即呈法相；非有道名，非無道名，事理倫常，即是道名。從經者昌，違經者亡。吾普法言於薄海，吾宣道妙於遐方，吾引善人於仙鄉。」

又言：「天人之間，只有福善禍淫兩條。是故作善者，降之千祥；不善者，降之百殃。修身之士，止於至善而心定，六塵不擾，六根由是，三屍去，五賊除。屍賊不能逞其

毒，殃害不能近其身，積善之中，有驅殃之法焉。非積善之後，而乃有善報也；實去惡之時，而已無惡報矣。三聖大典，善量無邊；三聖大經，善緣普度。人何不勉而行之？」

帝君曰：「經典聿成，人宜遵奉。十方大眾，六合群生，敬嗉瑤章，須知寶訓。夫讀書須當為己，而演經先在濟人。慈悲廣注，福祿來崇。茲諭爾善男信女，每值良辰，焚香禮拜，或居靜地，掃閣繕書，須存三大願，廣立無量功。一願君王仁聖，民物咸亨；二願父母康強，宗族共盛；三願沉魂滯魄，度世超生。存稀有量，合三無心，不求福而福自降，不禳禍而禍自平。此經嗉處，神鬼齊聽，為此諭行，各宜遵信。」

帝君曰：「經文最重，參禮為尊。先民有言，至誠感格，神駕臨虛，人須頂敬。勿誇水陸之奇珍，勿飾法筵之儀器，心清室靜，氣聚香霏。如睹列聖諸尊，三元五岳，洞天福地，海島三洲，一切神靈，都來頂上，列列皈依，合掌恭敬，志心朝禮④：玉清聖境元始天尊，上清真境靈寶天尊，太清仙境道德天尊，玉皇大天尊玄穹高上帝，九天應元雷聲普化天尊，北極素王玄聖道君，南極長生赤精大帝，東華木公青陽大帝，西華金母元皇上帝，中央黃老元皇上帝，周御國王斗父天尊，摩利支天斗母元尊，諸天諸界諸尊聖父大帝，諸天諸界諸尊聖母元君，日宮太陽帝君，月宮太陰皇君，三元三品三官大帝，五方五岳諸尊大帝，三十六天一切尊帝，九天開化文昌元皇道君，西來開化釋迦牟尼佛王，普陀顯化靈感觀世音王，燃燈古佛玉虛明皇大帝，北極真武玄天仁威大帝，佑聖司命帝君，翊聖保德帝君，玉清首相關聖帝君，天樞上相武侯帝君，太初玄元鐵祖齊陽帝君，金闕上相鍾祖正陽帝君，玉清內相呂祖孚佑帝君，玉清侍節韓祖恒

太極拳祖師張三豐內丹養生

陽帝君，普化玄覺張祖飛陽帝君，太清上相曹祖洪陽帝君，西華清妙何祖一陽帝君，上清真宰藍祖養素帝君，八真派演一切廣道真君，大清右相劉祖海蟾帝君，上清右相王祖重陽帝君，符陽邱真君，紫陽張真君，南北二派列位真君，龍虎正法輔元演教正一始祖，龍虎掌法列代仙師，太白救化青蓮先生玉清文妙真君，蘇文忠公東坡先生衡文翼道真君，蘇文定公穎濱先生衡文輔道真君，歷代文儒一切得道真君，上清首相隱仙寓化猶龍二祖文始先生，上清真宰隱仙寓化猶龍三祖麻衣先生，太清靜宰隱仙寓化猶龍四祖希夷先生，上清右相隱仙寓化猶龍五祖火龍先生，玉虛右相參法天師猶龍六祖昆陽先生，宏願沈真君，普願汪真人，祖師派演一切真人，海上三山一切高真，海內十洲一切高真，十大洞天一切高真，四大空同一切高真，四大名山一切高真，四大部州一切高真，三十六洞天高真，七十二擂地高真，四十大名山高真，清源妙道趙真君，歷代斬邪護國神，歷代大忠義之神，歷代大孝節之神，濟生上化藥王孫真君，濟生普化藥王許真君，歷代一切濟生真君，歷代地仙仙師，歷代劍仙仙師，雲天二十八宿萬象星君，六十甲子支干列位星君，十二宮神分野星君，當年本命元辰星君，三百六十應感天尊，九天司命東廚定福府君，天上天下值日功曹考校仙官，天上天下值日糾察豁落大將，雷門守將十二天君，五百靈官感應一切天君，本府城隍碩德尊神，本縣城隍輔德尊神，通天都府司瘟主者，下界行瘟一切尊神，地方土地社令神祇，飛符傳語齎奏之神。一切大慈悲，十方諸神眾。祥雲滿虛空，弟子今頂禮。願存三大願，普注人人身。弟子今世非，以及前生惡。悉令得消除，永生行善心。志心歸命禮：傳經仙師洞玄無上帝君⑤。」

是時諸天尊帝，集清微之天，臨虛明之殿，三清上座，列聖中分，有一高真，孚佑帝君，出班稽首，面白諸天尊言：「弟子今觀下界善緣，結自西南，洞玄大開經典，度人無量，奉教推施，明德新民，天恩無既，臣願述《洞玄經贊》曰：『人習《洞玄經》，定生方正心；人習《洞玄經》，定生慈祥心；人習《洞玄經》，定生清淨心；人習《洞玄經》，定生智慧心；人習《洞玄經》，定生超悟心；人習《洞玄經》，定生仙佛心。』伏以《洞玄經》者，諸天尊之寶訓，四大洲之祥光。此經在處，萬神皆護；此經在處，萬仙同助。於是說《洞玄大懺》，拜謝天恩。『人禮《洞玄懺》能解疾苦厄！人禮《洞玄懺》，能解是非厄；人禮《洞玄懺》，能解刀兵厄；人禮《洞玄懺》，能解水火厄；人禮《洞玄懺》，能解邪魔厄；人禮《洞玄懺》，能解網羅厄；人禮《洞玄懺》，能解瘟瘴厄；人禮《洞玄懺》，能解厄中厄；人禮《洞玄懺》，能解厄外厄。』」孚佑帝君說是贊已，敬懇洞玄帝君，展金闕之瑤函，發雷音而醒世，群真列聖，咸此聽聞。

於是洞玄帝君啟昊天上帝寶訓，而與下民宣曰：「仁慈清淨，為道之心。謙和誠默，為道之行。高明博厚，為道之門。養三奇靈，為道之根。道重知死，乃能知生。亦重知生，知死方真。無極而死，太極而生。其精湛潔，其氣渾淪。其神虛寂，其道圓成。人能知此，碧落飛升。」道德天王曰：「三教同源，一編萬古。佐我玄風，揚吾正道。爾諸仙眾，盍同稱舉。」於是列聖群真，合掌賡歌，和聲而退。復次玄天大帝謁玉虛之座，進金闕之廷，恭上瑤函，懇垂寶誥。誥曰：「玉虛上相，金闕高真。德暢人神，經開井鬼。廣三千之功行，醒億萬之沉迷。昔從元岳而成真，今繼玄天

而闡化。扶正教無黨無偏，辟旁門有聲有色。誅殺乾坤之方士，挽回道德之宗風。指先天而對月，招後進以升雲。妙道無方，玄微莫測。至靈至聖至大至尊體合自然神凝般若三教真宰一氣權衡參法天師洞玄帝君猶龍六祖隱仙寓化虛微普度天尊。」洞玄帝君拜受誥已，諸天神聖亦返天宮，只見祥雲冉冉，華日輝輝，帝君乃返本壇，敷說此經，而為世人言曰：「願以此功德，推及於萬世。與一切眾生，皆成無上道。」志心朝禮：諸天度人無量經⑥。

《洞玄經》者，度世之航也。經中所述，皆諸天垂訓法語。我三豐先生，遵經演之，洞明玄蘊，洞達玄微，於是受封洞玄帝君，於是說此《洞玄真經》。有緣遇此，寶之重之。弟子西月敬志。

【注釋】：

①原評：要言不煩。

②原評：要言不煩。

③原評：開度世之航，乃此一卷經根原。

④原注：此句後念聖號，一位一聲，即行禮拜。點校者按，原無「後」字，據文義酌補。

⑤原注：三稱三叩畢。

⑥原注：三稱而退。

第六節　先天神後斗姆元尊大道九皇真經①

祝香贊

天中斗，心中斗，敬斗先敬心，敬心還敬斗。心符七返七，數合九還九。寶鼎焚香，歸依斗母。三沐三薰，稽首頓

首。

志心歸命禮：太初神后，天竺聖人。主宰魁罡，往來印度。躬居高上之境，極建大中之天。統攝萬靈，遊行三界。丹成九鼎，道濟群生。大悲大願大聖大慈一炁梵王先天神后靡利支天斗母無上元君。

志心歸命禮：至真傳道，太清選仙。居武當而啟教，為文始之正傳。如癡如醉，混仙跡於麗春；教孝教忠，闡玄風於華夏。度萬三於填海，婿女同升；續龍虎之神通，道法兼備。十方寶筏，三教宗師。大悲大願大慈大仁至玄至妙至奇至神東華首相三清外臣雷霆神吏靈寶天師太和一炁始祖道通文遠真君通微顯化天尊。

志心歸命禮：玉清內相，金闕選仙。化身為三教之師，掌法判五雷之令。黃粱夢覺，忘世上之功名；寶劍光輝，斬人間之妖怪。四生六道，有感必孚；三界十方，無求不應。黃鶴樓中留勝跡，紫芝洞內煉靈砂。存聖像於雲崖，顯仙蹤於玉宇。闡法門之香火，作玄嗣之梯航。大聖大慈大仁大孝開山啟教玄應祖師天雷上相靈寶真人純陽演正警化孚佑帝君，興行妙道天尊普度光圓自在文尼真佛。

【注釋】：

①經名原簡稱為《斗母元尊九皇真經〉，現據正文改為全稱。

開經玄蘊咒

一炁胎無極，先天先地根。洞虛含造化，恭肅候神明。月吐白毫相，雲歸赤色門。天潢隨轉運，帝輦不留停。德合三元理，功傳九子靈。巍巍真父母，鬱鬱古經文。至道包玄妙，真人體至誠。虔心能感格，萬古署長生。

經文①

爾時先天道后斗姆元尊，居一炁梵天斗樞宮內，與周御國王斗父天尊，俱俯觀下方，有一真人，姓張名通，道號昆陽，乃係九皇第五天禽臨凡。修道於北元南明之際，寄跡嶓峨福泉仙，虔誠禮斗，候詔飛升。斗姆慈心感動，璇璣運處，划然一聲，現出光明妙相，乘七豕之車，一時辰內即降真人禮斗壇中。結彩雲，懸寶座，而為說此《九皇真經》。真人稽首頓首，伏拜座前。

是時斗姆告真人曰：「起，吾語汝。吾即摩利攴天萬泰陽也。天皇之前，吾已出世，地皇之先，吾住西洲天竺國，運大神通，往來印度。繼見北洲郁單越周御國王辰祭從，心慈好善，因往助之。覓淨土，築垣闕，持書戊己之宮，實養金胎之室，一團神氣，三次超脫。為生聖嗣九頭。長曰天英，是為人皇，後升玉真仙靈；二曰天任、三曰天柱、四曰天心、五曰天禽、六曰天輔、七曰天沖、八曰天芮、九曰天蓬，瓊林玉蕊，亭亭森森：是為九子，皇號九皇。人皇與群季分治九州，稱居方氏，仁風灝蕩，普惠群生。九皇升舉，子母同居。元始稱吾為先天道后，以著養育九皇之德。鴻鈞在手，掌握斗樞。九皇上映九星，九星環繞一垣。吾憑一炁妙，更化七元君，九辰或下世，七元代運行。」

斗姆曰：「若世有修德行道之人，敬問九皇所司、七元所代者，但與說北斗列星，其所宰皆可知也。斗為天車，運於中央，臨制八表，燮理陰陽。建四時，和五行，定諸紀，移節度，均繫於斗。一為天樞主陽德，二為天璇主陰刑，三為天璣主福善，四為天權主禍惡，五為玉衡主生殺，六為開陽主百穀，七為搖光主六師，八居開陽之左，名曰輔星，九居搖光之右，名曰弼星，皆所以佐斗成功者也。」於是說大

聖北斗九皇星君列號曰：「大聖北斗九皇第一陽德貪狼星君，大聖北斗九皇第二陰刑巨門星君，大聖北斗九皇第三福善祿存星君，大聖北斗九皇第四殄惡文曲星君，大聖北斗九皇第五生殺廉真星君，大聖北斗九皇第六樹谷武曲星君，大聖北斗九皇第七統師破軍星君，大聖北斗九皇第八左輔洞明星君，大聖北斗九皇第九右弼隱光星君。如是星君名號，燦著天文。掌延生注死之籍，司福善禍淫之權。天子諸侯，公卿士庶，一切生命，均屬斗宮。若有善男子，善女人，身遭老病，種種苦趣，但能悔罪消愆，誠心禮斗，誦此大道經訓，燃點九皇神燈，照護命宮，自然轉禍為福，化祲為祥，所有效驗，不可具述。」

　　斗姆曰：「北斗之迴旋，端望七元之返復。其體坤中乾，其性柔中剛。道闡妙中妙，氣稟陽中陽。秦末之年，顯化西漢，現身說法，面服高皇。若有祈福善人，欲睹七元金仙大聖之儀者，必先掃除塵念，清淨心願，恭身俯首，冥目靜觀。天樂浮空之際，自現金容，自露金身，有若麻姑神像，有若上元夫人。女子英雄之氣，慈悲普救眾生。但得七元君，陟降於中庭，諸邪皆鸘②退，百福似駢臻。」於是說《北斗七元解厄應驗咒》曰：「大聖北斗七元君，能解一身厄；大聖北斗七元君。能解二豎厄；大聖北斗七元君。能解三屍厄；大聖北斗七元君，能解四殺厄；大聖北斗七元君，能解五賊厄；大聖北斗七元君，能解六淫厄；大聖北斗七元君，能解七傷厄；大聖北斗七元君，能解八難厄；大聖北斗七元君，能解九橫厄；大聖北斗七元君，能解十魔厄。」聖哉七元君，福及信善人。有疾皆能解，無常不敢侵。神於醫治病，應似谷傳聲。欲睹光明像，焚香候月生。

　　斗姆曰：「七元返復，又望九皇回還。敬七元者，能使

人卻死延生；敬九皇者，更令人成仙作佛。若有善男女，先禮七元高真，復禮九皇大聖，其居家住宅，必有甘露下降，醴泉發生，掬而飲之，返老還童，金光罩體。再於九皇位前，一周供養，九載行持，功成行滿，跨鶴升空。禮斗善報，有如是者。」於是說《北斗九皇應驗咒》曰：「大聖北斗九皇君，能解一切厄；大聖北斗九皇君，能解二曜厄；大聖北斗九皇君，能解三災厄；大聖北斗九皇君，能解四緣厄；大聖北斗九皇君，能解五蘊厄；大聖北斗九皇君，能解六塵厄；大聖北斗九皇君，能解七殺厄；大聖北斗九皇君，能解八風厄；大聖北斗九皇君，能解九幽厄；大聖北斗九皇君，能解十纏厄。」神哉九皇君，恩光遍九垠。無障無災體，不生不滅身。往來勤度世，天地普遊春。道法無邊際，祥雲護上真。

斗姆重告真人曰：「七元九皇，皆吾先天一炁相接而生。一炁之動靜，陰陽晦朔，晝夜昏曉，皆倡率焉；一氣之造化，五行八卦，河洛易數，皆渾括焉。年月日時，天干地支，東西南北，山川海岳，卵胎濕化，無非一炁之所在，大無不包、細無不入，信之者生，背之者死，從之者昌，違之者亡。三教大眾，均宜知此。汝本九皇第五天禽下界，不恃前因，只憑現在，現在能修，前因可續，七九功成，將臻聖境，故吾說此經典，名曰《先天一炁九皇真經》。吾說汝傳，最為親切。此經在處，萬靈守衛，千聖稱揚，三元梗概，一氣相連。熟讀此經，克離死生；熟讀此經，克悉玄因。寶而傳之，非人勿示。」

斗姆說經將畢，天仙列宿來迎，還於斗宮。是時真人受得妙法，上對斗姆言：「某今誓願流行，以傳善士。若有男女受持讀誦，我當與斗中仙官，所在擁護。」於是再拜斗

姆，而說贊曰：「家有《九皇經》，本命降真靈；家有《九皇經》，父母保長生；家有《九皇經》，七祖皆超升；家有《九皇經》，九玄亦登真；家有《九皇經》諸厭化為塵；家有《九皇經》，萬邪自歸正；家有《九皇經》，眾惡永消清；家有《九皇經》，十族自生榮；家有《九皇經》，長保亨利貞。」

斗姆曰：「善哉善哉！汝可宣揚正教，功德無邊，按引後生，同修道果。」真人稽首禮謝，信受奉行。

【注釋】：

①經文，原作「先天神後斗姆元尊大道九皇眞經」，係點校者劃一體例時所改。

②鴟：據文義似當作「躅」。

跋

先天純陽氏孚佑帝君曰：「某昔與涵三大眾敷說瞻星禮斗章，以為世傳斗科，僅有禮拜之儀，而少秘密之訣。今觀斗姆元尊與昆陽真君所說《九皇》經典，渾三元之大道，明一炁之靈通，足與《太上五斗》後先同揆也。上士修之，必能超凡入聖；中士悟之，亦可見性明心。普願三千大千、百世萬世中人，歸皈崇奉，功德無量。某今為禮斗之士，直列科條。凡習《九皇真經》者，先要清除斗室，屏息塵緣，面北稽首，端拱而立，恍如斗姆天容降臨在上，又如千真萬聖環侍其間，然後虔誠禮斗。身欲其端，心欲其正，神欲其定，意欲其慧，氣欲其和，聲欲其平。升降有節，進退有文，起止有儀，興伏有度。先拜睿號，次誦真經。誦經禮畢，復持斗咒二章。某雖不敏，竊嘗考諸《道藏》、《佛藏》，而知斗姆梵音有數十餘條，不能使人遍持。茲將藏經

所載簡切靈應者，與諸善士一宣揚之。」

《斗姆心咒》曰：「曩謨囉怛曩，多囉夜野，怛你也他，阿迦摩枲，摩迦摩枲，阿度摩枲，攴缽囉摩枲，摩坷攴缽枲摩枲，阿怛馱，曩摩枲摩里，攴野摩枲，曩謨粹都帝，枲乞叉，枲乞叉牟婆，縛薩怛縛難左婆，縛怛囉婆，縛婆喻缽捺囉，吠毗藥婆縛賀，南無三漫多，沒馱喃，唵嗎哩嗟，芒婆訶。」

梵音便讀：南無來旦拿，多來夜野，旦你也拖，阿迦摩徙，摩迦摩徙，阿度摩徙，卜不來摩徙，摩訶卜不來摩徙。阿旦陀，拿摩徙摩里，卜野摩徙，拿摩歲都帝，來吉槎，來吉槎牟沙，袜薩旦袜爛左婆，袜旦來沙，袜婆子不捺來，費皮藥婆袜賀，南無三漫多，母駝南，安麻利即，芒婆訶。

又宣妙《北斗心咒》曰：「唵，勾底哪，吸吸哪，囉嘍哪，昔咀哪止昔哪，拔頭哪，拔耶哪，唵，吽.吽.吽，俱胝帝，賒蘇吒，阿若密吒，嗚嘟吒，俱嗜吒，波賴啼吒，耶微若吒，俱羅啼吒，嗜摩吒，薩婆訶。」

梵音便讀：唵，勾底那，及及那，羅婁那，昔答那，此昔那，拔頭那，拔耶那，唵吽、吽、吽①，俱胝帝，賒蘇渣，阿惹密渣，烏都吒，俱耆渣，波賴帝渣，耶微惹渣，俱羅帝渣，耆摩渣，薩婆訶。

純陽帝君宣述斗咒已畢，真人百拜稽首，而說統贊曰：「福泉峰頂，秋月三更，長空一碧淨無塵。天姆慈心，感格降山亭。說法台前，仙花燦燦馨，倏忽到而今。孚佑帝君，述咒補真經。大悲大願，天姆亦歡欣。」

先天神後麾利支菩薩斗姆無上元尊②。願以此功德，普及於一切。我今得受持，光華傳萬劫。

【注釋】：

①原注：念汞。

②原注：九稱。

第七節　張三豐太極拳內丹養生傳人李嵐峰高師傳略

中國道家內丹養生與張三豐太極拳傳人
中國河南安陽市三教寺李嵐峰高師略傳

蘇華仁（李嵐峰高師入室弟子，世界傳統養生文化學會主要創辦人）

　　中國當代道家內丹養生之道與張三豐太極拳傳人李嵐峰，是中國河南省安陽市三教寺著名高師，他所在的中國河南省安陽市三教寺，位於中國《周易》發源地古都安陽市東郊鄉石家溝村。根據寺內古碑文記載，該寺歷史悠久，源源流長，始建於中國唐代，源於中國藥王唐代孫思邈提出並寫出著名文章「儒釋道三教匯一論」，興於宋、元，傳承明、清、民國、乃至今日。其間雖經過歷朝歷代滄海桑田變遷，但千年古寺至今猶存，德澤四方。

　　中國安陽市三教寺這座千年古寺最大的特色是：熔中國儒家、佛家、道家三教傳統文化、傳統武術、傳統養生長壽術精華於一爐，並以中國儒釋道三家傳統文化和傳授武術與中國傳統儒釋道養生長壽秘功，造福古今四方有緣人的身心健康長壽。

太極拳祖師張三豐內丹養生

　　該寺越千年來歷朝歷代人才輩出、不勝枚舉，僅以當代而言，該寺李嵐峰高師便是集中國傳統儒釋道三教文化，中國武術、道家醫學、中醫、周易養生預測、書法藝術於一身的高師，李嵐峰高師特別精於中國道家內丹養生之道與張三豐太極拳。其生平簡歷如下：

　　李嵐峰高師於 1905 年生於安陽縣瓦店鄉西路村，乳名小佳。他生得鶴骨松身，骨骼清奇，身高約 178 公分，國字面龐、兩目炯炯有神，他舉止文雅、氣度軒昂，走起路來步履輕捷，使人一望便知他是古之所謂有道之士。李嵐峰高師其天性慈悲，志向高遠、勤奮好學、孜孜不倦。為求索人生真諦，故於 15 歲時即 1920 年，出家於安陽市三教寺，拜該寺內高師真如為師。由於安陽市三教寺以中國傳統儒釋道三教文化兼熔一爐，故在該寺出家人一般均有中國儒釋道三個教派名號：

　　李嵐峰高師儒家名號為李嵐峰，本名寓其志向和事業如入雲天之嵐峰。

　　李嵐峰高師佛家法名為釋性昆，本名寓言其為佛門禪功當代傳師之一。因李嵐峰高師為佛「性「字輩，據《禪門日誦》考證：李嵐峰高師其繼承禪宗為中國禪宗正脈，其字派為：

　　達悟真源理事全，西來妙旨有師傳，
　　性天朗廓常清湛，心印佩指自遠綿，
　　淨律森嚴開本慧，喜優揭示發靈詮，
　　光騰覺海珠如意，瑞現優曇遍大千。

　　據以上禪門宗派字輩，李嵐峰高師名「性昆」，自然為中國佛門禪功十五代傳師之一。

　　李嵐峰高師道號為李上書，為中國道教金山派內丹養生

之道傳師。根據中國道教北京白雲觀，現藏《諸真宗派宗譜》記載：中國道教金山派，為中國著名道家祖師邱長春創立的中國道教龍門派岔派，其開山祖師為中國明代嘉靖時著名嶗山道士孫玄靜（生約 1500 年～卒約 1590 年），其本人原為中國道教龍門派第四代傳人，按中國道教龍門派百字譜：

道德通玄靜，真常守太清，一陽來復本，合教永圓明，
至理宗誠信，崇高嗣法興，世景榮惟懋，希微衍白寧，
信修正仁義，超升雲會登，大妙中黃貴，聖體全用功，
虛空乾坤秀，金木性相逢，山海龍虎交，蓮開現寶新，
行滿丹書詔，月盈祥光生，萬古續仙號，三界都是親。

孫玄靜本人開創中國道教金山派，以「玄」字為開始，其道派百字譜如下：

玄至一無上，天元妙理生，體性浮空坐，自然是全真，
常懷清靜意，合日得金丹，道高扶社稷，留名萬古傳，
弘揚開大化，正法度賢宗，溫良恭儉讓，寬仁慈善容，
潛心存本位，密念守規中，勤修延壽命，內息潤黃庭，
安義恭珠成，凝照慧光靈，沖舉雲霄外，永與太虛同。

李嵐峰其道號為上書，係中國道教金山派內丹養生之道第五代傳師之一。

李嵐峰高師學識淵博，精於中國道家內丹養生之道。眾所周知，中國道家內丹養生之道，是舉世公認的全人類達到身心康壽，事業成功、天人合一的神奇法寶。

李嵐峰高師精於道教內煉秘動。如：鍾離權八段錦、華佗五禽戲、道家站樁養生秘功。同時精於少林養生秘功，如達摩祖師易筋洗髓經養生秘功。

李嵐峰高師精於中國傳統道教武術，特別精於張三豐太

極拳、黃帝陰符槍、黃帝陰符刀、黃帝陰符劍、呂洞賓純陽劍、曦陽掌。他同時擅長中國少林武功、特別精於少林彈腿、岳飛勇戰十三槍、少林刀等武術絕技。李嵐峰高師特別重視中國傳統武術文化的內涵，故他平時將上述道譜、拳譜、槍譜、刀譜、劍譜保留完好，同時常常用毛筆細心抄錄，裝訂成冊，以便廣泛傳播和保留長久。

李嵐峰高師修道、習武，生活樸素，練功吃苦是出了名的，在中國古都安陽武術界口碑頗好。他每天早上煉寅時功，清晨 3 點～5 點開始修道、習武、練功，由於他如此刻苦煉功，自然功夫會很深，同時自然會達到高級境界。在安陽國術館多次武術比賽中，他曾多次獲得大獎，並獲得武德高尚稱號。

李嵐峰高師心地慈悲，道高德昭，平生行持老子《道德經》，特別躬行老子所講的：「吾有三寶、一曰慈、二曰儉、三曰不敢為天下先。」他處世隨和低調，為人謙虛好學，他為了提高自己真才實學，除了刻苦學習、細心參悟與體悟外，他還常常向社會與民間高師和有真才實學的人學習。據李嵐峰高師講，他在道學上主要遵行老子《道德經》，他在佛學上主要遵行達摩祖師禪學與秘功，他在儒學上，特別推崇孔子及其經典易大傳《大學》、《中庸》。

李嵐峰高師在道學方面，主要與中國道教正一派祖庭江西龍虎山道長孫永年，安陽市滑縣張道長互為師友，研究道家內丹養生之道。他在學習中國傳統武術方面，他虛心向安陽民間武術名家趙洪斌、王化南、吳老盤、馬士元等人求教，同時與安陽市三教寺所在地石家溝村李書林為師兄弟互相學習。

李嵐峰高師還精於中國道教醫學與中醫學，他醫德高

尚，常常用精湛的道教醫術與中醫醫術，為四面八方民眾病患者療疾回春，為了提高道教醫術，他常與安陽市東郊玉皇廟道家名醫郭東方、安陽武術名家，同時也是中醫名家的王化南等高師，研究中國道教醫學與中醫學，其目的是為了提高治病技術、造福四方患者。

李嵐峰高師書法藝術造詣頗高也頗有功力。他效法中國書聖王羲之，經過多年刻苦練習，他的書法已進入一流水準，安陽市周圍不少人慕名來三教寺向其求學、寫書法，並且有人將其墨寶高懸，做成匾額，使蓬蓽生輝，店鋪增色。

由於安陽地處中原、李嵐峰高師青少年與青壯年時代，正是軍閥混戰與日本侵略中華大地之時，1937 年與 1938 年之際，日軍佔領了古都安陽，李嵐峰高師不願為日本效力，加之安陽市三教寺已遭破壞，他便離開安陽市三教寺，隱於民間，一直到日本投降。

1949 年，新中國成立後，李嵐峰高師一邊為建設新中國工作，一邊將其平生所學的中國道家內丹養生之道，中國道家武術，中國少林武術，張三豐太極拳傳授給有緣有志的青年人。正所謂：為使中華傳統文化能有傳人，平生諄諄教導出無數有緣人。

由於李嵐峰高師為中國道家內丹養生之道與張三豐太極拳傳人，歷史上曾為中國河南省安陽三教寺出家人，故就其後半生，特別是「文革中」曾受到衝擊，但他堅持正道，笑傲滄桑，每日凌晨寅時即起，修煉中國道家內丹養生之道和張三豐太極拳武術不輟，平日忙於擇有道德的青年人傳授中國道家內丹道與張三豐太極拳和少林武術，並且常常給民眾學生們講授中國易經、道學、佛學、道醫、中醫知識、書法知識。

一九七七年八月十五日（農曆七月初二）李嵐峰高師仙逝，世壽七十三歲。當時本文作者悲痛不已、徹夜難眠，曾經寫一挽聯祭之曰：

上聯為：贊吾師，其風高潔號嵐峰

下聯為：悼賢表，淚化神力益人天

同時試吟古風一首紀念如下：

吾師壯志高遠兮裨益宇宙人天，
吾師骨骼清奇兮笑看滄海桑田。
其精通中國儒釋道三教兮確是位高人，
其精通中國道家內丹大道兮世外仙緣，
其精通張三豐太極拳兮功夫純青，
其精通中國少林武術兮世人讚歎。
其實修禪學大法兮明心見性，
其潛心修煉大道兮志在九天。
贊其文化深兮理通中國文哲史，
頌其大道精兮兼修中國易道禪。
吾師半生安貧樂道兮和光同塵，
吾師半生行俠仗義兮相照肝膽。
爲使中國儒釋道文化兮永傳中華大地，
吾師李嵐峰平生兮精心授徒造就大才。

中國道家養生廿字要訣

——中山大學舉辦「羅浮山道家養生與哲學專題講座」
　　綱要之一
　　世界著名丹道壽星吳雲青弟子、中山大學兼職教授
　　中國廣東羅浮山軒轅庵、紫雲洞道長　蘇華仁

　　中國道家養生之道，其養生效果真實而神奇。其道理「道法自然」規律，博大精深，師法並揭示宇宙天地人萬事萬物變化規律。因而能夠讓全人類達到健康長壽、天人合一。確如中華聖祖《黃帝陰符經》中所言：「宇宙在乎手，萬化生乎身」。

一、 中國道家養生廿字要訣內容

　　中國道家養生之道，其具體方法卻極其簡單、至簡至易，便於操作。正如古今丹道祖師所言：「大道至簡。」要爾言之，不過「道家養生廿字要訣。」其內容如下：

　　　　永保童心，
　　　　早睡早起，
　　　　長年食素，
　　　　練好內丹，
　　　　積德行功。

太極拳祖師張三豐內丹養生

以上「中國道家養生廿字要訣。」是我多年反覆學習道家養生經典：《黃帝陰符經》《黃帝內經》《黃帝外經》《老子道德經》《太上老君內丹經》和《周易參同契》《孫思邈千金要方・道林養性》《呂洞賓祖師全書》《張三豐全集》等道家經典，然後對其中道家養生之道成功經驗的高度濃縮與高度概括；同時是我多年來，學習當代多位年逾百歲猶童顏的道家內丹養生高師吳雲青、李理祥、趙百川、唐道成和道功名家邊治中、李嵐峰，道家內丹養生之道成功經驗的高度濃縮與高度概括。

二、 中國道家養生廿字要訣真實效果

我近年來，應邀在海內外講學，講授中國道家養生之道時，我都主要講：「道家養生廿字要訣。」無數實踐證明：凡是聽課者能切切實實執行「道家養生廿字要訣」的，都能取得身心康壽、開智開慧、事業成功的真實而神奇的養生效果。故大家稱讚「道家養生廿字要訣。」

為「健康聖經。」為此，我特意寫出「道家養生廿字要訣。」禮讚：

永保童心返歸嬰，

早睡早起身常青，

長年食素免百病，

練好內丹天地同，

積德行功樂無窮。

三、黃帝《陰符經》老子《道德經》
是中國道家養生廿字要訣本源

中國道家養生廿字要訣，其方法簡便易行，效果真實神奇。溯其根源，主要來源於中華民族神聖祖先、中國道家始祖黃帝《陰符經》、中國道家祖師老子《道德經》。

當我們靜觀細讀、反覆揣摩黃帝《陰符經》老子《道德經》，你自然而然會真切地感受到，黃帝與老子對人類身心健康長壽的關懷與大慈大悲的博大胸懷。

為了全人類健康長壽，黃帝、老子自願將他們取得養生長壽，成功經驗，毫無保留地貢獻給全人類，衷心地希望全人類，獲得健康長壽。《史記‧五帝本紀》《史記‧封禪》記載：黃帝平生用道家養生之道，獲得壽高一百一十一歲以上高壽，《史記‧老莊韓非列傳》記載老子「壽高二百餘歲不只知所終」。

1.「永保童心」源自黃帝《陰符經》「至樂性餘」老子《道德經》「聖人皆孩子」。

「永保童心」，是古今中外壽星與養生名家取得養生長壽共同成功經驗之一，故黃帝《陰符經》老子《道德經》，反覆諄諄、循循善誘的教導全人類要從「爭名奪利」，「庸碌一生」中解脫出來，人類的生活方式，要全方位地回歸自然，要時時刻刻保持心性樂觀，做到「至樂性餘，至靜性廉」，（黃帝《陰符經》下篇）同時，時常永保童心，如嬰兒之未孩。並且特別指出，聖人的養生要訣是：「聖心皆孩子」（老子《道德經》第四十九章。）詳情請看：黃帝《陰符經》老子《道德經》全文。

2.「早睡早起」來源於黃帝《陰符經》、老子《道德

經》「道法自然」規律養生。

眾所周知：人是大自然的兒子，人是宇宙萬物之靈，故人與大自然本來就是天人合一天人一體的。這一點：我們中華民族的偉大祖先、中國道家始祖黃帝，早在約五千年前就發現這一科學真理。故黃帝《陰符經》上篇曰：「宇宙在乎手，萬化生乎身。」中國道家祖師老子早在二千五百多年，繼承發展黃帝關於「天人合一」思想，老子在其名著老子《道德經》中曰：「人法地，地法天，天法道，道法自然。」

不言而喻：「道法自然」規律是人類養好生的根本法則、根本準則、根本保證。

「日出而作，日落而息」是古今人類與大自然同步的具體體現。

「早睡早起身體好」是婦幼皆知的養好生的好習慣與成功經驗。

「萬物生長靠太陽」是婦幼皆知的生命生長的根本法則。

中國道家傳統養生要訣詩曰：

> 天有三寶日月星，
> 地有三寶水火風；
> 人有三寶精氣神；
> 善用三寶可長生。

道家傳統養生要訣又曰：「人生在卯」。指人生健康長壽要卯時起床，修練與工作。卯時，即早上5～7點，而早上5～7點，恰恰是日、月、星三寶聚會之時。

清晨初生的太陽光，古人稱之為「日精」，將日精吸入人體之內稱為「採日精」。無數採日精者經驗證明：對著清晨的太陽練功，沐浴清晨的陽光，呼吸清晨的新鮮空氣，對人類健康長壽補益甚大。

月亮光，古人稱之為「月華」早上5～7點和晚上5點～7點，對著初升的月光修練，將月亮光呼吸入人體之內，古人稱之為「吸月華」，對身體也有很大的補益。

星星光，古人稱之為「星輝」，早上5～7時，和晚上5點～7時，包括夜晚對著星辰修練，將星光呼吸入人體之內，對身體也有很大的補益。而且可以激發人類大腦的活力與想像力、創造力。

而現代科學透過現代化儀器，試驗表明：太陽光、月亮光、星星光中，均含有大量的對宇宙生命生長、特別是人類生命有益的大量的微量元素。而每天早上5～7點，正是太陽光、月亮光、星星光三光相聚之時，三種光綜合為一產生的微量元素對人類健康長壽，更為有益。這是無數早上卯時修練者、取得健康長壽與開發智慧成功的經驗總結。

黃帝《陰符經》下篇曰：「聖人知自然之道不可違，因而制之。」老子《道德經》第二十五章曰：「人法地、地法天、天法道，道法自然。」這兩者之說，都是強調人類養生一定要「道法自然」規律，而早睡早起，則是《道法自然》規律、具體養生方法之一，早睡早起身體好，是無數取得養生長壽者的寶貴經驗，誰認真遵行誰身心健康受益。

3.「長年食素」源自老子《道德經》「見素抱樸」「深根固蒂」。

「長年食素」是中國道家傳統養生二十字要訣之一，也是中國道家取得養生長壽成功經驗。老子《道德經》第十九

章、五十九章曰：「見素抱樸」是謂「深根固蒂」「長生久視」之道。

「長年食素」對人類健康長壽有益。早已為現代科學實踐證明：故現代科學之父愛因斯坦，運用大智大慧，經過長期的嚴謹科學實驗後，深刻而精闢地指出：「我認為素食者的人生態度，乃是出自極單純的生理上的平衡狀態，因此，對於人類的影響應是有所裨益的。」

在中國古代老子與現代科學之父愛因斯坦等大聖哲、大科學家影響下，當今世界食素的人數的越來越多，各國素食學會如雨後春筍，日益增多。有資料表明：在台灣很早以前就率先建立了「素食醫院」。新加坡等國家和地區早已有了素食幼兒園、素食中學與素食大學。

更有資料表明：除上述老子與愛因斯坦外，長年食素者還有古今中外許許多多的大聖哲：如中國儒家聖人孔子、佛祖釋迦牟尼，耶穌基督……大科學家達爾文、愛迪生、牛頓……大政治家邱吉爾、甘地……大作家托爾斯泰、蕭伯納、馬克吐溫、伏爾泰……大畫家達芬奇和體壇名人劉易斯……

綜上所述：「長年食素」是中國道家傳統養生二十字要訣之一，是中國道家養生長壽成功經驗，也是古今中外諸多大智大慧者的明智選擇，更重要的是您只要認真的食素一個月，您的心身健康素質和智商就會改善。這是無數健康長壽者的經驗之談。

還有重要的一點是：現在環境污染與轉基因飼料飼養動物，給人類健康造成危害日益嚴重，故當今人類實行長年素食者日益增多。

4.「練好內丹」源於黃帝《陰符經》、老子《道德經》《老子內丹經》。

「練好內丹」是中國道家傳統養生二十字要訣之一，因為，中國道家養生之道精華是中國道家內丹養生之道。中國道家內丹養生之道，是古今中國各界泰斗和中國道家養生名家取得養生長壽，開發大智，事業成功、天人合一的真實而神奇法寶。古今中外無數修練者的實踐表明：中國道家內丹養生之道，也是全人類取得養生長壽，開發大智，事業成功、天人合一的真實而神奇法寶。

中國道家內丹養生要訣與秘訣，主要蘊含於黃帝《陰符經》、老子《道德經》、《老子內丹經》之內。黃帝《陰符經》中講的「宇宙在乎手，萬化生乎身。知之修練，謂之聖人」是指修練中國道家內丹養生之道。修練中國道家內丹養生之道的核心是人與宇宙天人合一。

老子《道德經》中第一章講的「常有欲觀其竅，常無欲觀其妙」，實是講修練中國道家內丹養生之道的第一要訣是「守玄觀竅」，所以其下文緊接著曰：「玄之又玄，眾妙之門」。

鑒於上述，故中國道家南宗祖師張伯端在《悟真篇》中，用詩歌禮讚黃帝《陰符經》與老子《道德經》曰：

> 陰符寶字逾三百，
> 道德靈文止五千，
> 今古上仙無限數，
> 盡從此處達真詮。

老子《道德經》與《老子內丹經》一同珍藏於中國《道藏》之內。《老子內丹經》在《道藏》中原題名為《老上老君內丹經》，眾所周知：「太上老君」是中國道家與中國道

教對老子的尊稱，緣於此《太上老君子內丹經》，實是《老子內丹經》。《老子內丹經》闡述中國道家內丹養生之道要訣曰：「夫練大丹者，精勤功行。修生之法，保身之道，因氣安精，因精養神，神不離身，身乃長健。」

5.「積德行功」源於《黃帝陰符經》「天人合發」，老子《道德經》「重積德則無不克」。

「積德行功」是中國道家傳統養生二十字要訣之一。

「積德行功」源於《黃帝陰符經》「天人合發、萬變定基」，「知之修練、謂之聖人」，與老子《道德經》第五十九章：「重積德則無不克。」倘我們靜觀、細讀《黃帝陰符經》和老子《道德經》，您可以從字裏行間深深體會到：黃帝、老子對「積德行功」精華的論述。特別是老子《道德經》第五十一章、五十四章、五十九章論述尤顯詳細、尤顯重要，故今敬錄如下：

老子《道德經》第五十一章曰：「道生之，德蓄之，物形之，勢成之，是以萬物莫不尊道而貴德，道之尊，德之貴，夫莫之命而常自然。故道生之，德蓄之，長之育之，成之熟之，養之復之。生而不有，為而不恃，長而不有，是謂玄德。」

老子《道德經》第五十九章曰：「治人事天莫若嗇。夫唯嗇，是謂早復，早復謂之重積德，重積德則無不克。無不克則莫知其極，莫知其極則可以有國，可以長久。是謂深根固蒂，長生久視之道。」

老子《道德經》第五十四章曰：「修之於身，其德乃真，修之於家、其德乃餘，修之於鄉、其德乃長，修之於國、其德乃豐，修之於天下，其德不普；故以身觀身，以家觀家，以鄉觀鄉，以國觀國，以天下觀天下。吾何以知天下之然哉？以此。」

中華丹道·傳在吳老

——己丑年（2009年）恭拜世界著名壽星吳雲青眞身獻
　辭（徵求意見稿）吳雲青入室弟子、廣東羅浮山軒
　轅庵蘇華仁（吳老賜道號：蘇德仙）

一

五月十五、歲在己丑，
恭立安陽、吳老身後，
靜觀人類、放眼宇宙，
面對現實、悲歡皆有，
諸多災難、時降五洲，
經濟風暴、令人哀愁，
信仰迷茫、競擬走獸，
Ａ型流感、侵襲全球，
人類繁榮、大家共求，
仰問蒼天、良方何有？

二

當今世界、中華獨秀，
雖歷滄桑、終居上游，
舉世仰慕、探其源由，
究其根源、全在道家，

道家文化、孕育偉大，
人類歷史、啓示人類，
道家文化、救世良方，
得道者昌、失道者亡。

三

道家文化、淵源流長，
中華聖祖、黃帝開創，
越五千年、如日月光，
聖祖黃帝、演易《歸藏》，
著《陰符經》《黃帝內經》；
偉哉老子、集其大成，
著《道德經》、傳《內丹經》。
道家文化、「道法自然」，
人類遵之、自然日興，
道家核心、「天人合一」
人類忠行、萬事可成。

四

道家秘傳、最重內丹，
養生法寶、修真成仙；
因此中華、也稱神州，
縱觀古今、橫覽中外，
朗朗乾坤、獨尊內丹，
中華泰斗、多練內丹，
黃帝練成、龍馭升天，
龍的傳人、因此開端；
老子丹成、著《道德經》，
「東方聖經」、世世永傳；
孔子學道、拜師老子，
發猶龍嘆、《史記》明載：
孫子兵法、萬古流傳，
修道保法、乃其大概；
商祖范蠡、攜同西施，
外助勾踐、內練內丹，
隱居太湖、逍遙自在。

五

智聖鬼谷、練成內丹，
注《陰符經》、隱雲蒙山，
入世法傳、蘇秦張儀，
毛遂徐福、孫臏龐涓，
出世法傳、茅蒙茅山，
雨王赤松、稱黃大仙，

內丹練成、逍遙人天，
育出張良、一代國師，
功成身退、辟谷修仙；
張良玄孫、名張道陵，
為傳大道、創立道教，
從此中華、方有教傳，
外傳法術、內傳內丹，
光陰似箭、越二千年，
代代仙真、口傳內丹，
名家輩出、功德永傳，
葛洪練丹、隱羅浮山，
著《抱扑子》、建立道觀，
偉哉藥王、名孫思邈，
著《千金方》、內丹詩傳。

六

呂祖洞賓、天仙狀元，
為學內丹、受盡苦難，
鍾離權師、口授真傳，
為使大道、永傳人間，
偉哉呂祖、不避艱險，
東西南北、為度有緣，
中華大地、遺跡猶在，
《呂祖全書》、德澤人天：
北有七真、祖述呂祖，
南有五祖、根在呂仙，
大江西派、呂祖開源，

呂祖師友、最尊陳摶，
高臥華山、傳道眞脈，
承前啓後、繼往開來，
育出弟子、火龍眞人，
育出徒孫、名張三豐，
創太極拳、秘傳內丹，
造福人類、口碑永傳。

七

方今世忙、人身少健，
為益身心、惟有內丹，
歷史經驗、史書明載，
練好內丹、心身康泰，
練好內丹、轉危為安，
練好內丹、人類日健。

八

當今之世、內丹何在？
中華大道、內丹誰傳？
吳老雲青、練成內丹，
上承黃帝、老子眞傳，
吳老雲青、眞人典範，
年逾百歲、鶴髮童顏，
積德行功、廣度有緣，
臨終坐化、歸空九天，
金身不壞、萬世稱讚，
我輩效之、練成內丹，
度已度人、造福人天，
笑傲滄桑、得大自在。

二〇〇九年六月七日吟於安陽
有修改意見請打手機：13138387676

道家養生長壽基地崛起
山東沂蒙山

——代《中國道家養生與現代生命科學系列叢書》
再版後記

　　承蒙海內外各界有識有緣之士的理解與厚愛，《中國道家養生與現代生命科學系列叢書》出版上市後很快脫銷並即將再版，我有幸作為本叢書總主編，首先懷著十分感恩的心情，懇謝我們中華民族神聖祖先伏羲、黃帝、老子等古之大聖哲，是他們運用大智大慧，參透宇宙天地人生命變化規律，而後克服無數艱難險阻，給我們創立了古今中外有識之士公認為全人類最佳養生長壽之道的中國道家養生之道。

　　再者懇謝對在本叢書編寫、出版、傳播過程中給以支持的海內外各界有緣之士；同時懇謝海內外各界有緣又深深理解本叢書內含的中國道家養生之道神奇效果與科學文化價值的讀者們。

　　這其中特別值得一提的是：中國當代著名傳統養生文化研究專家、博士，海內外著名的中國傳統養生文化傳播者李志杰博士，結緣於我隱居修練中國道家養生之道的中國廣東羅浮山軒轅庵，我們倆一談相知，因為我們對中國傳統養生文化精華中國道家養生之道認識、理解、研究、完全一致，在相見恨晚的談話中，李志杰博士告訴我一個令人十分鼓舞

的喜訊：為了盡快弘揚中國道家養生文化，造福世人、身心康壽。他已和山東金匯蒙山旅遊資源開發有限公司董事長李興等有關同道，在位於中國山東沂蒙山腹地蒙陰縣「蒙山國家森林公園」與「蒙山國家地質公園」內，已經開始建設一個中國道家養生長壽基地，而且已初具規模。李志杰博士希望我能盡快實地考察，如有緣，他希望我以後能常到基地去講授、傳播中國道家養生之道。

因為我是學習與研究中國歷史和中國道家養生之道的，故我深知：中國山東沂蒙山和沂蒙山廣闊的周邊地區，是一片地靈人傑的風水寶地。根據諸多史書明確記載：古來這塊寶地孕育造就出為數不少的中國儒家聖人與中國道家仙真，同時孕育出數位大軍事家與中國文化名人，其中，最著名的有儒家聖人有孔子、孟子、曾子、荀子與中國書法聖人王羲之、顏真卿以及中國算術聖人劉洪、中國孝聖王祥、孔子的老師之一郯子也生活在蒙山一帶。最著名的中國道家仙真有鬼谷子、赤松子、安期生、黃大仙……最著名的軍事家有孫武子、孫臏、蒙恬、諸葛亮……，緣於此，山東沂蒙山也被史家稱為中華仙聖文化的搖籃。

緣於上述原因，我欣然應諾李志杰博士的邀請。於是，2009年6月7日，我先邀請李志杰博士、李興董事長、河南省工商銀行劉樹洲先生、河南電視台辦公室劉素女士、青島甘勇董事長、廣西張勇董事長、深圳中華養生樂園創辦人張莉、河南易學新秀李悟明等一行九人來到我的故鄉，舉世聞名的《周易》發源地中國河南安陽。在安陽靈泉寺內參加了我與師弟山西大學劉鵬教授合辦的我的道家養生師父、世界著名壽星吳雲青不腐肉身拜謁儀式。而後，《中國道家養生與現代生命科學系列叢書》編委、河南省著名企業家、《周

易》學者、安陽市貞元集團董事長駢運來的夫人梁婷梅與台灣易學名人、《周易》學會理事長丁美美設午宴盛情款待我們。下午二時，我們一行十人告別古都安陽，驅車千里，於當晚到達位於山東沂蒙山腹地的蒙陰縣蒙山國家森林公園內，此處是著名的國家4A級名勝風景區。

當日夜半，我們一行十人登上蒙山，舉目四望，但見在皎潔月光輝映下，群峰起伏，莽蒼蒼的蒙山像一條沉睡的巨龍安臥在齊魯大地上，滿山遍野的松樹林散發的陣陣松花香味沁人心脾，使人身心頓爽⋯⋯

次日清晨，李志杰博士帶領我們一行數人到蒙山頂上考察。我們登上白雲繚繞的蒙山峰頂，環顧四方曠野，親身體驗了孔子當年「登蒙山而小齊魯」的神韻；同時，親身體驗了荀子身為「蘭陵令」即沂蒙山地區長官所生活多年的山水與人文風貌⋯⋯

清日上午，李志杰博士又特意安排專人帶我考察了位於蒙山峰頂的兩座古道觀「雨王赤松子、黃大仙廟」（當地人簡稱為雨王廟）與「紫雲觀」。（紫雲觀之名源於老子「紫氣東來坐觀天下」）但見廟觀建築風格古樸而壯重，廟內供奉的神像有中國雨王赤松子、黃大仙、中華智聖鬼谷子、中國道家真人呂洞賓、道佛雙修的慈航道人觀音菩薩，於此足見蒙山中國道家文化底蘊深厚⋯⋯

次日下午，李志杰博士、李興董事長特意與我就在蒙山籌建中國道家養生長壽基地，交換了各人觀點與打算，令我們三人感到十分滿意的是，我們三人見識、觀點與打算竟然不謀而合。最後我們三人達成了共識：充分發揮蒙山得天獨厚的壯美大自然環境與底蘊深厚的人文環境。同時以蒙山現有的四星級標準的蒙山會館為基礎，儘快籌建起中國道家養

生長壽基地。隨後，李博士、李董事長又與我詳細探討了中國道家養生長壽基地的近期與遠期規畫。

我們到蒙山的第三天，李志杰博士又特意安排兩個專人陪我們一行人從山上一直考察到山下，又從山下考察到山上，其間收穫甚豐；最大的收穫為參觀中國戰國時代軍事家孫臏與龐涓修道讀書山洞。孫臏洞給我們留下的印象尤為深刻；我們身臨孫臏洞，但見四周美如仙景，那古樸幽靜的山洞高低深淺適度，令我們假想當年大軍事家孫臏拜中國智聖鬼谷子為師，在地靈人傑的蒙山中學習與研究其祖父孫武子所著《孫子兵法》，而後成為大軍事家、著出流傳萬世而不衰的《孫臏兵法》的一幕幕……而今，山東臨沂銀雀山漢墓竹簡博物館陳列出土的《孫臏兵法》竹簡，是孫臏著兵法的印證。

下午，我們則重點考察了具有四星級標準的蒙山會館，但見蒙山會館主體大樓座西面東、背山面水、紫氣東來。蒙山會館大樓共有四層，設施與服務水平可以說是一流，蒙山會館可以容納一百多人的食宿與學習，其標準房間和會議室裝修風格使人有賓至如歸的感覺。

第三天晚上，我們一行人和李志杰博士、李興董事長舉行了晚餐會。其間，我們進一步確立了中國道家養生基地基本框架：以蒙山大自然的環境為大課堂，以蒙山會館作為生活與學習的小課堂，以《中國道家養生與現代生命科學系列叢書》為中國道家養生基地的主要教材。

光陰似箭，轉眼三天過去，當我即將離開蒙山之時，我看著李志杰博士與李興董事長大慈大悲，立志建設中國道家養生基地，大力弘揚中國道家養生長壽文化，造福人類健康長壽的雄偉藍圖，同時，我再一次飽覽了山東蒙山壯美的風

太極拳祖師張三豐內丹養生

光山色，深信曾經孕育造就出諸多聖人與仙真和中國大軍事家和文化名人的山東沂蒙山，緣於中國道家養生基地的建立，一定會在當代孕育出更多的中國道家養生人才而造福世人。

我深信中國山東蒙山道家養生基地會越辦越好。

我深信世界各地中國道家養生基地會越辦越好。

我深信來中國道家養生基地養生者會越來越好。

蘇華仁

2009年7月1日寫起於中國廣東羅浮山軒轅庵中

聯繫手機：13138387676

郵箱：su13138387676@163.com

歡迎至本公司購買書籍

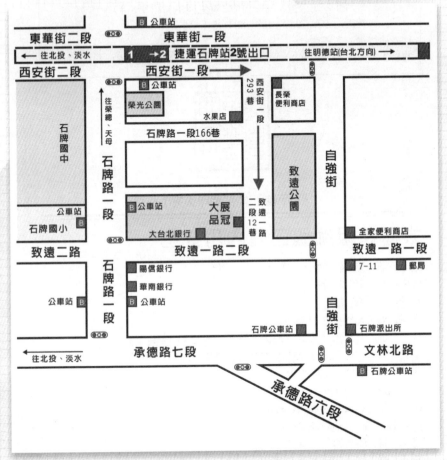

建議路線

1.搭乘捷運‧公車

　　淡水線石牌捷運站下車，由石牌捷運站2號出口出站(出站後靠右邊)，沿著捷運高架往台北方向走(往明德站方向)，其街名為西安街，約走100公尺(勿超過紅綠燈)，由西安街一段293巷進來(巷口有一公車站牌，站名為自強街口)，本公司位於致遠公園對面。搭公車者請於石牌站(石牌派出所)下車，走進自強街，遇致遠路口左轉，右手邊第一條巷子即為本社位置。

2.自行開車或騎車

　　由承德路接石牌路，看到陽信銀行右轉，此條即為致遠一路二段，在遇到自強街(紅綠燈)前的巷子(致遠公園)左轉，即可看到本公司招牌。

國家圖書館出版品預行編目資料

太極拳祖師張三豐內丹養生／蘇華仁　蘇華禮　楊建國　吳祥相　編著
——初版，——臺北市，大展，2012〔民 101.07〕
面；21 公分 ——（道家養生與生命科學；4）
ISBN　978－957－468－884－5（平裝）
1.道教修鍊　2.養生
235.2
101008767

太極拳祖師張三豐內丹養生

編　　著／蘇華仁　蘇華禮　楊建國　吳祥相
責任編輯／趙志春
發 行 人／蔡森明
出 版 者／大展出版社有限公司
社　　址／台北市北投區（石牌）致遠一路 2 段 12 巷 1 號
電　　話／（02）28236031・28236033・28233123
傳　　眞／（02）28272069
郵政劃撥／01669551
網　　址／www.dah-jaan.com.tw
E－mail／service@dah-jaan.com.tw
登 記 證／局版臺業字第 2171 號
承 印 者／傳興印刷有限公司
裝　　訂／建鑫裝訂有限公司
排 版 者／弘益電腦排版有限公司
授 權 者／山西科學技術出版社
初版 1 刷／2012 年（民 101 年）7 月

定　價／350 元

大展好書　好書大展
品嘗好書　冠群可期

大展好書　好書大展
品嘗好書　冠群可期